高等职业教育土木建筑类专业新形态教材

工程价款结算原理与实务

（第2版）

梁鸿颉　李　晶　编著

北京理工大学出版社
BEIJING INSTITUTE OF TECHNOLOGY PRESS

内 容 提 要

本书依据工程价款结算最新法律、法规、规范，并结合工作具体实践进行编写。全书共6个项目，主要内容包括：工程价款结算概述，工程计量与价款支付，工程变更与工程索赔，竣工结算与审查，竣工结算的决制，工程竣工结算与审核编制实例等。本书注重理论知识与工程实际相结合，突出应用性及可操作性，符合高职高专人才培养目标的要求。

本书可作为高等职业学校、高等专科学校、本科院校的二级学院及民办高校的工程造价、工程管理等土建类相关专业的教材，也可作为工程技术人员、经济管理人员的培训用书和参考用书。

图书在版编目（CIP）数据

工程价款结算原理与实务 / 梁鸿颉，李晶编著.—2版.—北京：北京理工大学出版社，2020.1（2021.7重印）

ISBN 978-7-5682-7953-6

Ⅰ.①工… Ⅱ.①梁…②李… Ⅲ.①建筑工程－账款－结算－中国－高等学校－教材 Ⅳ.①F426.9

中国版本图书馆CIP数据核字（2019）第253641号

出版发行 / 北京理工大学出版社有限责任公司
社　　址 / 北京市海淀区中关村南大街5号
邮　　编 / 100081
电　　话 / (010)68914775(总编室)
　　　　　(010)82562903(教材售后服务热线)
　　　　　(010)68948351(其他图书服务热线)
网　　址 / http://www.bitpress.com.cn
经　　销 / 全国各地新华书店
印　　刷 / 北京紫瑞利印刷有限公司
开　　本 / 787毫米×1092毫米　1/16
印　　张 / 14.5
字　　数 / 347千字
版　　次 / 2020年1月第2版　2021年7月第3次印刷
定　　价 / 39.00元

责任编辑 / 钟　博
文案编辑 / 钟　博
责任校对 / 周瑞红
责任印制 / 边心超

第2版前言

本书按照“理论以必需、够用为度，突出应用性，加强理论联系实际，内容通俗易懂，适用性要强”的原则，并根据现行《中华人民共和国合同法》、《中华人民共和国招标投标法》、《建设工程工程量清单计价规范》（GB 50500—2013）、《建设项目工程价款结算暂行办法》（财建〔2004〕369号）、《建设工程施工合同（示范文本)》（GF—2017—0201）、《房屋建筑与装饰工程工程量计算规范》（GB 50854—2013）等与工程建设相关的法律、法规、规范进行编写。

本书在内容上列举了大量的典型案例，并以“××街道村屯路网工程”为对象，编制了完整的工程结算书、工程结算审查实例，着重培养学生的实际应用和操作能力。为增强教材职业能力培养的系统性、连贯性，每个项目都设置有知识目标、能力目标、学习建议、小结及评价表等环节。为巩固所学知识，每个项目末尾均附有复习思考题。

工程价款结算是二级造价工程师考试的主要内容，本书将职业技能等级考试有关内容及要求融入教材内容中，按照职业能力培养要求，紧紧围绕完成工作任务的需要进行编写。

本书充分考虑了高等职业教育对理论知识学习的需要及职业技能等级标准，融合了专业岗位对知识、技能和态度的要求，适应职业教育教学改革需要，注重以真实生产项目、典型工作任务等为载体组织教学单元的编排。全书注重工学结合，突出科学性、时代性、工程实践性，案例为已完工程实例，教师在教学过程中，运用教材的工程实例对学生进行模拟实践教学，使学生从教材的工程实例中体会到实际工程价款结算过程，学习起来易于理解。本书附赠电子资料包含教学课件、工程价款结算实例集锦及工程结算价款相关规定，读者可通过访问链接：https://pan.baidu.com/s/1TidlsPyFUd65Je-JH7BebA（提取码：rz8u），或扫描右侧的二维码进行下载。

本书由梁鸿颉、李晶共同编著。本书在编写过程中参考了众多的书籍，在此向相关作者表示感谢。由于编者水平有限，书中不妥之处在所难免，恳请广大读者批评指正。

编　者

第1版前言

本书按照“理论以必需、够用为度，突出应用性，加强理论联系实际，内容应通俗易懂，适用性要强”的原则，并根据现行的《中华人民共和国合同法》、《中华人民共和国招标投标法》、《建设工程工程量清单计价规范》（GB 50500—2013）、《建设项目工程价款结算暂行办法》（财建〔2004〕369号）、《建设工程施工合同（示范文本)》（GF—2013—0201）、《房屋建筑与装饰工程工程量计算规范》（GB 50854—2013）等与工程建设相关的法律、法规、规范进行编写。

本书在内容上列举了大量的典型案例，并以“××街道村屯路网工程”为对象，编制了完整的工程结算书、工程结算审查实例，着重培养学生的实际应用和操作能力。为增强教材职业能力培养的系统性、连贯性，每个项目都设置有知识目标、能力目标、学习建议、小结及评价表等环节。为巩固所学知识，每个项目末尾均附有复习思考题。

本书分为6个项目，主要包括工程价款结算概述、工程计量与价款支付、工程变更与工程索赔、竣工结算与审查、竣工决算的编制、工程竣工结算与审核编制实例等内容。

本书由梁鸿颉、李晶共同编著。本书在编写过程中参考了众多的书籍，在此向相关作者表示感谢。由于编者水平有限，书中不妥之处在所难免，恳请广大读者批评指正。

编　者

目 录

1 工程价款结算概述

内容提要

工程价款结算是发包人和承包人履行合同权利和义务的主要环节，是双方利益的集中体现。工程竣工结算是指承包人按照合同规定，全部完成所承包的工程内容，经质量验收合格，并符合合同要求之后，根据施工实施过程中实际发生的变更情况，对原施工图预算工程造价或工程承包价进行调整、修正，重新确定工程造价，按照承包合同结算条款及相关文件向发包人办理工程价款清算的经济文件。本部分包括工程价款结算的原则、工程价款结算的依据、与工程结算有关的主要术语、合同价款约定的要求、工程价款结算程序等内容，并对相关内容进行了讲解。

知识目标

1. 了解施工合同文本中关于工程结算的相关要求。
2. 掌握工程结算的编制方法和编制过程中的注意事项。
3. 掌握工程竣工结算的内容、依据和编制步骤。

能力目标

在掌握工程价款结算知识的基础上，能够大致看懂完整的竣工结算报告。

学习建议

1. 结算书在编制过程中，要按日期顺序排列，编号编制，要有汇总，有封面。
2. 结算书要整洁、美观，看着舒服、感觉正规。
3. 掌握相应的国家标准及规范。

1.1 工程价款结算的基本知识

在工地现场，一个实习生请教一位老造价员如何进行工程结算。老造价员说利润不是干出来的，而是算出来的。结算编制的好与不好，直接关系到企业利润的多少。

建设工程项目建设周期长，耗用资金额大，为使建筑安装企业在施工中耗用的资金及时得到补偿，需要对工程价款进行预付款、中间结算(进度款结算)、年终结算，全部工程竣工验收后应进行竣工结算。工程结算是指建设项目、单项工程、单位工程或专业工程施工已完工、结束、中止，经发包人或有关机构验收合格，按照《建设工程施工合同(示范文本)》(GF—2017—0201)[以下简称《施工合同(示范文本)》]的约定，由承包人在原合同价格基础上编制调整价格并提交发包人审核确认后的过程价格。它是表达该工程最终工程造价和结算工程价款依据的经济文件，包括竣工结算、分阶段结算、专业分包结算和合同中止结算。按财务口径还有竣工决算。

1.1.1 工程价款结算的重要性

承包人在工程实施过程中，要及时做好工程价款的结算工作，依据承包合同中关于付款条款的规定和已经完成的工程量，并按照规定的程序向发包人收取工程价款是承包人的重要工作环节。它是工程项目承包中的一项十分重要的工作，主要表现在以下几个方面。

(1)工程价款结算是反映工程进度的主要指标。在施工过程中，工程价款结算的依据之一就是按照已完成的工程量进行结算，也就是说，承包人完成的工程量越多，所应结算的工程价款就应越多，所以，根据累计已结算的工程价款占合同总价款的比例，能够近似地反映出工程的进度情况，有利于准确掌握工程进度。

(2)工程价款结算是加速资金周转的重要环节。承包人能够尽快尽早地结算回工程价款，有利于偿还债务，也有利于资金的回笼，降低内部运营成本。通过加速资金周转，提高资金使用的有效性。

(3)工程价款结算是考核经济效益的重要指标。对于承包人来说，只有工程价款如数地结算，避免经营风险，承包人才能够获得相应的利润，取得良好的经济效益。

1.1.2 工程价款结算的分类

1. 按时间分类

我国现行工程价款结算根据不同情况，可采取多种方式。

(1)按月结算。实行旬末或月中预支、月终结算、竣工后清算的方法。跨年度竣工的工程，在年终进行工程盘点，办理年度结算。我国现行建筑安装工程价款结算中，相当一部分是实行这种按月结算。合同工期在两个年度以上的工程，在年终进行工程盘点，办理年度结算。

(2)竣工后一次结算。建设项目或单项工程全部建筑安装工程建设期在12个月以内，或者工程承包价值在100万元以下的，可以实行工程价款每月月中预支，竣工后一次结算。

(3)分段结算。即当年开工，当年不能竣工的单项工程或单位工程按照工程形象进度，划分不同阶段进行结算。

对于以上三种主要结算方式的收支确认，财政部《企业会计准则——建造合同》规定如下：

——实行旬末或月中预支、月终结算、竣工后清算办法的工程合同，应分期确认合同价款收入的实现，即各月份终了，与发包人进行已完工程价款结算时，确认为承包合同已完工部分的工程收入实现，本期收入额为月终结算的已完工程价款金额。

——实行合同完成后一次结算工程价款办法的工程合同，应于合同完成，承包人与发包人进行工程合同价款结算时，确认为收入实现，实现的收入额为发包人及承包人结算的合同价款总额。

——实行按工程形象进度划分不同阶段、分段结算工程价款办法的工程合同，应按合同规定的形象进度分次确认已完阶段工程收益实现，即应于完成合同规定的工程形象进度或工程阶段，与发包人进行工程价款结算时，确认为工程收入的实现。

(4)目标结算。即在工程合同中，将承包工程的内容分解成不同的控制界面，以发包人验收控制界面作为支付工程款的前提条件。也就是说，将合同中的工程内容分解成不同的验收单元，当施工单位完成单元工程内容并经发包人(或其委托人)验收后，发包人支付构成单元工程内容的工程价款。

目标结款方式下，承包人要想获得工程价款，必须按照合同约定的质量标准完成界面内的工程内容；要想尽早获得工程价款，承包人必须充分发挥自己组织实施能力，在保证质量的前提下，加快施工进度。这意味着承包人拖延工期时，则发包人推迟付款，增加承包人的财务费用、运营成本，降低承包人的收益，客观上使承包人因延迟工期而遭受损失。同样，当承包人积极组织施工，提前完成控制界面内的工程内容，则承包人可提前获得工程价款，增加收益，客观上承包人因提前工期而增加了有效利润。同时，因承包人在界面内质量达不到合同约定的标准而发包人不预验收，承包人也会因此而遭受损失。可见，目标结款方式实质上是运用合同手段、财务手段对工程的完成进行主动控制。

(5)结算双方约定的其他结算。实行预付款的工程项目，在施工合同中，应明确发包人在开工前拨付给承包人工程备料款的预付数额、预付时间，开工后扣还备料款的起扣点、逐次扣还的比例，以及办理的手续和方法。

2. 按结算的内容分类

按结算的内容，工程价款结算可分为工程量清单内的结算和工程量清单外、合同内的结算。

(1)工程量清单内的结算。工程量清单内的结算是按合同条件和技术规范，通过监理人的质量检查、计量，确认已完成的工程量，然后按确认的工程数量与报价单中的单价，结算和支付工程量清单中的各项工程费用，简称清单支付。清单支付是期中支付中的主要项目，占有很大的比重。

(2)工程量清单外、合同内的结算。工程量清单外、合同内的结算是按合同规定并且监理人根据工程实际情况和现场证明资料，确认清单以外的各项工程费用，如索赔费用、工程变更费用、价格调整等(简称附加支付)。附加支付在期中支付中虽然占的比重比较小，却是比较难以控制和掌握的，它一方面取决于合同规定；另一方面取决于工程施工中实际遇到的客观条件和各种干扰。

3. 按合同执行情况分类

按合同执行是否顺利，工程价款结算可分为正常结算(支付)和合同终止后的结算(支付)两类。

(1)正常结算。正常结算是指发包人与承包人双方共同遵守合同约定，使工程按照合同规定内容顺利实施并结算。

(2)合同终止后的结算。合同终止后的结算是指发包人或承包人违约或发生了双方无法控制的不可抗力，使合同不可能继续履行而终止时，发包人向承包人所做的结算(支付)。

1.1.3 工程价款结算的原则

工程完工后，发承包双方必须在合同约定时间内按照约定格式与规定内容办理工程竣工结算。工程竣工结算由承包人或受其委托具有相应资质的工程造价咨询人编制，由发包人或受其委托具有相应资质的工程造价咨询人核对。工程竣工结算是指对建设工程的发承包合同价款进行约定并依据合同约定进行工程预付款、工程进度款、工程竣工价款结算的活动。工程价款结算应遵守的原则如下。

(1)工程造价咨询单位应以平等、自愿、公平和诚实信用的原则订立工程咨询服务合同。

(2)在结算编制和结算审查中，工程造价咨询单位和工程造价咨询专业人员必须严格遵循国家相关法律、法规和规章制度，坚持实事求是、诚实信用和客观公正的原则，拒绝任何一方违反法律、行政法规、社会公德、影响社会经济秩序和损害公共利益的要求。

(3)结算编制应当遵循承发包双方在建设活动中平等和责、权、利对等原则；结算审查应当遵循维护国家利益、发包人和承包人合法权益的原则。造价咨询单位和造价咨询专业人员应以遵守职业道德为准则，不受干扰，公正、独立地开展咨询服务工作。

(4)工程结算应按施工发承包合同的约定，完整、准确地调整和反映影响工程价款变化的各项真实内容。

(5)工程结算编制严禁巧立名目、弄虚作假、高估冒算；工程结算审查严禁滥用职权、营私舞弊或提供虚假结算审查报告。

(6)承担工程结算编制或工程结算审查咨询服务的受托人，应严格履行合同，及时完成工程造价咨询服务合同约定范围内的工程结算编制和审查工作。

(7)工程造价咨询单位承担工程结算编制，其成果文件一般应得到委托人的认可。

(8)工程造价咨询单位承担工程结算审查，其成果文件一般应得到审查委托人、结算编制人和结算审查受托人以及建设单位的共同认可，并签署“结算审定签署表”。确因非常原因不能共同签署时，工程造价咨询单位应单独出具成果文件，并承担相应法律责任。

1.1.4 工程价款结算的依据

工程价款结算的主要依据有国家和地方有关主管部门颁发的有关工程造价编制、管理方面的文件；工程承包合同；合同条款；技术规范；工程量清单；设计图纸；计量的工程量；日常施工记录等。

(1)国家和地方有关主管部门颁发的有关工程造价编制、管理方面的文件。国家和地方有关主管部门颁发的有关工程造价管理方面的文件包括：各种概(预)算定额、基本建设工程概(预)算编制办法等文件；建设工程价款结算的有关规定，以及地方有关主管部门颁发的一些补充规定。它们既是设计阶段、招投标阶段工程造价编制的依据，也是在一定条件下的工程施工结算的依据。

(2)工程承包合同。工程承包合同文件中明确规定了合同双方应承担的责任、可以行使的权力、应获得的利益，也明确载明了该工程的合同总价、合同清单单价等。在施工结算中，必须按合同文件的规定进行。

(3)合同条款。工程合同条款包括：通用合同条款、专用合同条款和发包人根据项目实际情况编制的项目专用合同条款。合同条款涉及施工结算中的一些特定支付项目，如开工预付款、材料预付款、质量保证金、工程变更费用、价格调整费用、索赔费用、拖期违约损失偿金、提前竣工奖金、迟付款利息等的具体处理方式。因此，合同条款是工程价款结算的依据。

(4)技术规范。技术规范除详细列有对工程的技术要求外，还列有直接用于工程结算的计量细则和支付细则。因此，技术规范既是承包人报价时的指导文件和依据，也是工程结算的依据。

(5)工程量清单。作为合同文件重要组成部分的工程量清单，其中列有支付项目编号、项目名称、计量单位、数量和承包人所报的综合单价。在工程结算中，项目编号、项目名称、计量单位，特别是综合单价是计算工程价款和进行工程结算的重要依据。

(6)计量的工程量。根据通用条款的规定，工程量清单中开列的工程量是根据本工程的设计提供的预计工程量，不能作为承包人在履行合同义务中应予完成工程的实际和准确数量。除合同另有规定外，监理人应根据工程计量的要求和合同文件的规定，对承包人提出的已完工程量通过计量来核实工程量和确定其价值。计量的工程量是确定承包人已完成工程价值的基础，是工程结算的基本依据。

(7)日常施工记录。对于一些特定的费用支付项目，如索赔费用、工程变更费用等的核定，通常要根据承包人的现场施工记录、监理人的监理日志等来确认，并分析对承包人造成的实际影响程度和责任的分担，根据此核定应向承包人支付费用。因此，日常施工记录是施工结算的依据。

1.1.5 工程价款结算的条件

(1)工程结算的前提是工程竣工验收合格。每项合同所对应的工程施工完成后，包括总包、所有分包、材料设备等，都要进行四方验收。

(2)四方验收时除签发合格证书外，还应制作表格对应合同进行验收，明确承包人完成的工程量增减情况，并经承包人、监理、发包人、预算人员签认。

(3)每项工程验收合格后，按合同约定及时进行工程结算，承包人汇总整理所有结算资料，上报监理及发包人。

(4)监理负责审核结算资料的完整性，资料必须完整齐备符合竣工资料的验收要求，审核结果反馈给发包人及承包人。

(5)在预算原则上发包人应该自己审核，如果招标时的工程量清单由咨询公司编制则可以由该公司负责审核，发包人预算及工程人员配合完成结算工作。

(6)发包人初步审核后，与承包人进行核对谈判，重大分歧汇总上报常务副总经理解决。

(7)双方核对达成一致后，发包人写出书面材料汇报结算情况及最终结果，经同意后在结算书签发书面意见。

(8)结算完成后，由承包人提出结算付款申请，预算审核后，并签发交财务付款。

1.2 与工程结算有关的主要术语

(1)工程结算。工程结算是发承包双方依据约定的合同价款的确定和调整以及索赔等事项，对合同范围内部分完成、中止、竣工工程项目进行计算和确定工程价款的文件。

(2)竣工结算。竣工结算是承包人按照合同约定的内容完成全部工作，经发包人或有关机构验收合格后，发承包双方依据约定的合同价款的确定和调整以及索赔等事项，最终计算和确定竣工项目工程价款的文件。

(3)分包工程结算。分包工程结算是总包人和分包人依据约定的合同价款的确定和调整以及索赔等事项，对完成、中止、竣工分包工程项目进行计算和确定工程价款的文件。

(4)工程量清单。工程量清单是指载明建设工程分部分项工程项目、措施项目、其他项目的名称和相应数量以及规费、税金项目等内容的明细清单。

(5)招标工程量清单。招标工程量清单是指招标人根据国家标准、招标文件、设计文件以及施工现场实际情况编制的，随招标文件发布供投标报价的工程量清单，包括其说明和表格。

(6)已标价工程量清单。已标价工程量清单是指构成合同文件组成部分的投标文件中已标明价格，经算术性错误修正(如有)且承包人已确认的工程量清单，包括其说明和表格。

(7)综合单价。综合单价是指完成一个规定清单项目所需的人工费、材料和工程设备费、施工机具使用费和企业管理费、利润以及一定范围内的风险费用。

(8)工程量偏差。工程量偏差是指承包人按照合同工程的图纸(含经发包人批准由承包人提供的图纸)实施，按照现行国家计量规范规定的工程量计算规则计算得到的完成合同工程项目应予计量的工程量与相应的招标工程量清单列出的工程量之间出现的偏差。

(9)暂列金额。暂列金额是招标人在工程量清单中暂定并包括在合同价款中的一笔款项。用于施工合同签订时尚未确定或者不可预见的所需材料、工程设备、服务的采购，施工中可能发生的工程变更、合同约定调整因素出现时的合同价款调整以及发生的索赔、现场签证确认等的费用。

(10)暂估价。暂估价是招标人在工程量清单中提供的用于支付必然发生但暂时不能确定价格的材料、工程设备的单价以及专业工程的金额。

(11)计日工。计日工是指在施工过程中，承包人完成发包人提出的施工图纸以外的零星项目或工作，按合同中约定的综合单价计价的一种方式。

(12)总承包服务费。总承包服务费是总承包人为配合协调发包人进行的专业工程分包，对发包人自行采购的工程设备、材料等进行保管以及施工现场管理、竣工资料汇总整理等服务所需的费用。

(13)安全文明施工费。安全文明施工费是在合同履行过程中承包人按照国家法律、法规等规定，为保证安全施工、文明施工，保护现场内外环境和搭拆临时设施等所采用的措施而发生的费用。

(14)索赔。索赔是在工程合同履行过程中，合同当事人一方因非己方的原因而遭受损失，按合同约定或法律法规规定应由对方承担责任，从而向对方提出补偿的要求。

(15)现场签证。现场签证是发包人现场代表(或其授权的监理人、工程造价咨询人)与承包人现场代表就施工过程中涉及的责任事件所做的签认证明。

(16)提前竣工(赶工)费。提前竣工(赶工)费是承包人应发包人的要求而采取加快工程进度的措施，使合同工程工期缩短，由此产生的费用，应由发包人支付。

(17)误期赔偿费。误期赔偿费是承包人未按照合同工程的计划进度施工，导致实际工期超过合同工期(包括经发包人批准的延长工期)，承包人应向发包人赔偿损失的费用。

(18)企业定额。企业定额是指施工企业根据本企业的施工技术、机械装备和管理水平而编制的人工、材料和施工机械台班等的消耗标准。

(19)规费。规费是根据国家法律、法规规定，由省级政府或省级有关权力部门规定必须缴纳的，应计入建筑安装工程造价的费用。

(20)税金。税金是国家税法规定的应计入建筑安装工程造价内的营业税、城市维护建设税、教育费附加和地方教育附加等。

(21)招标控制价。招标控制价是招标人根据国家或省级、行业建设主管部门颁发的有关计价依据和办法，以及拟定的招标文件和招标工程量清单，结合工程具体情况编制的招标工程的最高限价。

(22)投标价。投标价是投标人投标时响应招标文件要求所报出的对已标价工程量清单汇总后标明的总价。

(23)签约合同价(合同价款)。签约合同价(合同价款)是指发承包双方在工程合同中约定的工程造价，即包括了分部分项工程费、措施项目费、其他项目费、规费和税金的合同总金额。

(24)竣工结算价。竣工结算价是指发承包双方依据国家有关法律、法规和标准规定，按照合同约定确定的，包括在履行合同过程中按合同约定进行的工程价款调整，是承包人按合同约定完成了全部承包工作后，发包人应付给承包人的合同总金额。

(25)总价项目。总价项目是指在现行国家、行业以及地方的计量规则中无工程量计算规则，在已标价工程量清单或预算书中以总价或以费率形式计算的项目。

(26)缺陷责任期。缺陷责任期是指承包人对已交付使用的合同工程承担公司约定的缺陷修复责任的期限。

(27)保修期。保修期是指承包人按照合同约定对工程承担保修责任的期限，从工程竣工验收合格之日起计算。

(28)基准日期。招标发包的工程以投标截止日前28天的日期为基准日期，直接发包的工程以合同签订日前28天的日期为基准日期。

(29)结算审查对比表。结算审查对比表是工程结算审查文件中与报审工程结算文件对应的汇总、明细等各类反映工程数量、单价、合价、总价等内容增减变化的对比表格。

(30)工程结算审定结果签署表。工程结算审定结果签署表是由审查工程结算文件的工程造价咨询企业编制，并由审查单位、承包单位和委托单位以及建设单位共同认可工程造价咨询企业审定的工程结算价格，并签字、盖章的成果文件。

1.3 合同价款的约定

1.3.1 工程合同类型的选择

建设工程施工合同根据合同计价方式的不同，一般可以划分为总价合同、单价合同和其他价格形式三种类型，如图1-1所示。发包人和承包人应在合同协议书中选择下列一种合同价格形式。

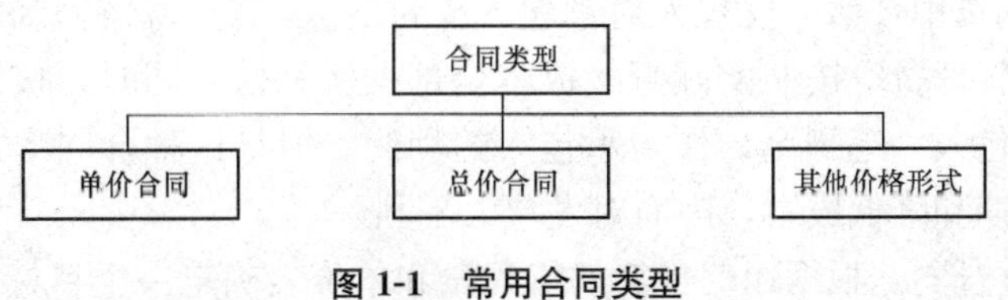

图1-1 常用合同类型

1. 单价合同

单价合同是指合同当事人约定以工程量清单及其综合单价进行合同价格计算、调整和确认的建设工程施工合同，在约定的范围内合同单价不做调整。合同当事人应在专用合同条款中约定综合单价包含的风险范围和风险费用的计算方法，并约定风险范围以外的合同价格的调整方法，其中因市场价格波动引起的调整按市场价格波动引起的调整约定执行。

单价合同是承包人在投标时，按招标文件就分部分项工程所列出的工程量表确定各分部分项工程费用的合同类型。这类合同的适用范围比较宽，其风险可以得到合理的分摊，并且能鼓励承包人通过提高工效等手段从成本节约中提高利润。这类合同能够成立的关键在于双方对单价和工程量计算方法的确认。在合同履行中需要注意的问题则是双方对实际工程量计量的确认。在设计或其他建设条件(如地质条件)还不太明确的情况下(但技术条件应明确)，而以后又需增加工程内容或工程量时，可以按单价适当追加合同内容。在每月(或每阶段)工程结算时，根据实际完成的工程量结算，在工程全部完成时以竣工图的工程量最终结算工程总价款。

2. 总价合同

总价合同是指合同当事人约定以施工图、已标价工程量清单或预算书及有关条件进行合同价格计算、调整和确认的建设工程施工合同，在约定的范围内合同总价不做调整。合同当事人应在专用合同条款中约定总价包含的风险范围和风险费用的计算方法，并约定风险范围以外的合同价格的调整方法，其中因市场价格波动引起的调整按市场价格波动引起的调整、因法律变化引起的调整按法律变化引起的调整约定执行。

总价合同是指在合同中确定一个完成项目的总价，承包人据此完成项目全部内容的合同。这种合同类型能够使发包人在评标时易于确定报价最低的承包人、易于进行支付计算。但这类合同仅适用于工程量不太大且能精确计算、工期较短、技术不太复杂、风险不大的项目。因而采用这种合同类型要求发包人必须准备详细而全面的设计图纸(一般要求施工详图)和各项说明，使承包人能准确计算工程量。

3. 其他价格形式

合同当事人可在专用合同条款中约定其他合同价格形式，主要以成本加酬金合同形式体现。

成本加酬金合同，是由发包人向承包人支付工程项目的实际成本，并按事先约定的某一种方式支付酬金的合同类型。在这类合同中，发包人需承担项目实际发生的一切费用，因此也就承担了项目的全部风险；而承包人由于无风险，其报酬往往也较低。这类合同的缺点是发包人对工程总造价不易控制，承包人也往往不注意降低项目成本。成本加酬金合同有多种形式，但目前流行的主要有如下几种：成本加固定费用合同、成本加定比费用合同、成本加奖金合同、成本加保证最大酬金合同。

(1)成本加固定费用合同。它与成本加定比费用合同相似，但是发包人付给承包人的酬金是一笔固定金额的酬金。采用该种合同形式，承包人会从尽快取得酬金出发，关心缩短工期。

(2)成本加定比费用合同。发包人对承包人支付的人工费、材料费和施工机械使用费、其他直接费、施工管理费等按照实际直接成本全部据实补偿，同时，按照实际直接成本的固定百分比付给承包人一笔酬金，作为承包人的利润。但是这种合同形式不能有效地鼓励承包人关心缩短工期和降低成本，因而对发包人不利。

(3)成本加奖金合同。根据粗略估算的工程量和单价表确定一个目标成本，而后根据目标成本确定酬金数额，可以是百分数的形式或者是一笔固定酬金。然后，根据工程实际成本支出情况另外确定一笔奖金，当实际成本低于目标成本时，承包人除从发包人获得实际成本、酬金补偿外，还可以根据成本降低额得到一笔奖金，当实际成本高于目标成本时，承包人仅能够从发包人得到成本和酬金的补偿。如果超过合同价的限额和工期的要求，还要处以一笔罚金。

(4)成本加保证最大酬金合同。首先确定限额成本、报价成本和最低成本，当实际成本没有超过最低成本时，承包人花费的成本费用及应得酬金等都得到发包人的支付，并与发包人分享节约额；如果实际工程成本在最低成本和报价成本之间，承包人只能得到成本和酬金；如果实际工程成本在报价成本与最高限额成本之间，则只能得到全部成本；实际工程成本超过最高限额成本时，则超过部分发包人不予支付。

对成本加酬金合同而言，要注意成本支出合理性、可靠性依据的收集，有利于工程的顺利结算。目前，成本加酬金合同主要适用于抢险救灾项目、风险较大、工期较短、技术简单的项目。

【例 1-1】 “非典”时期小汤山医院工程建设即采用成本加酬金合同类型，参加施工的单位仅用 6 天就完成了占地面积 60 亩，建筑面积 2 万平方米以上，病床 1 000 个，以及连接公路的道路一体的主体工程建设。此种合同适合在招标时设法确定实际工作范围或高风险的工程使用。招标的时间比较短，但造价控制比较困难，而且因承包人不需承担风险，因而失去提高效率及防止浪费的意愿，因而导致工程造价偏高。

具体工程项目选择何种合同计价形式，主要依据设计图纸深度、工期长短、工程规模和复杂程度进行确定。对使用工程量清单计价的工程，宜采用单价合同，但并不排斥总价合同。工程量清单计价的适用性不受合同形式的影响。实践中常见的单价合同和总价合同两种主要合同形式，均可以采用工程量清单计价，区别仅在于工程量清单中所填写的工程量的合同约束力。采用单价合同形式时，工程量清单是合同文件必不可少的组成内容，其中的工程量一般具备合同约束力(量可调)，工程款结算时按照合同中约定应予计量并实际完成的工程量计算进行调整。而对总价合同形式，工程量清单中的工程量不具备合同约束力(量不可调)，工程量以合同图纸的标示内容为准，工程量以外的其他内容一般均赋予合同约束力，以方便合同变更的计量和计价。

总体来说，采用单价合同符合工程量清单计价模式的基本要求，并且单价合同在合同管理中具有便于处理工程变更及索赔的特点，在工程量清单计价模式下，宜采用单价合同。而且在实践中最常用的是固定单价合同，即合同约定的工程价款中所包含的工程量清单项目综合单价在约定条件内是固定的，不予调整，工程量允许调整；工程量清单项目综合单价在约定的条件外，允许调整，但调整的方式、方法应在合同中约定。

【例 1-2】 某基础土方工程，合同采用可调价格按实结算。承包人 A 采用挖基槽方案中标，中标后，A 想方设法以种种理由变更投标施工方案，尽可能修改为大开挖方案。

【分析】 对于一般多层建筑工程，如果采用挖基槽方案，基础土方工程造价通常只占工程总造价的 2%左右，由于挖方量少，准备回补的土方一般都可以堆放到现场而无须倒运，但是，如果采用大开挖方案，挖方量将会增加 5～10 倍，大量的土方将无法堆放在现场，需要运到场外临时堆土点，基础施工完成后再倒运回现场，这样，按大开挖方案的基础土方工程造价(按定额计价)就可能会比挖基槽方案高出 5～15 倍，从原来占工程总造价的 2%左右上升到 10%～30%。

1.3.2 合同价款约定的要求

(1)实行招标的工程合同价款应在中标通知书发出之日起30天内，由发承包双方依据招标文件和中标人的投标文件在书面合同中约定。合同约定不得违背招投标文件中关于工期、造价、质量等方面的实质性内容。招标文件与中标人投标文件不一致的地方，以投标文件为准。

(2)不实行招标的工程合同价款，在发承包双方认可的工程价款基础上，由发承包双方在合同中约定。

(3)实行工程量清单计价的工程，应当采用单价合同。合同工期较短、建设规模较小、技术难度较低，且施工图设计已审查完备的建设工程可以采用总价合同；紧急抢险、救灾以及施工技术特别复杂的建设工程可以采用成本加酬金合同。

1.3.3 合同价款约定的内容

我国《建设工程工程量清单计价规范》(GB 50500—2013)(以下简称《清单计价规范》)，对发包人、承包人在约定工程合同价款过程中的基本问题做了明确的规定。

合同价款的约定是建设工程合同的主要内容。承发包双方认可的工程价款的形式可以是承包方或设计人编制的施工图预算，也可以是承发包双方认可的其他形式。承发包双方应在合同条款中，对下列事项进行约定。

(1)预付工程款的数额、支付时间及抵扣方式。预付工程款是发包人为解决承包人在施工准备阶段资金周转问题提供的协助。如使用的水泥、钢材等大宗材料，可根据工程具体情况设置工程材料预付款。双方应在合同中约定预付款数额：可以是绝对数，如50万元、100万元，也可以是额度，如合同金额的10%、15%等；约定支付时间：如合同签订后一个月支付、开工日前7天支付等；约定抵扣方式：如在工程进度款中按比例抵扣；约定违约责任：如不按合同约定支付预付款的利息计算；违约责任等。

(2)安全文明施工措施的支付计划、使用要求等。双方应在合同中约定是开工后支付，还是按形象进度支付。

(3)工程计量与支付工程进度款的方式、数额及时间。双方应在合同中约定计量时间和方式：可按月计量，如每月28日；可按工程形象部位(目标)划分分段计量，如±0.000以下基础及地下室、主体结构1～3层、4～6层等。进度款支付周期与计量周期保持一致。约定支付时间：如计量后7天以内、10天以内支付；约定支付数额：如已完工作量的70%、80%等；约定违约责任：如不按合同约定支付进度款的利率、违约责任等。

(4)工程价款的调整因素、方法、程序、支付及时间。约定调整因素：如工程变更后综合单价调整，钢材价格上涨超过投标报价时的3%，工程造价管理机构发布的人工费调整等；约定调整方法：如结算时一次调整，材料采购时报发包人调整等；约定调整程序：如承包人提交调整报告交发包人，由发包人现场代表审核签字等；约定支付时间：如与工程进度款支付同时进行等。

(5)施工索赔与现场签证的程序、金额确认与支付时间。约定索赔与现场签证的程序：如由承包人提出、发包人现场代表或授权的监理工程师核对等；约定索赔提出时间：如知道索赔事件发生后的28天内等；约定核对时间：如收到索赔报告后7天以内、10天以内等；约定支付时间：原则上与工程进度款同期支付等。

(6)承担计价风险的内容、范围以及超出约定内容、范围的调整办法。约定风险的内容范围：如全部材料、主要材料等；约定物价变化调整幅度：如钢材、水泥价格涨幅超过投标报价的3%，其他材料超过投标报价的5%等。

(7)工程竣工价款结算编制与核对、支付及时间。约定承包人在什么时间提交竣工结算书，发包人或其委托的工程造价咨询企业在什么时间内核对完毕，核对完毕后，什么时间内支付结算价款等。

(8)工程质量保证金的数额、扣留方式及时间。在合同中约定数额：如合同价款的3%等；约定支付方式：如竣工结算一次扣清等；约定归还时间：如保修期满1年退还等。

(9)违约责任以及发生工程价款争议的解决方法及时间。约定解决价款争议的办法是协商、调解、仲裁还是诉讼。约定解决方式的优先顺序、处理程序等。如采用调解方式，应约定好调解人员；如采用仲裁方式，应约定双方都认可的仲裁机构；如采用诉讼方式，应约定有管辖权的法院。

(10)与履行合同、支付价款有关的其他事项。合同中涉及工程价款的事项较多，能够详细约定的事项应尽可能具体的约定，约定的用词应尽可能唯一，如有几种解释，最好对用词进行定义，尽量避免因理解上的歧义造成合同纠纷。

1.4 工程价款结算程序

工程价款结算是发包人和承包人履行合同权利和义务的主要环节，是双方利益的集中体现，通过工程价款结算，承包人履行了合同约定的义务，获得下一步继续施工所需要的资金，发包人获得了合格工程，履行支付资金的义务。工程价款结算反映了发包人同承包人、同其他权利及义务人的财务关系，是工程项目承包中的一项十分重要的工作。工程价款结算内容包括工程预付款、工程进度款、工程竣工结算款及工程质量保证金等的支付，具体内容如图1-2所示。

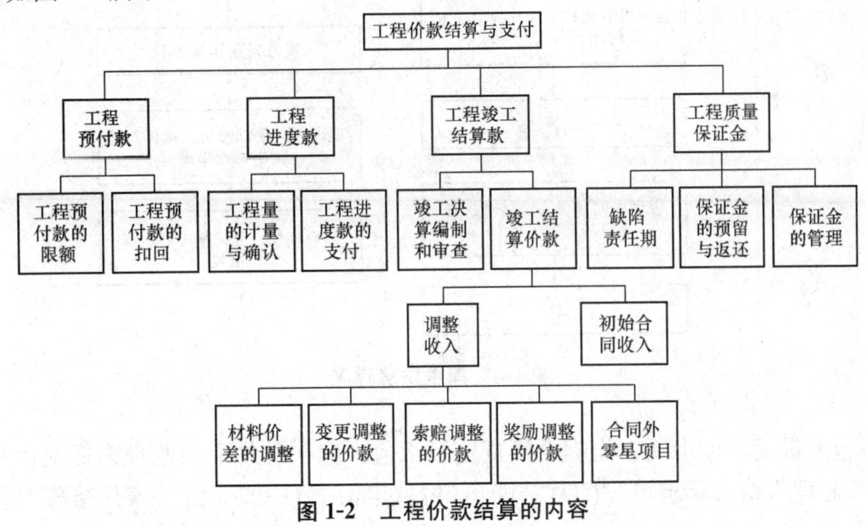

图1-2 工程价款结算的内容

1.4.1 工程预付款

工程预付款是在工程正式开工前，发包人按照合同约定，预先支付给承包人的储备工程主要材料、结构件所需的工程款。

预付的工程款必须在合同中实现约定，并在进度款中进行抵扣。凡是没有签订合同或不具备施工条件的工程，发包人不得预付工程款，不得以预付款为名转移资金。

根据《清单计价规范》对预付款的相关规定，预付款的基本流程如图 1-3 所示。

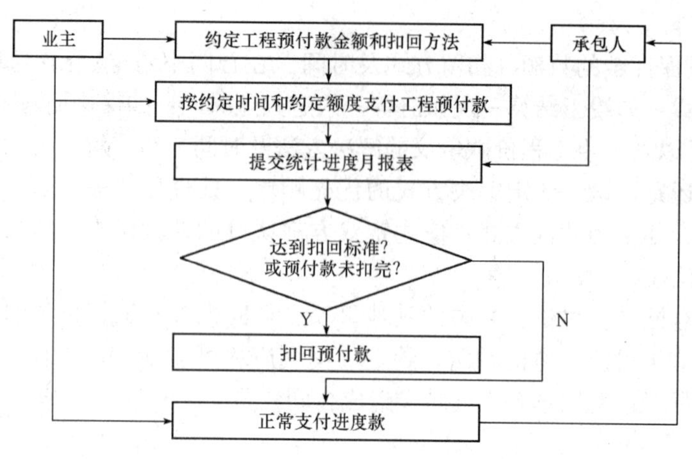

图 1-3　工程预付款支付流程图

1.4.2　期中结算

期中结算是合同在履行过程中对每月所发生的付款申请、审查和支付的工作。期中结算程序如图 1-4 所示。

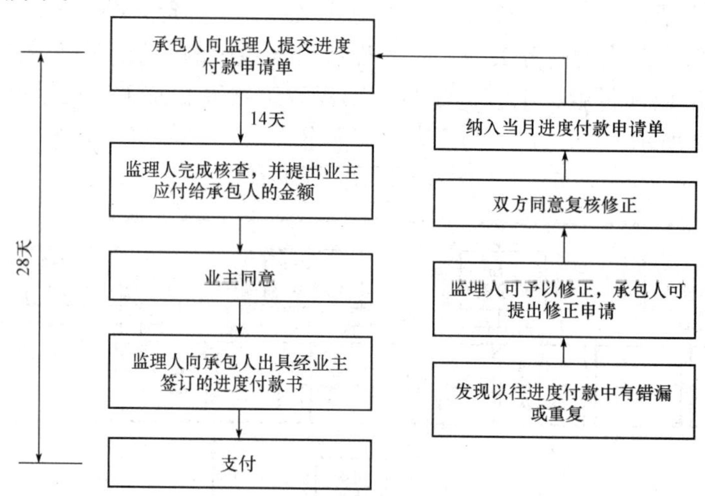

图 1-4　期中结算程序

(1)承包人提交付款申请。根据合同规定，承包人应在每月末向监理人提交由其项目经理签署的按监理人格式要求填写的月结账单(付款申请书)一式 6 份。该月结账单包括以下栏目：

1)自开工截至本月末止已完成的工程价款。

2)自开工截至上月末止已完成的工程价款。

3)本月完成的(应结算的)工程价款，即 1)～2)。

4)本月完成的应结算的计日工价款。

5)本月应支付的暂列金额价款。

6)本月应支付的材料设备预付款。

7)根据合同规定本月应结算的其他款项。

8)价格调整及法规变更引起的费用。

9)本月应扣留的保留金、材料设备预付款及材料预付款。

10)根据合同规定，本月应扣除的其他款项。

(2)监理人审查与签证。监理人在收到承包人进度付款申请单以及相应的支持性证明文件后的14天内完成核查，提出发包人到期应支付给承包人的金额以及相应的支持性材料，经发包人审查同意后，由监理人向承包人出具经发包人签认的进度付款证书。监理人有权扣发承包人未能按照合同要求履行任何工作或义务的相应金额。

监理人审查的主要工作如下：

1)承包人所完成的工程价款。

2)计日工付款申请。

3)材料设备预付款付款申请。

4)变更工程付款申请。

5)价格调整付款申请。

6)其他款项的付款申请。

期中支付申请书要求：

1)申请的格式和内容应满足合同要求。

2)各项资料、证明文件手续齐全。

3)所有款项计算与汇总无误。

(3)发包人付款。发包人应在收到期中支付证书后28天内将应付款项支付给承包人，如果发包人未能在规定期限内付款，则应按投标书附录规定的利率支付全部未付款额的利息；如果发包人收到承包人通知后的28天内仍不履行付款义务，承包人有权暂停施工；暂停施工28天后，发包人仍不纠正违约行为的，承包人可向发包人发出解除合同通知。

1.4.3 工程竣工结算

办理竣工结算应按一定程序进行，由于工程项目的施工周期大多比较长，跨年度的工程又多，且多数情况下作为一个项目的整体可能包括很多单位工程，涉及面广。因此，在实际工作中，竣工结算一般以单位工程为基础，竣工结算的一般程序如下：

(1)对确定作为结算的工程项目内容作全面认真的清点，备齐结算依据和资料。

(2)以单位工程为基础，对招标文件、报价的内容，包括项目、工程量、单价及计算方面进行检查核对。为了尽可能做到竣工结算不漏项，可在工程即将竣工时，承包人召开有施工、技术、材料、生产计划、财务和预算人员参加的办理竣工结算预备会议，做好核对工作。具体包括：

1)核对开工前施工准备与“三通一平”，即水、电、路及场地平整；

2)核对土方工程挖运数量，堆土处置的方法和数量；

3)核对钢筋混凝土工程中的含钢量是否按规定进行调整，包括为满足施工需要所增加的钢筋数量；

4)核对加工订货的规格、数量与现场实际施工数量是否相符；

5)核对特殊工程项目与特殊材料单价有无应调或未调的；

6)核对因设计修改引起工程变更是否有遗漏；

7)核对分包工程费用支出与预算收入是否有矛盾；

8)核对施工图要求与施工实际有否不符的项目；

9)核对单位工程结算书与单项工程结算书有关相同项目、单价和费用是否相符；

10)核对施工过程中有关索赔的费用是否有遗漏；

11)核对其他有关的事实、根据、单价和与工程结算相关联的费用。

(3)对发包人要求扩大的施工范围和由于设计修改、工程变更、现场签证引起的增减项进行检查，核对无误后，分别归入相应的单位工程结算书。

(4)将各个专业的单位工程结算分别以单项工程为单位进行汇总，并提出单项工程综合结算书。

(5)将各个单项工程汇总成整个工程项目的竣工结算书。

(6)编写竣工结算编制说明，内容主要为结算书的工程范围、结算内容、存在的问题以及其他必须加以说明的事宜。

(7)复写、打印或复印竣工结算书，经相关部门批准后，送建设单位审查签认。

竣工结算程序如图 1-5 所示。

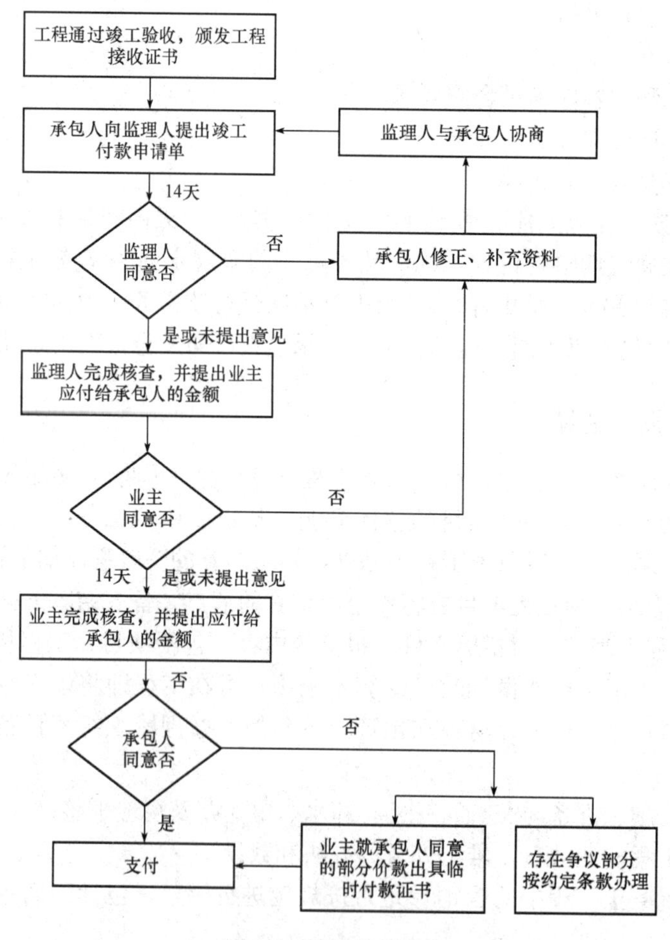

图 1-5　竣工结算程序

(1)承包人的竣工支付申请。工程接收证书颁发后，承包人应按专用合同条款约定的份数和期限向监理人提交竣工付款申请单，并提供相关证明材料，除专用合同条款另有约定外，竣工付款申请单应包括下列内容：

1)竣工结算合同总价。

2)发包人已支付承包人的工程价款。

3)应扣留的质量保证金。

4)应支付的竣工付款金额。

(2)竣工支付申请的审定与支付。监理人在收到承包人提交的竣工付款申请单后 14 天内完成核查，提出发包人到期应支付给承包人价款送发包人审核并抄送承包人。发包人应在收到后 14 天内审核完毕，由监理人向承包人出具经发包人签认的竣工付款证书。监理人未在约定时间内核查，又未提出具体意见的，视为承包人提交的竣工付款申请单已经监理人核查同意。发包人未在约定时间内审核，又未提出具体意见的，监理人提出发包人到期应支付给承包人的价款视为已经发包人同意。

1.4.4 最终结算

最终结算程序如图 1-6 所示。

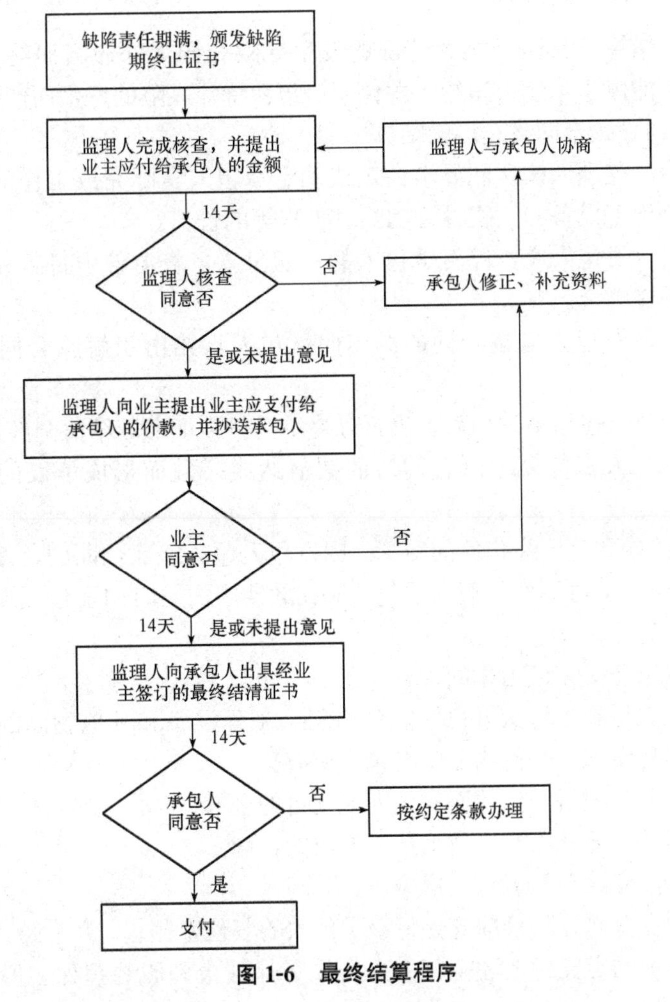

图 1-6 最终结算程序

(1)最终支付申请。

1)缺陷责任期终止证书签发后，承包人可按专用合同条款约定的份数和期限向监理人提交最终结清申请单，并提供相关证明材料。

2)发包人对最终结清申请单内容有异议的，有权要求承包人进行修正和提供补充资料，由承包人向监理人提交修正后的最终结清申请单。

(2)结清证书和支付时间。

1)监理人收到承包人提交的最终结清申请单后14天内，提出发包人支付给承包人价款，送发包人审核并抄送承包人。发包人应在14天内审核完毕，由监理人向承包人出具经发包人签认的最终结算证书。监理人未在约定时间内审查，又未提出具体意见的，视为承包人提交的最终结清申请单已经监理人核查同意。发包人未在约定时间内审核，又未提出具体意见的，监理人提出发包人到期应支付给承包人的价款视为已经发包人同意。

2)发包人应在监理人出具最终结清证书后的14天内，将应支付款支付给承包人。发包人不按期支付的，按合同的约定，将逾期付款违约金支付给承包人。

3)承包人对发包人签认的最终结清证书有异议的，按约定条款办理。

4)最终结清付款涉及政府投资资金的，按合同的约定办理。

1.4.5 合同终止后的结算

合同终止后的结算是指由于某种情况的发生导致合同无法履行而终止合同后的结算。通常，合同终止可能由于承包人违约、发包人违约和特殊风险的发生而产生。

(1)承包人违约导致合同终止后的结算。

1)合同解除后，监理人按合同要求商定或确定承包人实际完成工作的价值，以及承包人已提供的材料、施工设备、工程设备和临时工程等的价值。

2)合同解除后，发包人应暂停对承包人的一切付款，查清各项付款和已扣款金额，包括承包人应支付的违约金。

3)合同解除后，发包人应按合同的约定向承包人索赔由于解除合同给发包人造成的损失。

4)合同双方确认上述往来款项后，出具最终结清付款证书，结清全部合同款项。

5)发包人和承包人未能就解除合同后的结清达成一致而形成争议的，按合同的约定办理。

(2)发包人违约导致合同终止后的结算。因发包人违约解除合同的，发包人应在解除合同后28天内向承包人支付下列金额，承包人应在此期限内及时向发包人提交要求支付下列金额的有关资料和凭证：

1)合同解除日以前所完成工作的价款。

2)承包人为该工程施工订购并已付款的材料、工程设备和其他物品的金额。发包人付款后，该材料、工程设备和其他物品归发包人所有。

3)承包人为完成工程所发生的而发包人未支付的金额。

4)承包人撤离施工场地以及遣散承包人人员的金额。

5)由于解除合同应赔偿的承包人损失。

6)按合同约定在合同解除日前应支付给承包人的其他金额。

发包人应按本项约定支付上述金额并退还质量保证金和履约担保，但有权要求承包人支付应偿还给发包人的各项金额。

(3)因不可抗力而终止合同后的结算。合同一方当事人因不可抗力不能履行合同的，应当及时通知对方解除合同。合同解除后，承包人应按照合同的约定撤离施工场地。已经订货的材料、设备由订货方负责退货或解除订货合同，不能退还的货款和因退货、解除订货合同发生的费用，由发包人承担。因未及时退货造成的损失由责任方承担。合同解除后的付款，参照合同约定，由监理人商定或确定。

小 结

工程竣工结算是核定建设工程造价的依据，也是建设项目竣工验收后编制竣工决算和核定新增固定资产价值的依据。因此，工程竣工结算直接关系到施工单位的切身利益与建设单位建设项目的投资控制，做好这项工作意义重大。本部分内容主要包括工程价款结算的重要性、工程价款结算的分类、工程价款结算的原则、工程价款结算的依据、工程价款结算的条件、工程合同类型的选择、合同价款约定的要求、合同价款的约定内容、工程预付款程序、期中结算程序、工程竣工结算程序、最终结算程序及合同终止后的结算程序。

复习思考题

1. 什么是工程价款结算?
2. 简述工程合同的类型。
3. 工程价款结算根据不同情况采取哪些方式?
4. 工程价款结算程序情形包括哪些内容?
5. 工程合同价款的约定包括哪些内容?
6. 与工程结算有关的主要术语包括哪些?
7. 简述工程价款结算的依据。

评价表

序号	具体指标	分值	自 评	小组互评	教师评价	小 计
1	掌握工程合同价款的约定	20				
2	熟悉与工程结算有关的主要术语	20				
3	掌握工程价款结算的依据	20				
4	掌握工程价款结算程序	20				
5	能够讲述工作成果	20				
		100				

2 工程计量与价款支付

内容提要

本部分内容结合《清单计价规范》《建设工程价款结算暂行办法》《施工合同(示范文本)》等法规与合同范本，介绍了工程价款计量与支付、工程价款的调整等内容。文中对工程计量的方法；预付款的计算、支付与扣回；工程进度款的计量与支付(中间结算)；工程价款的调整；质量保证金的约定、预留、返还及管理；《FIDIC 施工合同条件》中工程价款的支付等进行了详细阐述。

知识目标

1. 掌握工程预付款的计算。
2. 掌握工程进度款的支付计算。
3. 掌握工程价款调整的程序。
4. 掌握工程保修金的预留方法。

能力目标

1. 能按照承包合同和已完成工程量向发包人办理工程价款清单。
2. 能按照要求格式及内容进行工程计量。
3. 能够按照计价规范、计算规范及项目施工合同要求，初步完成结算书内容的编制。

2.1 工程计量概述

2.1.1 工程计量的概念

所谓工程计量，就是发承包双方根据合同约定，对承包人完成合同工程的数量进行的计算和确认。具体地说，就是双方根据设计图纸、技术规范以及施工合同约定的计量方式和计算方法，对承包人已经完成的质量合格的工程实体数量进行测量与计算，并以物理计量单位或自然计量单位进行表示、确认的过程。

招标工程量清单中所列的数量，通常是根据设计图纸计算的数量，是对合同工程的估计工程量。工程施工过程中，通常会由于一些原因导致承包人实际完成工程量与工程量清单中所列的工程量不一致，例如，招标工程量清单缺项、漏项或项目特征描述与实际不符；工程变更；现场施工条件的变化；现场签证；暂列金额中的专业工程发包等。因此，在工程合同价款结算前，必须对承包人履行合同义务所完成的实际工程进行准确的计量。

2.1.2 工程计量的原则

(1)工程量应当按照相关工程的现行国家计量规范规定的工程量计算规则计算。不符合合同文件要求的工程不予计量，即工程必须满足设计图纸、技术规范等合同文件对其在工程质量上的要求，同时，有关的工程质量验收资料齐全、手续完备，满足合同文件对其在工程管理上的要求。

(2)工程计量可选择按月或按工程形象进度分段计量，具体计量周期在合同中约定。工程计量的方法、范围、内容和单位受合同文件所约束，其中工程量清单(说明)、技术规范、合同条款均会从不同角度、不同侧面涉及这方面的内容。在计量中要严格遵循这些文件的规定，并且一定要结合起来使用。

(3)因承包人原因造成的超出合同工程范围施工或返工的工程量，发包人不予计量。

2.1.3 工程计量的范围与依据

(1)工程计量的范围。工程计量的范围包括：工程量清单及工程变更所修订的工程量清单的内容；合同文件中规定的各种费用支付项目，如费用索赔、各种预付款、价格调整、违约金等。

(2)工程计量的依据。工程计量的依据包括：工程量清单及说明；合同图纸；工程变更及其修订的工程量清单；合同条件；技术规范；有关计量的补充协议；质量合格证书等。

2.1.4 工程计量的方法

工程量应当按照相关工程现行国家计量规范规定的工程量计算规则计算。工程计量可选择按月或按工程形象进度分段计量，具体计量周期在合同中约定。因承包人原因造成的超出合同工程范围施工或返工的工程量，发包人不予计量。通常区分单价合同和总价合同规定不同的计量方法，成本加酬金合同按照单价合同的计量规定进行计量。

1. 计量周期

除专用合同条款另有约定外，工程量的计量按月进行。

2. 单价合同的计量

单价合同工程量必须以承包人完成合同工程应予计量的、按照现行国家计量规范规定的工程量计算规则计算得到的工程量确定，如图 2-1 所示。

除专用合同条款另有约定外，单价合同的计量按照以下约定执行。

(1)承包人应于每月 25 日向监理人报送上月 20 日至当月 19 日已完成的工程量报告，并附进度付款申请单、已完成工程量报表和有关资料。

(2)监理人应在收到承包人提交的工程量报告后 7 天内完成对承包人提交的工程量报表的审核并报送发包人，以确定当月实际完成的工程量。监理人对工程量有异议的，有权要求承包人进行共同复核或抽样复测。承包人应协助监理人进行复核或抽样复测，并按监理人要求提供补充计量资料。承包人未按监理人要求参加复核或抽样复测的，监理人复核或修正的工程量视为承包人实际完成的工程量。

(3)监理人未在收到承包人提交的工程量报表后的 7 天内完成审核的，承包人报送的工程量报告中的工程量视为承包人实际完成的工程量，据此计算工程价款。

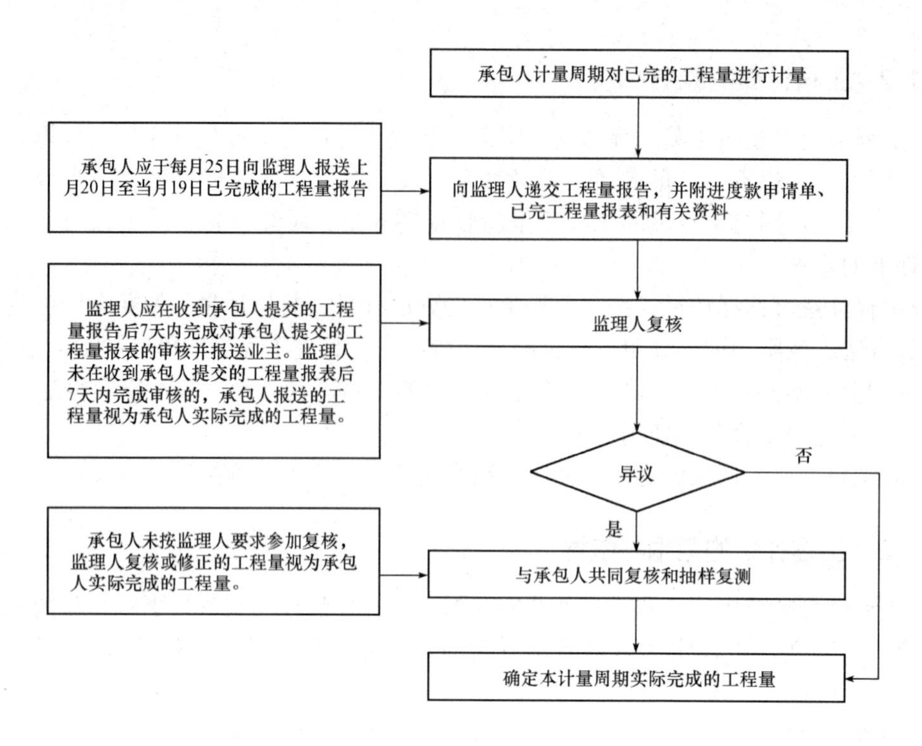

图 2-1　工程计量程序

3. 总价合同的计量

采用经审定批准的施工图纸及其预算方式发包形成的总价合同，除按照工程变更规定引起的工程量增减外，总价合同各项目的工程量是承包人用于结算的最终工程量。总价合同约定的项目计量应以合同工程经审定批准的施工图纸为依据，发承包双方应在合同中约定工程计量的形象目标或时间节点进行计量。除专用合同条款另有约定外，按月计量支付的总价合同，按照以下约定执行。

(1)承包人应于每月 25 日向监理人报送上月 20 日至当月 19 日已完成的工程量报告，并附进度付款申请单、已完成工程量报表和有关资料。

(2)监理人应在收到承包人提交的工程量报告后 7 天内完成对承包人提交的工程量报表的审核并报送发包人，以确定当月实际完成的工程量。监理人对工程量有异议的，有权要求承包人进行共同复核或抽样复测。承包人应协助监理人进行复核或抽样复测并按监理人要求提供补充计量资料。承包人未按监理人要求参加复核或抽样复测的，监理人审核或修正的工程量视为承包人实际完成的工程量。

(3)监理人未在收到承包人提交的工程量报表后的 7 天内完成复核的，承包人提交的工程量报告中的工程量视为承包人实际完成的工程量。

4. 采用支付分解表计量

总价合同采用支付分解表计量支付的，可以按照总价合同的计量约定进行计量，但合同价款按照支付分解表进行支付。

5. 其他价格形式合同的计量

合同当事人可在专用合同条款中约定其他价格形式合同的计量方式和程序。

2.2 工程预付款

2.2.1 工程预付款的概念和性质

1. 预付款的概念

工程预付款是在工程正式开工前，发包人按照合同约定预先支付给承包人的储备工程主要材料、结构件所需的工程款。预付款用于承包人为合同工程施工购置材料、工程设备，购置或租赁施工设备、修建临时设施以及组织施工队伍进场等所需的款项。根据工程承发包合同规定，由发包人在开工前拨给承包人一定限额的预付备料款，作为承包工程项目储备主要材料、构配件所需的流动资金。

预付的工程款必须在合同中实现约定，并在进度款中进行抵扣。凡是没有签订合同或不具备施工条件的工程，发包人不得预付工程款，不得以预付款为名转移资金。

2. 预付款的性质

工程预付款仅用于承包人支付施工开始时与本工程有关的动员费用。如承包人滥用此款，发包人有权立即收回。在承包人向发包人提交金额等于预付款数额(发包人认可的银行开出)的银行保函后，发包人按规定的金额和规定的时间向承包人支付预付款，在发包人全部扣回预付款之前，该银行保函将一直有效。

发包人为解决承包人在施工准备阶段资金周转问题提供的协助，是发包人支付施工开始时与本工程有关的动员费用，具有预支的性质。

2.2.2 预付款的计算、支付

1. 工程预付款的支付期限及违约责任

按照《清单计价规范》的规定，在具备施工条件的前提下，承包人应在签订合同或向发包人提供与预付款等额的预付款保函(如有)后向发包人提交预付款支付申请。

发包人应在收到支付申请的 7 天内进行核实，向承包人发出预付款支付证书，并在签发支付证书后的 7 天内向承包人支付预付款。

发包人没有按时支付预付款的，承包人可催告发包人支付；发包人在预付款期满后的 7 天内仍未支付的，承包人可在付款期满后的第 8 天起暂停施工。发包人应承担由此增加的费用和延误的工期，并向承包人支付合理利润。

2. 工程预付款的限额

按照现行的《建设工程价款结算暂行办法》的规定，发包人应按合同约定的预付款金额支付预付款。对于预付款的数额确定，一般遵循以下规则：包工包料工程的预付款按合同约定拨付，原则上预付比例不低于合同金额的 10%，不高于合同金额的 30%；对重大工程项目，按年度工程计划逐年预付。计价执行《清单计价规范》的工程，实体性消耗和非实体性消耗部分应在合同中分别约定预付款比例。

在实际工作中，预付款的数额，要根据各工程类型、合同工期、承包方式等不同条件而定。一般来说，主要材料在工程造价中所占比重高的项目，工程预付款的数额也要相应提高；工期短的工程比工期长的工程预付款要高；材料由施工单位自行购置的比由建设单位供应的要高；只包定额工日(不包材料定额，一切材料由建设单位供给)的工程项目，则可以不预付工程款。

3. 预付款担保

发包人要求承包人提供预付款担保的，承包人应在发包人支付预付款 7 天前提供预付款担保，专用合同条款另有约定除外。预付款担保可采用银行保函、担保公司担保等形式，具体由合同当事人在专用合同条款中约定。在预付款完全扣回之前，承包人应保证预付款担保持续有效。发包人在工程款中逐期扣回预付款后，预付款担保额度应相应减少，但剩余的预付款担保金额不得低于未被扣回的预付款金额。

4. 预付款的支付程序

按照我国有关规定，实行工程预付款的，双方应当在专用条款内约定发包人向承包人预付工程款的时间和数额，开工后按约定的时间和比例逐次扣回。工程预付款的支付程序如图 2-2 所示。

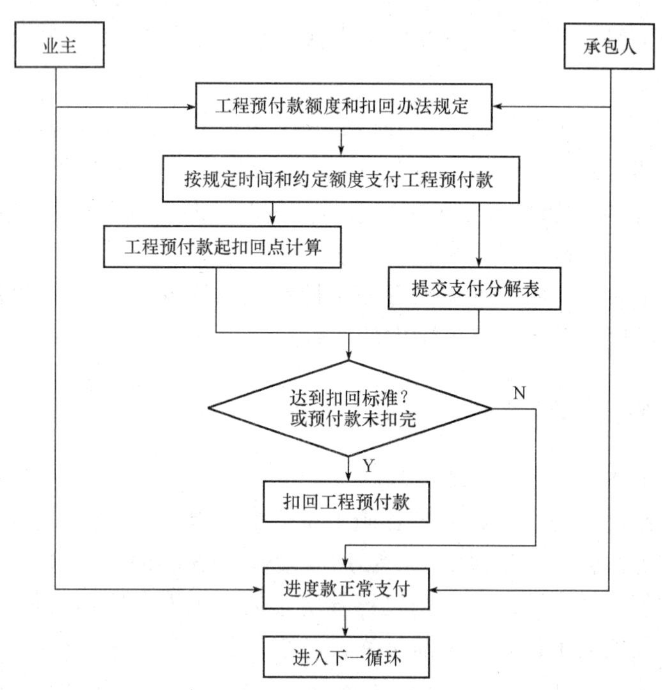

图 2-2　预付款的支付程序

2.2.3　预付款的扣回

预付款应从每支付期应支付给承包人的工程进度款中扣回，直到扣回的金额达到合同约定的预付款金额为止。

承包人的预付款保函(如有)的担保金额根据预付款扣回的数额相应递减，但在预付款全部扣回之前一直保持有效。发包人应在预付款扣完后的 14 天内将预付款保函退还给承包人。

发包人拨付给承包人的工程预付款属于预支性质，到了工程实施后，随着工程所需主要材料储备的逐步减少，应以抵充工程价款的方式陆续扣回，如图 2-3 所示。

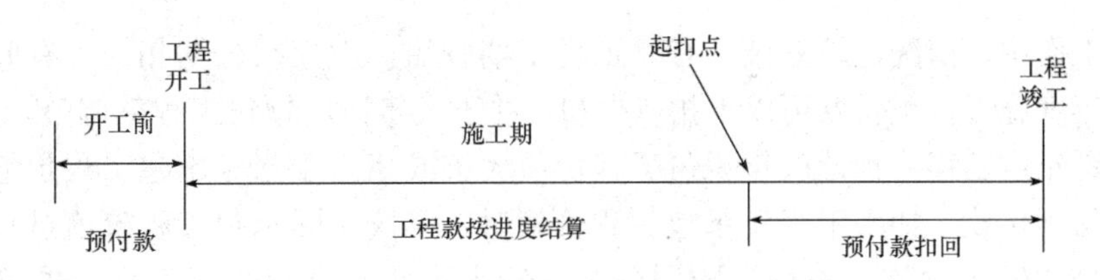

图 2-3 工程预付款起扣点

扣回的方法有以下两种：

(1)可以从未施工工程尚需的主要材料及构件的价值相当于工程预付款数额时起扣，从每次结算工程价款中，按材料比重扣抵工程价款，竣工前全部扣清。即按材料比重扣抵工程款，如图 2-4 所示。

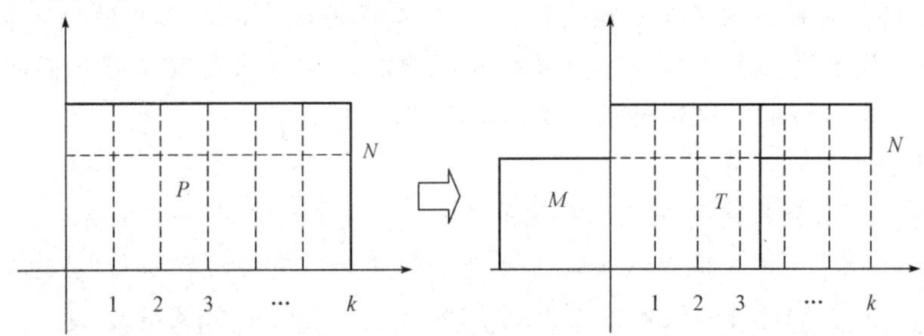

图 2-4 工程预付款的起扣图示

工程预付款起扣点的公式可以采用下述公式：

起扣点＝承包工程价款总额－工程预付款限额/主要材料及设备构建所占的比重

其基本表达公式是：

$$T=P-\frac{M}{N}$$

式中 T——起扣点，即工程预付款开始扣回时的累计完成工作量金额。

M——工程预付款限额。

N——主要材料及设备构件所占的比重。

P——承包工程价款总额(或建安工作量价值)。

当已完工程超过开始扣回工程预付款时的工程价值时，就要从每次结算工程价款中陆续扣回预付的工程款。每次应扣回的数额按下列方法计算。

第一次应扣回工程预付款＝(累计已完工程价值－开始扣回工程款预付时的工程价值)×主要材料费比重

以后每次应扣回工程预付款＝每次结算的已完工程价值×主要材料费比重

(2)发包人及承包人也可在专用条款中约定不同的扣回方法，在承包人完成金额累计达到合同总价的一定比例(如 10%)后，由承包人开始向发包人还款，发包人从每次应付给承包人的金额中扣回工程预付款，至少在合同规定的完工前三个月将工程预付款的总计金额逐次扣回。当发包人一次付给承包人的余额少于规定扣回的金额时，其差额应转入下一次支付中作为债务结转。

如约定“工程预付款从承包人获得累计工程款超过合同价的 30%以后的下一个月起，至第五个月均匀扣除”或“工程预付款在第 3、4 两个月均匀扣除”等。

在实际工作中，情况比较复杂，有些工程工期较短，就无须分期扣回。有些工程工期较长，如跨年度施工，预付款可以不扣或少扣，并于次年按应预付工程款调整，多退少补。具体地说，跨年度工程，预计次年承包工程价值大于或相当于当年承包工程价值时，可以不扣回当年的预付款，如小于当年承包工程价值时，应按实际承包工程价值进行调整，在当年扣回部分预付备料款，并将未扣回部分，转入次年，直到竣工年度，再按上述办法扣回。

在颁发工程接收证书前，由于不可抗力或其他原因解除合同时，尚未扣清的预付款余额应作为承包人的到期应付款。

【例 2-1】 某施工单位承包某工程项目，甲乙双方签订的关于工程价款的合同内容有：

1. 建筑安装工程造价为 660 万元，建筑材料及设备费占施工产值的比重为 60%。

2. 工程预付款为建筑安装工程造价的 20%。工程实施后，工程预付款从未施工工程尚需的建筑材料及设备费相当于工程预付款数额时起扣，从每次结算工程价款中按材料和设备占施工产值的比重扣抵工程预付款，竣工前全部扣清。

3. 工程进度款逐月计算。

4. 工程质量保证金为建筑安装工程造价的 5%，竣工结算月一次扣留。

5. 建筑材料和设备价差调整按当地工程造价管理部门有关规定执行(当地工程造价管理部门有关规定，上半年材料和设备价差上调 10%，在 6 月份一次调增)。

工程各月实际完成产值见表 2-1。

表 2-1 各月实际完成产值 万元

月份	2	3	4	5	6	合计
完成产值	55	110	165	220	110	660

【问题】

1. 通常工程竣工结算的前提条件是什么？

2. 工程价款结算的方式有哪几种？

3. 该工程的工程预付款、起扣点为多少？

4. 该工程 2～5 月每月支付工程款为多少？累计支付工程款为多少？

5. 6 月份办理工程竣工结算，该工程结算总造价为多少？发包人应付工程结算款为多少？

【解】

问题 1：

工程竣工结算的前提条件是承包人按照合同规定的内容全部完成所承包的工程，并符合合同要求，经相关部门联合验收质量合格。

问题 2：

工程价款的结算方式主要有按月结算、按形象进度分段结算、竣工后一次结算和双方约定的其他结算方式。

问题 3：

工程预付款为：660×20%＝132(万元)

起扣点为：660－132/60%＝440(万元)

问题 4：

2 月：支付工程款 55 万元，累计支付工程款 55 万元。

3 月：支付工程款 110 万元，累计支付工程款 165 万元。

4 月：支付工程款 165 万元，累计支付工程款 330 万元。

5 月：5 月份完成产值 220 万元，因 220＋330＝550(万元)＞440 万元

5 月份应扣回预付备料款＝(550－440)×60％＝66(万元)

5 月份应支付工程款＝220－66＝154(万元)

累计支付为 484 万元

问题 5：

工程结算总造价＝660＋660×0.6×10％＝699.6(万元)

工程保留金＝699.6×5％＝34.98(万元)

发包人应付工程结算款＝699.6－484－132－34.98＝48.62(万元)

【例 2-2】 某综合楼工程承包合同规定，工程预付款按当建筑安装工程产值的 26％支付，该工程当年预计产值为 325 万元。该工程预付款应为多少？

【解】

工程预付款＝325×26％＝84.5(万元)

2.2.4 安全文明施工费

(1)安全文明施工费的内容和范围，应以国家和工程所在地省级建设行政主管部门的规定为准。

(2)发包人应在工程开工后的 28 天内预付不低于当年施工进度计划的安全文明施工费总额的 60％，其余部分与进度款同期支付。

(3)发包人没有按时支付安全文明施工费的，承包人可催告发包人支付；发包人在付款期满后的 7 天内仍未支付的，若发生安全事故的，发包人应承担相应责任。

(4)承包人应对安全文明施工费应专款专用，在财务账目中应单独列项备查，不得挪作他用，否则发包人有权要求其限期改正；逾期未改正的，造成的损失和延误的工期由承包人承担。

2.2.5 总承包服务费

(1)发包人应在工程开工后的 28 天内向承包人预付总承包服务费的 20％，分包进场后，其余部分与进度款同期支付。

(2)发包人未按合同约定向承包人支付总承包服务费，承包人可不履行总包服务义务，由此造成的损失(如有)由发包人承担。

2.3 工程进度款的计量与支付(中间结算)

工程进度款是指承包人在施工过程中，按逐月(或形象进度)完成的工程数量计算各项费用，向发包人办理的支付金额(即中间结算)。

工程进度款的结算可采用按月结算或分段结算的方式，下面以按月结算为例，讲述工

程进度款的结算和支付。根据《清单计价规范》中对进度款支付的相关规定，工程进度款的支付步骤如图 2-5 所示。工程进度款支付过程中，应遵循以下程序。

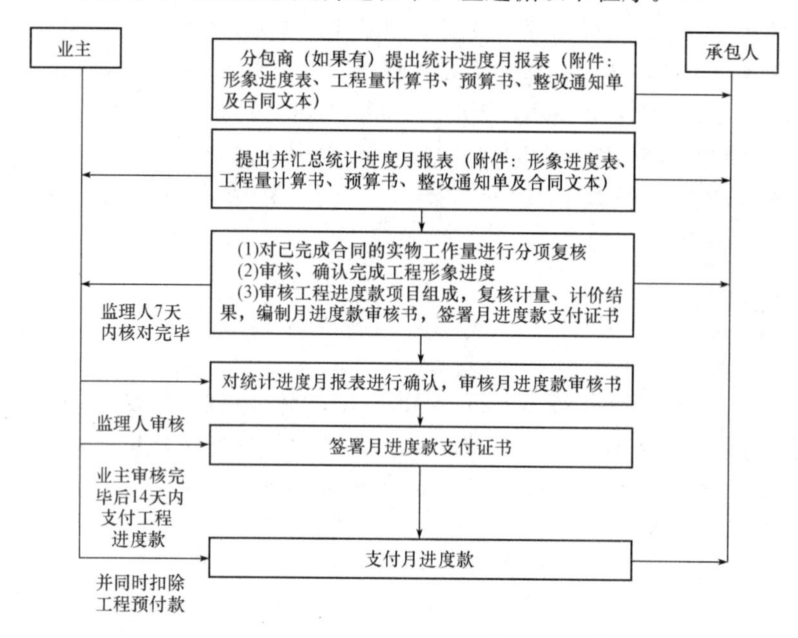

图 2-5　工程进度款支付步骤

2.3.1　已完工程量计量

根据《施工合同(示范文本)》中合同通用条款的约定，承包人应自行计量工程量，然后报监理人审核。

根据工程量清单计价规范形成的合同价中包含综合单价和总价包干两种不同形式，应采取不同的计量方法。除专用合同条款另有约定外，综合单价子目已完成工程量按月计算，总价包干子目的计量周期按批准的支付分解报告确定。

1. 综合单价子目计量

已标价工程量清单中的单价子目工程量为估算工程量。若发现工程量清单中出现漏项、工程量计算偏差，以及工程量变更引起的工程量增减，应在工程进度款支付即中间结算时调整，结算工程量是承包人在履行合同义务过程中实际完成，并按合同约定的计量方法进行计量的工程量。

2. 总价包干子目计量

总价包干子目的计量和支付应以总价为基础，不因物价波动引起的价款调整的因素而进行调整。承包人实际完成的工程量，是进行工程目标管理和控制进度支付的根据。承包人在合同约定的每个计量周期内，对已完成的工程进行计量，并提交专用条款约定的合同总价支付分解表所表示的阶段性或分项计量的支持性资料，以及所达到工程形象目标或分阶段需完成的工程量和有关计量资料。总价包干子目的支付分解表形成一般有以下三种方式。

(1)对于工期较短的项目，将总价包干子目的价款按合同约定的计量周期平均。

(2)对于合同价值不大的项目，按照总价包干子目的价款占签约合同价的百分比，以及各个支付周期内所完成的总价值，以固定百分比方式均摊支付。

(3)根据有关合同约束力的进度计划、预先确定的里程碑形象进度节点(或者支付周期)、组成总价包干子目的价款分解到各个形象进度节点(或者支付周期中)，汇总形成支付分解表。实际支付时，经检查核实其实际形象进度，达到支付分解表的要求后，即可支付经批准的每阶段总价包干子目的支付金额。

2.3.2 已完工程量复核

当发承包双方在合同中未对工程量的复核时间、程序、方法和要求作约定时，可按照《清单计价规范》的相关解释处理：

(1)承包人应在每个月末或合同约定的工程段完成后向发包人递交上月或上一工程段已完工程量报告。

(2)发包人应在接到报告后 7 天内按施工图纸(含设计变更)核对已完工程量，并应在计量前 24 小时通知承包人。承包人应提供条件并按时参加。

(3)计量结果。

1)如发承包双方均同意计量结果，则双方应签字确认。

2)如承包人收到通知后不参加计量核对，则由发包人核实的计量应认为是对工程量的正确计量。

3)如发包人未在规定的核对时间内进行计量核对，承包人提交的工程计量视为发包人已经认可。

4)如发包人未在规定的核对时间内通知承包人，致使承包人未能参加计量核对的，则由发包人所做的计量核实结果无效。

5)对于承包人超出施工图纸范围或因承包人原因造成返工的工程量，发包人不予计量。

6)如承包人不同意发包人核实的计量结果，承包人应在收到上述结果后 7 天内向发包人提出，声明承包人认为不正确的详细情况。发包人收到后，应在 2 天内重新核对有关工程量的计量，或予以确认，或将其修改。

(4)发包人与承包人双方认可的核对后的计量结果，应作为支付工程进度款的根据。

【例 2-3】 某建筑工程的合同承包价为 489 万元，工期为 8 个月，工程预付款占合同承包价的 20%，主要材料及预制构件价值占工程总价的 65%，保留金占工程总费用的 5%。该工程每月实际完成的产值及合同价款调整增加额见表 2-2。

表 2-2 某工程实际完成产值及合同价款调整增加额 万元

月份	1	2	3	4	5	6	7	8	合同价调整增加额
完成产值	25	36	89	110	85	76	40	28	67

【问题】

1. 该工程应支付多少工程预付款?
2. 该工程预付款起扣点为多少?
3. 该工程每月应结算的工程进度款及累计拨款分别为多少?
4. 该工程应付竣工结算价款为多少?
5. 该工程保留金为多少?

6. 该工程8月份实付竣工结算价款为多少？

【解】

问题1：

工程预付款＝489×20％＝97.8(万元)

问题2：

$$工程预付款起扣点=489-\frac{97.8}{65\%}=338.54(万元)$$

问题3：

每月应结算的工程进度款及累计拨款如下：

1月份应结算工程进度款25万元，累计拨款25万元。

2月份应结算工程进度款36万元，累计拨款61万元。

3月份应结算工程进度款89万元，累计拨款150万元。

4月份应结算工程进度款110万元，累计拨款260万元。

5月份应结算工程进度款85万元，累计拨款345万元。

因5月份累计拨款已超过338.54万元的起扣点，所以，应从5月份的85万元进度款中扣除一定数额的预付款。

超过部分＝345－338.54＝6.46(万元)

5月份结算进度款＝(85－6.46)＋6.46×(1－65％)＝80.80(万元)

5月份累计拨款＝260＋80.80＝340.80(万元)

6月份应结算工程进度款＝76×(1－65％)＝26.6(万元)

6月份累计拨款367.40万元

7月份应结算工程进度款＝40×(1－65％)＝14(万元)

7月份累计拨款381.40万元

8月份应结算工程进度款＝28×(1－65％)＝9.80(万元)

8月份累计拨款391.2万元，加上预付款97.8万元，共拨付工程款489万元。

问题4：

竣工结算价款＝合同总价＋合同价调整增加额＝498＋67＝556(万元)

问题5：

保留金＝556×5％＝27.80(万元)

问题6：

8月份实付竣工结算价款＝9.80＋67－27.80＝49(万元)

【例2-4】 某框架结构工程在年内已竣工，合同承包价为820万元。其中，分部分项工程量清单费为690万元，措施项目清单费为80万元，其他项目清单费为10万元，规费为12万元，税金为28万元。查该地区工程造价管理部门发布的该类工程本年度以分部分项工程量清单费为基础的竣工调价系数为1.015。

【问题】

1. 求规费占分部分项工程量清单费、措施项目清单费和其他项目清单费的百分比。

2. 求税金占上述四项费用的百分比。

3. 求调价后的竣工工程价款。

【解】

问题1：

规费占分部分项工程量清单费、措施项目清单费和其他项目清单费百分比

=12/(690+80+10)=1.538%

问题2：

税金占前四项费用百分比=28/(690+80+10+12)=3.535%

问题3：

调价后的竣工工程价款=(690×1.015+80+10)×(1+1.538%)×(1+3.535%)=830.874(万元)

2.3.3 工程进度款的支付

承包人在施工过程中，按逐月(或形象进度或控制界面等)完成的工程数量计算各项费用，向发包人办理工程进度款的支付(即中间结算)。

1. 付款周期

除专用合同条款另有约定外，付款周期应按照计量周期的约定与计量周期保持一致。

2. 进度付款申请单的编制

除专用合同条款另有约定外，进度款申请单应包括下列内容：

(1)截至本次付款周期已完成工作对应的金额。

(2)根据工程变更应增加和扣减的变更金额。

(3)根据工程预付款的约定应支付的预付款和扣减的返还预付款。

(4)根据质量保证金的约定应扣减的质量保证金。

(5)根据工程索赔应增加和扣减的索赔金额。

(6)对已签发的进度款支付证书中出现错误的修正，应在本次进度付款中支付或扣除的金额。

(7)根据合同约定应增加和扣减的其他金额。

3. 进度付款申请单的提交

(1)单价合同进度付款申请单的提交。单价合同的进度付款申请单，按照单价合同的计量约定的时间按月向监理人提交，并附上已完成工程量报表和有关资料。单价合同中的总价项目按月进行支付分解，并汇总列入当期进度付款申请单。

(2)总价合同进度付款申请单的提交。总价合同按月计量支付的，承包人按照总价合同的计量约定的时间按月向监理人提交进度付款申请单，并附上已完成工程量报表和有关资料。

总价合同按支付分解表支付的，承包人应按照支付分解表及进度付款申请单的编制的约定向监理人提交进度付款申请单。

(3)其他价格形式合同的进度付款申请单的提交。合同当事人可在专用合同条款中约定其他价格形式合同的进度付款申请单的编制和提交程序。

4. 进度款审核和支付

(1)除专用合同条款另有约定外，监理人应在收到承包人进度付款申请单以及相关资料后7天内完成审查并报送发包人，发包人应在收到后7天内完成审批并签发进度款支付证

书。发包人逾期未完成审批且未提出异议的，视为已签发进度款支付证书。

发包人和监理人对承包人的进度付款申请单有异议的，有权要求承包人修正和提供补充资料，承包人应提交修正后的进度付款申请单。监理人应在收到承包人修正后的进度付款申请单及相关资料后 7 天内完成审查并报送发包人，发包人应在收到监理人报送的进度付款申请单及相关资料后 7 天内，向承包人签发无异议部分的临时进度款支付证书。存在争议的部分，按照争议解决的约定处理。

(2)除专用合同条款另有约定外，发包人应在进度款支付证书或临时进度款支付证书签发后 14 天内完成支付，发包人逾期支付进度款的，应按照中国人民银行发布的同期同类贷款基准利率支付违约金。

(3)发包人签发进度款支付证书或临时进度款支付证书，不表明发包人已同意、批准或接受了承包人完成的相应部分的工作。

5. 进度付款的修正

在对已签发的进度款支付证书进行阶段汇总和复核中发现错误、遗漏或重复的，发包人和承包人均有权提出修正申请。经发包人和承包人同意的修正，应在下期进度付款中支付或扣除。

6. 支付分解表

(1)支付分解表的编制要求。

1)支付分解表中所列的每期付款金额，应为进度付款申请单编制的估算金额。

2)实际进度与施工进度计划不一致的，合同当事人可按照商定或确定修改支付分解表。

3)不采用支付分解表的，承包人应向发包人和监理人提交按季度编制的支付估算分解表，用于支付参考。

(2)总价合同支付分解表的编制与审批。

1)除专用合同条款另有约定外，承包人应根据施工进度计划约定的施工进度计划、签约合同价和工程量等因素对总价合同按月进行分解，编制支付分解表。承包人应当在收到监理人和发包人批准的施工进度计划后 7 天内，编制支付分解表，详见表 2-3，并将支付分解表及编制支付分解表的支持性资料报送监理人，如图 2-6 所示。

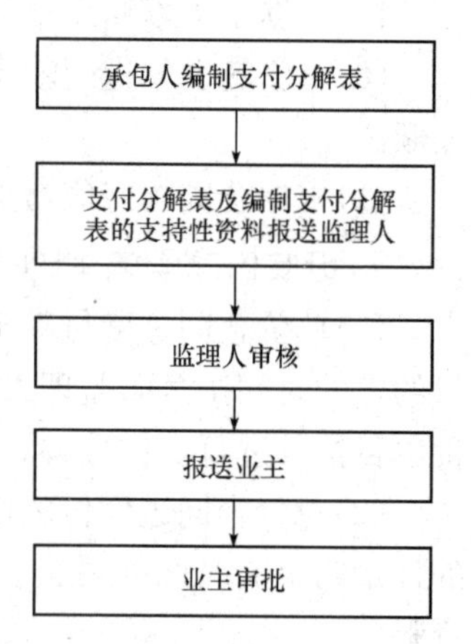

图 2-6 总价合同支付分解表的编制程序

2)监理人应在收到支付分解表后 7 天内完成审核并报送发包人。发包人应在收到经监理人审核的支付分解表后 7 天内完成审批，经发包人批准的支付分解表为有约束力的支付分解表。

3)发包人逾期未完成支付分解表审批的，也未及时要求承包人进行修正和提供补充资料的，则承包人提交的支付分解表视为已经获得发包人批准。

①编制依据：约定的施工进度计划；签约合同价；工程量；其他。

②编制周期：按月进行分解。

(3)单价合同的总价项目支付分解表的编制与审批。除专用合同条款另有约定外，单价合同的总价项目，由承包人根据施工进度计划和总价项目的总价构成、费用性质、计划发生时间和相应工程量等因素按月进行分解，形成支付分解表，其编制与审批参照总价合同支付分解表的编制与审批执行，如图 2-7 所示。

表 2-3　总价项目进度款支付分解表

元

序号	项目名称	总价金额	首次支付	二次支付	三次支付	四次支付	五次支付	
	安全文明施工费							
	夜间施工增加费							
	二次搬运费							
	社会保险费							
	住房公积金							
合计								

注：1. 本表应由承包人在投标报价时根据发包人在招标文件明确的进度款支付周期与报价填写，签订合同时，发承包双方可就支付分解协商调整后作为合同附件。

2. 表内“支付”栏时间与单价项目进度款支付周期相同。

单价合同的总价项目支付分解表的编制与审批与总价合同一致，只是在编制依据方面发生了改变。

7. 支付账户

发包人应将合同价款支付至合同协议书中约定的承包人账户。

(1)编制依据：

1)施工进度计划；

2)总价项目的总价构成；

3)总价项目的费用性质；

4)计划发生时间；

5)相应工程量；

6)其他。

(2)编制周期：按月进行分解。

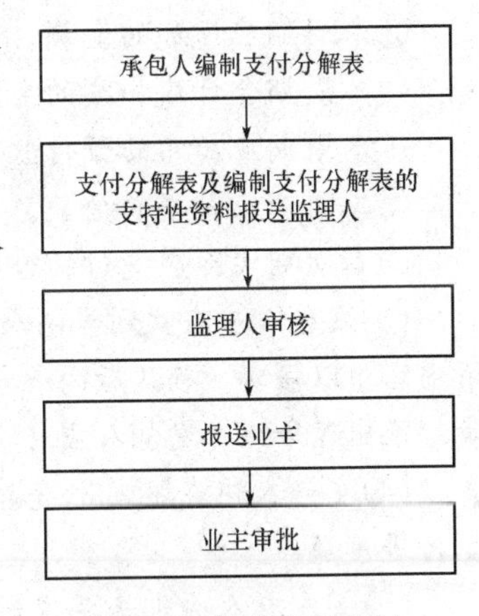

图 2-7　单价合同支付分解表的编制程序

2.3.4　未支付工程进度款的责任

发包人应在收到承包人的工程进度款支付申请后 14 天内核对完毕。否则，从第 15 天起承包人递交的工程进度款支付申请视为被批准。发包人应在批准工程进度款支付申请的 14 天内，向承包人支付工程进度款。若发包人未在合同约定时间内支付工程进度款，可按以下规定办理：

1)发包人超过约定的支付时间不支付工程进度款，承包人应及时向发包人发出要求付款的通知，发包人收到承包人通知后仍不能按要求付款，可与承包人协商签订延期付款协议，经承包人同意后可延期支付，协议应明确延期支付的时间和付款申请生效后按同期银行贷款利率计算应付工程进度款的利息。

2)发包人不按合同约定支付进度款，双方又未达成延期付款协议，导致施工无法进行，承包人可停止施工，由发包人承担违约责任。

知识拓展

《清单计价规范》对合同价款做了相关约定：

(1)进度款支付周期，应与合同约定的工程计量周期一致。

(2)承包人应在每个计量周期到期后的 7 天内向发包人提交已完工程进度款支付申请一式四份，详细说明此周期自己认为有权得到的款额，包括分包人已完工程的价款。支付申请应包括下列内容：

1)累计已完成的合同价款。

2)累计已实际支付的合同价款。

3)本周期合计完成的合同价款。

①本周期已完成单价项目的金额。

②本周期应支付的总价项目的金额。

③本周期已完成的计日工价款。

④本周期应支付的安全文明施工费。

⑤本周期应增加的金额。

4)本周期合计应扣减的金额。

①本周期应扣回的预付款。

②本周期应扣减的金额。

5)本周期实际应支付的合同价款。

(3)发包人应在收到承包人进度款支付申请后的 14 天内，根据计量结果和合同约定对申请内容予以核实。确认后向承包人出具进度款支付证书。若发承包双方对部分清单项目的计量结果出现争议，发包人应对无争议部分的工程计量结果向承包人出具进度款支付证书。

(4)发包人应在签发进度款支付证书后的 14 天内，按照支付证书列明的金额向承包人支付进度款。

(5)若发包人逾期未签发进度款支付证书，则视为承包人提交的进度款支付申请已被发包人认可，承包人可向发包人发出催告付款的通知。发包人应在收到通知后的 14 天内，按照承包人支付申请的金额向承包人支付进度款。

(6)发包人未按照规定支付进度款的，承包人可催告发包人支付，并有权获得延迟支付的利息；发包人在付款期满后的 7 天内仍未支付的，承包人可在付款期满后的第 8 天起暂停施工。发包人应承担由此增加的费用和(或)延误的工期，向承包人支付合理利润，并承担违约责任。

(7)发现已签发的任何支付证书有错、漏或重复的数额，发包人有权予以修正，承包人也有权提出修正申请。经双方复核同意修正的，应在本次到期的进度款中支付或扣除。

《清单计价规范》对工程计量做了相关规定：

(1)一般规定。

1)工程量必须按照相关工程的现行国家计量规范规定的工程量计算规则计算。

2)工程计量可选择按月或按工程形象进度分段计量，具体计量周期应在合同中约定。

3)因承包人原因造成的超出合同工程范围施工或返工的工程量，发包人不予计量。

(2)单价合同的计量。

1)工程计量时，若发现招标工程量清单中出现缺项、工程量偏差，或因工程变更引起工程量的增减，应按承包人在履行合同过程中实际完成的工程量计算。

2)承包人应当按照合同约定的计量周期和时间向发包人提交当期已完工程量报告。发包人应在收到报告后7天内核实，并将核实计量结果通知承包人。发包人未在约定时间内进行核实的，则承包人提交的计量报告中所列的工程量视为承包人实际完成的工程量。

3)发包人认为需要进行现场计量核实时，应在计量前24小时通知承包人，承包人应为计量提供便利条件并派人参加。双方均同意核实结果时，则双方应在上述记录上签字确认。承包人收到通知后不派人参加计量，视为认可发包人的计量核实结果。发包人不按照约定时间通知承包人，致使承包人未能派人参加计量，计量核实结果无效。

4)如承包人认为发包人的计量结果有误，应在收到计量结果通知后的7天内向发包人提出书面意见，并应附上其认为正确的计量结果和详细的计算资料。发包人收到书面意见后，应在7天内对承包人的计量结果进行复核后通知承包人。承包人对复核计量结果仍有异议的，按照合同约定的争议解决办法处理。

5)承包人完成已标价工程量清单中每个项目的工程量并经发包人核实无误后，发承包双方应对每个项目的历次计量报表进行汇总，以核实最终结算工程量，并应在汇总表上签字确认。

(3)总价合同的计量。

1)总价合同项目的计量和支付应以总价为基础，发承包双方应在合同中约定工程计量的形象目标或时间节点。承包人实际完成的工程量，是进行工程目标管理和控制进度支付的依据。

2)承包人应在合同约定的每个计量周期内，对已完成的工程进行计量，并向发包人提交达到工程形象目标完成的工程量和有关计量资料的报告。

3)发包人应在收到报告后7天内对承包人提交的上述资料进行复核，以确定实际完成的工程量和工程形象目标。对其有异议的，应通知承包人进行共同复核。

4)除按照发包人工程变更规定的工程量增减外，总价合同各项目的工程量应为承包人用于结算的最终工程量。

2.4 工程价款调整规定

在《清单计价规范》中合同价是指发承包双方在施工合同中约定的工程造价，是双方以合同形式确定的工程承包交易价款。

由于工程建设的周期长、涉及的经济关系和法律关系复杂、受自然条件和客观因素的影响大，导致工程项目的实际情况与招标投标时的情况相比会发生变化。因此，工程实施的情况与招标投标时的工程情况相比往往会有些变化，按招标投标时情况确定的工程价款已与实际有偏差，工程价款调整不可避免。

2.4.1 合同价款调整的风险分担

建设工程发承包，应在招标文件、合同中明确计价中的风险内容及其范围，不得采用无限风险、所有风险或类似语句规定计价中的风险内容及范围。

1. 发包人应承担的三大风险

由于下列因素出现，影响合同价款调整的，应由发包人承担：

(1)国家法律、法规、规章和政策发生变化。

(2)省级或行业建设主管部门发布的人工费调整，但承包人对人工费或人工单价的报价高于发布的除外。

(3)由政府定价或政府指导价管理的原材料等价格进行了调整的。

2. 调价因素的分类——以风险分担为原则

由于市场物价波动影响合同价款，应由发承包双方合理分摊；合同没有约定的，发包人及承包人发生争议时，按材料、工程设备单价变化范围为5%，调整合同价款；由于承包人使用机械设备、施工技术以及组织管理水平等自身原因造成施工费用增加的，应由承包人全部承担。体现单价合同风险分担原则，如图2-8所示。

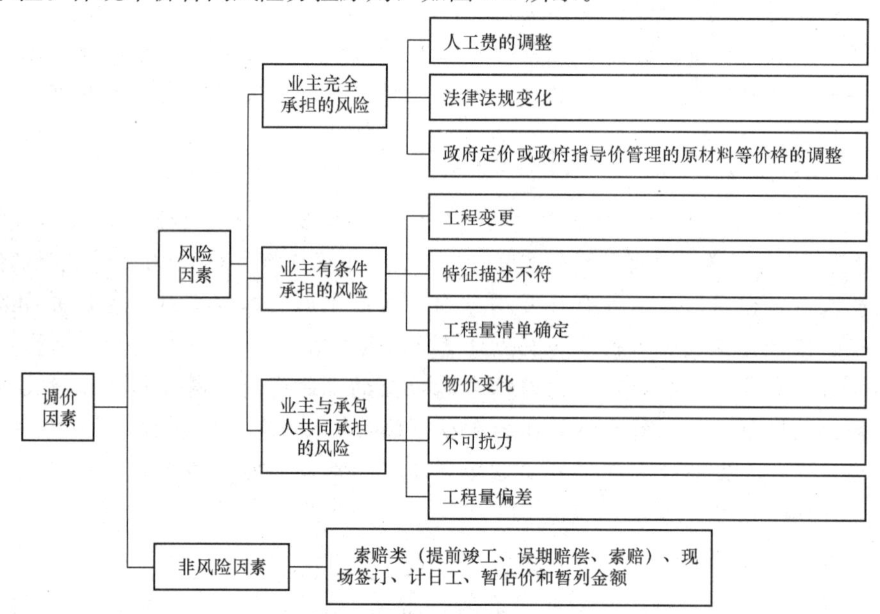

图2-8 调价因素的风险分担

(1)承包人应完全承担的风险是技术风险和管理风险，如管理费和利润。

(2)承发包双方人应有限承担的是市场风险，如材料价格等风险。

(3)发包人完全承担的是法律、法规、规章和政策变化的风险，另外，还包括省级或行业建设主管部门发布的人工费调整、由政府定价或政府指导价管理的原材料等价格的调整。

2.4.2 工程价款的调整规定

1. 工程变更

由于建设工程项目建设的周期长、涉及的关系复杂、受自然条件和客观因素的影响大，导致项目的实际施工情况与招标投标时的情况相比往往会有一些变化，出现工程变更。工程变更包括工程量变更、工程项目的变更(如发包人提出增加或者删减原项目内容)、进度计划的变更、施工条件的变更等。如果按照变更的起因划分，变更的种类有很多，如发包人的变更指令(包括发包人对工程有了新的要求、发包人修改项目计划、发包人削减预算、发包人对项目进度有了新的要求等)；由于设计错误，必须对设计图纸作修改；工程环境变化；由于产生了新的技术和知识，有必要改变原设计、实施方案或实施计划；法律法规或者政府对建设工程项目有了新的要求等。

(1)工程变更引起已标价工程量清单项目或其工程数量发生变化，应按照下列规定调整：

1)已标价工程量清单中有适用于变更工程项目的，采用该项目的单价；但当工程变更导致该清单项目的工程数量发生变化，且工程量偏差超过15%，此时，该项目单价的调整应按照规定调整。

2)已标价工程量清单中没有适用、但有类似于变更工程项目的，可在合理范围内参照类似项目的单价。

3)已标价工程量清单中没有适用也没有类似于变更工程项目的，由承包人根据变更工程资料、计量规则和计价办法、工程造价管理机构发布的信息价格和承包人报价浮动率提出变更工程项目的单价，报发包人确认后调整。承包人报价浮动率可按下列公式计算：

招标工程：承包人报价浮动率 $L=(1-中标价/招标控制价)\times 100\%$

非招标工程：承包人报价浮动率 $L=(1-报价/施工图预算)\times 100\%$

4)已标价工程量清单中没有适用也没有类似于变更工程项目，且工程造价管理机构发布的信息价格缺价的，由承包人根据变更工程资料、计量规则、计价办法和通过市场调查等取得有合法依据的市场价格提出变更工程项目的单价，报发包人确认后调整。

(2)工程变更引起施工方案改变，并使措施项目发生变化的，承包人提出调整措施项目费的，应事先将拟实施的方案提交发包人确认，并详细说明与原方案措施项目相比的变化情况。拟实施的方案经发包人及承包人确认后执行。该情况下，应按照下列规定调整措施项目费：

1)安全文明施工费，按照实际发生变化的措施项目调整。

2)采用单价计算的措施项目费，按照实际发生变化的措施项目的规定确定单价。

3)按总价(或系数)计算的措施项目费，按照实际发生变化的措施项目调整，但应考虑承包人报价浮动因素，即调整金额按照实际调整金额乘以承包人报价浮动率计算。

如果承包人未事先将拟实施的方案提交给发包人确认，则视为工程变更不引起措施项目费的调整或承包人放弃调整措施项目费的权利。

(3)如果工程变更项目出现承包人在工程量清单中填报的综合单价与发包人招标控制价或施工图预算相应清单项目的综合单价偏差超过15%，则工程变更项目的综合单价可由发包人及承包人按照下列规定调整：

1)当 $P_0<P_1\times(1-L)\times(1-15\%)$ 时，该类项目的综合单价按照 $P_1\times(1-L)\times(1-15\%)$ 调整。

2)当 $P_0>P_1\times(1+15\%)$ 时，该类项目的综合单价按照 $P_1\times(1+15\%)$ 调整。

式中　P_0——承包人在工程量清单中填报的综合单价。

P_1——发包人招标控制价或施工预算相应清单项目的综合单价。

L——承包人报价浮动率。

(4)如果发包人提出的工程变更，因为非承包人原因删减了合同中的某项原定工作或工程，致使承包人发生的费用或(和)得到的收益不能被包括在其他已支付或应支付的项目中，也未被包含在任何替代的工作或工程中，则承包人有权提出并得到合理的利润补偿。

2. 项目特征描述不符

(1)承包人在招标工程量清单中对项目特征的描述，应被认为是准确和全面的，并且与实际施工要求相符合。承包人应按照发包人提供的工程量清单，根据其项目特征描述的内容及有关要求实施合同工程，直到其被改变为止。

(2)合同履行期间，出现实际施工设计图纸(含设计变更)与招标工程量清单任一项目的特征描述不符，且该变化引起该项目的工程造价增减变化的，应按照实际施工的项目特征重新确定相应工程量清单项目的综合单价，计算调整的合同价款。

【例 2-5】 A 单位办公楼经过公开招标由 B 公司中标承建。该办公楼的建设时间为 2011 年 2 月至 2012 年 3 月，建筑面积 7 874.56 m^2，主体 10 层，局部 9 层。

该工程采用的合同方式为以工程量清单为基础的固定单价合同。工程结算评审时，承发包双方因外窗材料价格调整的问题始终不能达成一致意见。按照办公楼施工图纸的设计要求应采用隔热断桥铝型材，但工程量清单的项目特征描述为普通铝合金材料，与设计图纸不符。B 公司的投标报价照工程量清单的项目特征进行组价，但在施工中为办公楼安装了隔热断桥铝型材外窗。

在进行工程结算时，B 公司要求按照其实际使用材料调整材料价格，计入结算总价。但 A 单位提出其已在投标须知中规定，投标人在投标报价前需要对工程量清单进行审查，补充漏项并修正错误，否则，视为投标人认可工程量清单，如有遗漏或者错误，则由投标人自行负责，履行合同过程中不会因此调整合同价款。据此，A 单位认为不应对材料价格进行调整。

【矛盾焦点】

对案例背景进行分析可知本案例的矛盾焦点在于：在招标工程量清单中对项目特征的描述与施工图设计描述不符时，应由哪一方来承担责任。

【问题分析】

在本案例中由于工程量清单中的项目特征描述为普通铝合金材料与施工图纸的设计中采用的隔热断桥铝型材不符，但在施工过程中由于是按图施工，B 公司安装了隔热断桥铝型材。这就使得 B 公司投标时组价与实际使用材料价格不符。

在招标工程量清单中的项目特征与设计图纸不符时，应该按图施工。这一条说明 B 公司采用隔热断桥铝型材的做法是正确的。并且根据规定：发包人在招标工程量清单中对项目特征的描述，应被认为是准确和全面的，并且与实际施工要求相符合。承包人应按照发包人提供的招标工程量清单，根据其项目特征描述的内容及有关要求实施合同工程，直到其被改变为止。从此款规定可以看出“项目特征描述不符”属于发包人的责任。

因此，A 单位在投标须知中的规定与国家强制性条文相违背，属于无效条款，所以发包人应当对外窗材料价格进行调整。

3. 工程量清单缺项

(1)合同履行期间，出现招标工程量清单项目缺项的，发包人及承包人应调整合同价款。

(2)招标工程量清单中出现缺项，造成新增工程量清单项目的，应按照规定确定单价，调整分部分项工程费。

(3)由于招标工程量清单中分部分项工程出现缺项，引起措施项目发生变化的，应按照规定，在承包人提交的实施方案被发包人批准后，计算调整的措施费用。

【例 2-6】 某综合楼以工程量清单计价方式进行了公开招标，某招标人参加了投标，并以 3 600 万元人民币中标，其中暂列金额为 120 万元。在规定的时间内，按招标文件的要求，发承包双方用××省建设工程施工合同示范文本签订了合同。在合同专用条款中，没有约定工程变更价款的方式，但约定了本工程单价包干方式，且仅只有钢材、水泥市场信息价格超过投标报价时的信息价格的 10％以上时才能调整，并约定了调整方法。在合同履行过程中，双方发现了工程量清单和投标文件中存在一些问题，简述如下：

(1)投标文件中，将工程量清单中 010503002001 项现浇矩形梁的工程量 12 000 m^3 误以 1 200 m^3 的工程量报价。

(2)经与图纸核实，工程量清单中，漏算了十二层柱的 C25 混凝土的工程量计 50 m^3，全部的屋面防水 1 200 m^2。经查，十二层柱的混凝土的各种参数与第十一层相同。

(3)投标文件中，外墙干挂石材的价格为 140 元/m^2。在投标期间，同类石材的价格为 200 元/m^2，在施工过程中，该石材略有上升，承包人在与发包人交涉过程中，发包人口头承诺可以调价。最终承包人以 220 元/m^2 购得该石材。

【问题】

1. 在竣工结算过程中，承包人要求发包人对石材的价格进行调整，发包人认为价差过大，能否调整，发包人很矛盾，请问石材价格能否调整，为什么？

2. 在题述情况中，漏算十二层的柱混凝土及屋面防水如何确定综合单价？确定的依据是什么？

3. 如何处理投标人将工程量清单中的 12 000 m^3 现浇混凝土的工程量按 1 200 m^3 工程量报价的问题，怎么算综合单价？

4. 本工程结算后，工程价款的调整、索赔、现场签证等金额共计 80 万元，计算最终的结算价款。

【解】

1. 不能调整。

(1)合同约定是单价包干，石材并没有在合同约定的调价范围之内。

(2)投标人在投标过程中，以低于投标期石材价格报价，投标人应对自己的投标价格负责。

(3)发包人虽口头承诺可以调价，没有形成书面文件，建设工程的资料要求使用书面材料，因而不能作调价的依据。

2. 漏算的第十二层柱的 C25 混凝土综合单价按投标人报价书中 C25 混凝土柱的综合单价确定。

漏算的屋面防水的综合单价需重新确定，由承包人依据工程资料、计量规则、计价办法和市场信息价格提出综合单价，经发包人、造价工程师确认。

依据：由于合同的专用条款没有约定变更合同价款的方式，那么可按通用条款中关于“工程变更价款的确定”的条款确定综合单价。

(1)合同中已有的适用于变更工程的单价或总价，按合同已有的价格。

(2)合同中有类似于变更工程的单价或总价，可以参照类似价格。

(3)合同中没有适用于或类似于工程的单价或总价，由承包人根据变更工程资料，计量规则、计价办法，工程造价管理机构发布的参考价格，提出变更工程的单价或总价，经发包人、造价工程师确认。

3. 投标人没有按工程清单的工程量报价，责任应由投标人承担，在保持投标总价不变的情况下，按 12 000 m^3 去除清单项合价，计算出该清单项的综合单价，作为约定的综合单价，原综合单价无效。

4. 暂定金额的节余：120－80＝40(万元)

最终结算价款：3 600－40＝3 560(万元)

4. 工程量偏差

(1)合同履行期间，出现工程量偏差，且符合下列(2)、(3)条情形的，发包人及承包人应调整合同价款。

(2)对于任一招标工程量清单项目，如果工程量偏差和工程变更等原因导致工程量偏差超过 15%时，可进行调整。当工程量增加 15%以上时，其增加部分的工程量的综合单价应予调低；当工程量减少 15%以上时，减少后剩余部分的工程量的综合单价应予调高，如图 2-9 所示。此时，按下列公式调整结算分部分项工程费：

当 $Q_1>1.15Q_0$ 时，$S=1.15Q_0\times P_0+(Q_1-1.15Q_0)\times P_1$

当 $Q_1<0.85Q_0$ 时，$S=Q_1\times P_1$

式中　S——调整后的某一分部分项工程费结算价；

Q_1——最终完成的工程量；

Q_0——招标工程量清单中列出的工程量；

P_1——按照最终完成工程量重新调整后的综合单价；

P_0——承包人在工程量清单中填报的综合单价。

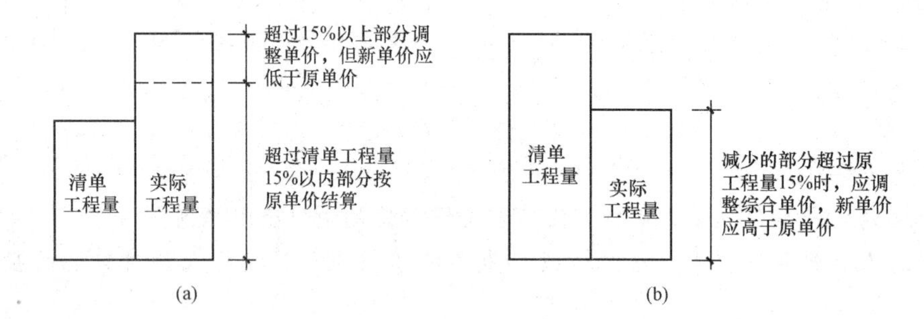

图 2-9　工程量的结算

(a)工程量增加时的结算；(b)工程量减少时的结算

(3)当工程量出现上述第(2)条的变化，且该变化引起相关措施项目相应发生变化时，按系数或单一总价方式计价的，工程量增加的措施项目费调增，工程量减少的措施项目费调减。

【例 2-7】 某大学一幢学生宿舍楼项目的投标文件中，《分部分项工程与单价措施项目清单与计价表》序号 45、项目编码 011406001、项目名称“抹灰面油漆”、项目特征描述“内墙及天棚抹瓷粉乳胶漆”工程量 22 962.71 m²、综合单价 19 元/m²、项目合价 436 291.49 元。在施工中，承包方发现各层宿舍房间的内置阳台内墙立面乳胶漆项目漏项，经监理人和发包人确认，其工程量偏差 4 320 m²。根据《清单计价规范》的规定，经与承包人协商，将此项目综合单价调减为 18 元/m²。

【解】 根据上述公式：实际工程量 $Q_1=22\ 962.71+4\ 320=27\ 282.71(\text{m}^2)$

调整后分部分项工程费：$S=1.15Q_0\times P_0+(Q_1-1.15Q_0)\times P_2$

$$S=1.15\times 22\ 962.71\times 19+(27\ 282.71-1.15\times 22\ 962.71)\times 18$$
$$=501\ 735.21+875.59\times 18=517\ 495.83(元)$$

此项目合同结算价款为 517 495.83 元。

【例 2-8】 某独立土方工程，招标文件中估计工程量为 100 万 m³，合同中规定：土方工程单价为 5 元/m³，当实际工程量超过估计工程量 15%时，调整单价，单价调为 4 元/m³、工程结束时实际完成土方工程量为 130 万 m³，试计算土方工程款。

【解】 合同约定范围内(15%以内)的工程款为：

$$100\times(1+15\%)\times 5=115\times 5=575(万元)$$

超过 15%之后部分工程量的工程款为：

$$(130-115)\times 4=60(万元)$$

则，土方工程款合计=575+60=635(万元)

5. 物价变化

(1)合同履行期间，出现工程造价管理机构发布的人工、材料、工程设备和施工机械台班单价或价格与合同工程基准日期相应单价或价格比较出现涨落，且符合第(2)、(3)条规定的，发包人及承包人应调整合同价款。

(2)按照第(1)条规定人工单价发生涨落的，应按照合同工程发生的人工数量和合同履行期与基准日期人工单价对比的价差的乘积计算或按照人工费调整系数计算调整的人工费。

(3)承包人采购材料和工程设备的，应在合同中约定主要材料、工程设备价格变化的范围或幅度，当没有约定，且材料、工程设备单价变化超过 5%时，超过部分的价格应按照价格系数调整法或价格差额调整法(具体方法见条文说明)计算调整材料、工程设备费。

(4)执行第(3)条规定时，发生合同工程工期延误的，应按照下列规定确定合同履行期用于调整的价格或单价。

1)因非承包人原因导致工期延误的，计划进度日期后续工程的价格，应采用计划进度日期与实际进度日期两者的较高者。

2)因承包人原因导致工期延误的，计划进度日期后续工程的价格，应采用计划进度日期与实际进度日期两者的较低者。

(5)承包人在采购材料和工程设备前，应向发包人提交一份能阐明采购材料和工程设备数量和新单价的书面报告。发包人应在收到承包人书面报告后的 3 个工作日内核实，并确认用于合同工程后，对承包人采购材料和工程设备的数量和新单价予以确定；发包人对此未确定也未提出修改意见的，视为承包人提交的书面报告已被发包人认可，作为调整合同价款的依据。承包人未经发包人确定即自行采购材料和工程设备，再向发包人提出调整合同价款的，如发包人不同意，则合同价款不予调整。

(6)发包人供应材料和工程设备的，上述第(3)、(4)、(5)条规定均不适用，由发包人按照实际变化调整，列入合同工程的工程造价内。

6. 暂估价

(1)发包人在招标工程量清单中给定暂估价的材料、工程设备属于依法必须招标的，应由发包人及承包人以招标的方式选择供应商。中标价格与招标工程量清单中所列的暂估价的差额以及相应的规费、税金等费用，应列入合同价格。

(2)发包人在招标工程量清单中给定暂估价的材料、工程设备不属于依法必须招标的，应由承包人按照合同约定采购。经发包人确认的材料和工程设备价格与招标工程量清单中所列的暂估价的差额以及相应的规费、税金等费用，应列入合同价格。

(3)发包人在工程量清单中给定暂估价的专业工程不属于依法必须招标的，应按照规定确定专业工程价款。经确认的专业工程价款与招标工程量清单中所列的暂估价的差额以及相应的规费、税金等费用，应列入合同价格。

(4)发包人在招标工程量清单中给定暂估价的专业工程，依法必须招标的，应当由发包人及承包人依法组织招标选择专业分包人，并接受有管辖权的建设工程招标投标管理机构的监督。

除合同另有约定外，承包人不参与投标的专业工程分包招标，应由承包人作为招标人，但招标文件评标工作、评标结果应报送发包人批准。与组织招标工作有关的费用应当被认为已经包括在承包人的签约合同价(投标总报价)中。

承包人参加投标的专业工程分包招标，应由发包人作为招标人，与组织招标工作有关的费用由发包人承担。同等条件下，应优先选择承包人中标。

(5)专业工程发包中标价格与招标工程量清单中所列的暂估价的差额以及相应的规费、税金等费用，应列入合同价格。

7. 计日工

(1)发包人通知承包人以计日工方式实施的零星工作，承包人应予以执行。

(2)采用计日工计价的任何一项变更工作，在该项变更的实施过程中，承包人应按合同约定提交下列报表和有关凭证送发包人复核：

1)工作名称、内容和数量。

2)投入该工作所有人员的姓名、工种、级别和耗用工时。

3)投入该工作的材料名称、类别和数量。

4)投入该工作的施工设备型号、台数和耗用台时。

5)发包人要求提交的其他资料和凭证。

(3)任一计日工项目持续进行时，承包人应在该项工作实施结束后的24小时内向发包人提交有计日工记录汇总的现场签证报告一式三份。发包人在收到承包人提交现场签证报告后的2天内予以确认并将其中一份返还给承包人，作为计日工计价和支付的依据。发包人逾期未确认也未提出修改意见的，视为承包人提交的现场签证报告已被发包人认可。

(4)任一计日工项目实施结束后，承包人应按照确认的计日工现场签证报告核实该类项目的工程数量，并应根据核实的工程数量和承包人已标价工程量清单中的计日工单价计算，提出应付价款；已标价工程量清单中没有该类计日工单价的，由发包人及承包人按规定商定计日工单价计算。

(5)每个支付期末，承包人应按照规定向发包人提交本期间所有计日工记录的签证汇总表，以说明本期间自己认为有权得到的计日工金额，调整合同价款列入进度款支付。

8. 现场签证

(1)承包人应发包人要求完成合同以外的零星项目、非承包人责任事件等工作的，发包人应及时以书面形式向承包人发出指令，并应提供所需的相关资料；承包人在收到指令后，应及时向发包人提出现场签证要求。

(2)承包人应在收到发包人指令后的7天内向发包人提交现场签证报告，发包人应在收到现场签证报告后的48小时内对报告内容进行核实，予以确认或提出修改意见。发包人在收到承包人现场签证报告后的48小时内未确认也未提出修改意见的，视为承包人提交的现场签证报告已被发包人认可。

(3)现场签证的工作如已有相应的计日工单价，则现场签证中应列明完成该类项目所需的人工、材料、工程设备和施工机械台班的数量。

如现场签证的工作没有相应的计日工单价，应在现场签证报告中列明完成该签证工作所需的人工、材料设备和施工机械台班的数量及其单价。

(4)合同工程发生现场签证事项，未经发包人签证确认，承包人便擅自施工的，除非征得发包人书面同意，否则发生的费用应由承包人承担。

(5)现场签证工作完成后的7天内，承包人应按照现场签证内容计算价款，报送发包人确认后，作为增加合同价款，与工程进度款同期支付。

9. 不可抗力

因不可抗力事件导致的费用，发包人及承包人应按以下原则分别承担并调整工程价款。

(1)合同工程本身的损害、因工程损害导致第三方人员伤亡和财产损失以及运至施工场地用于施工的材料和待安装的设备的损害，由发包人承担。

(2)发包人、承包人人员伤亡由其所在单位负责，并承担相应费用。

(3)承包人的施工机械设备损坏及停工损失，由承包人承担。

(4)停工期间，承包人应发包人要求留在施工场地的必要的管理人员及保卫人员的费用由发包人承担。

(5)工程所需清理、修复费用，由发包人承担。

10. 提前竣工(赶工补偿)

(1)发包人要求合同工程提前竣工的，应征得承包人同意后与承包人商定采取加快工程进度的措施，并修订合同工程进度计划。

(2)合同工程提前竣工，发包人应承担承包人由此增加的提前竣工(赶工补偿)费用。

(3)发包人及承包人应在合同中约定提前竣工每日历天应补偿额度。此项费用应作为增加合同价款列入竣工结算文件中，与结算款一并支付。

11. 误期赔偿

(1)如果承包人未按照合同约定施工，导致实际进度迟于计划进度的，发包人应要求承包人加快进度，实现合同工期。

合同工程发生误期，承包人应赔偿发包人由此造成的损失，并应按照合同约定向发包人支付误期赔偿费。即使承包人支付误期赔偿费，也不能免除承包人按照合同约定应承担的任何责任和应履行的任何义务。

(2)发包人及承包人应在合同中约定误期赔偿费，并应明确每日历天应赔偿额度。误期赔偿费列入竣工结算文件中，并应在结算款中扣除。

(3)如果在工程竣工之前，合同工程内的某单项(位)工程已通过了竣工验收，且该单项(位)工程接收证书中表明的竣工日期并未延误，而是合同工程的其他部分产生了工期延误，则误期赔偿费应按照已颁发工程接收证书的单项(位)工程造价占合同价款的比例幅度予以扣减。

12. 施工索赔

(1)合同一方向另一方提出索赔时，应有正当的索赔理由和有效证据，并应符合合同的相关约定。

(2)根据合同约定，承包人认为非承包人原因发生的事件造成了承包人的损失，应按以下程序向发包人提出索赔：

1)承包人应在索赔事件发生后28天内，向发包人提交索赔意向通知书，说明发生索赔事件的事由。承包人逾期未发出索赔意向通知书的，丧失索赔的权利。

2)承包人应在发出索赔意向通知书后28天内，向发包人正式提交索赔通知书。索赔通知书应详细说明索赔理由和要求，并附必要的记录和证明材料。

3)索赔事件具有连续影响的，承包人应继续提交延续索赔通知，说明连续影响的实际情况和记录。

4)在索赔事件影响结束后的28天内，承包人应向发包人提交最终索赔通知书，说明最终索赔要求，并附必要的记录和证明材料。

(3)承包人索赔应按下列程序处理。

1)发包人收到承包人的索赔通知书后，应及时查验承包人的记录和证明材料。

2)发包人应在收到索赔通知书或有关索赔的进一步证明材料后的28天内，将索赔处理结果答复承包人。如果发包人逾期未作出答复，视为承包人索赔要求已经发包人认可。

3)承包人接受索赔处理结果的，索赔款项应作为增加合同价款，在当期进度款中进行支付；承包人不接受索赔处理结果的，按合同约定的争议解决方式办理。

(4)承包人要求赔偿时，可以选择以下一项或几项方式获得赔偿：

1)延长工期。

2)要求发包人支付实际发生的额外费用。

3)要求发包人支付合理的预期利润。

4)要求发包人按合同的约定支付违约金。

(5)若承包人的费用索赔与工期索赔要求相关联时，发包人在作出费用索赔的批准决定时，应结合工程延期，综合作出费用赔偿和工程延期的决定。

(6)发包人及承包人在按合同约定办理了竣工结算后，应被认为承包人已无权再提出竣工结算前所发生的任何索赔。承包人在提交的最终结清申请中，只限于提出竣工结算后的索赔，提出索赔的期限自发包人及承包人最终结清时终止。

(7)根据合同约定，发包人认为由于承包人的原因造成发包人的损失，应按承包人索赔的程序进行索赔。

(8)发包人要求赔偿时，可以选择以下一项或几项方式获得赔偿：

1)延长质量缺陷修复期限。

2)要求承包人支付实际发生的额外费用。

3)要求承包人按合同的约定支付违约金。

(9)承包人应付给发包人的索赔金额可从拟支付给承包人的合同价款中扣除，或由承包人以其他方式支付给发包人。

13. 暂列金额

(1)已签约合同价中的暂列金额由发包人掌握使用。

(2)发包人按照规定支付后，暂列金额余额归发包人所有。

【例 2-9】 某合同钻孔桩的工程情况是，直径为 1.0 m 的共计长 1 501 m；直径为 1.2 m 的共计长 8 178 m；直径为 1.3 m 的共计长 2 017 m。原合同规定选择直径为 1.0 m 的钻孔桩做静载破坏试验。显然，如果选择直径为 1.2 m 的钻孔桩做静载破坏试验对工程更具有代表性和指导意义。因此，监理工程师决定变更。但在原工程量清单中仅有直径为 1.0 m 静载破坏试验的价格，没有直接或其他可套用的价格供参考。经过认真分析，监理工程师认为，钻孔桩做静载破坏试验的费用主要由两部分构成，一部分为试验费用，另一部分为桩本身的费用，而试验方法及设备并未因试验桩直径的改变而发生变化。因此，可认为试验费用没有增减，费用的增减主要由钻孔桩直径变化而引起的桩本身的费用的变化。直径为 1.2 m 的普通钻孔桩的单价在工程量清单中就可以找到，且地理位置和施工条件相近。因此，采用直径为 1.2 m 的钻孔桩做静载破坏试验的费用为：直径为 1.0 m 静载破坏试验费加直径为 1.2 m 的钻孔桩的清单价格。

【例 2-10】 某合同路堤土方工程完成后，发现原设计在排水方面考虑不周，为此发包人同意在适当位置增设排水管涵。在工程量清单上有 100 多道类似管涵，但承包人不同意直接从中选择适合的作为参考依据。理由是变更设计提出时间较晚，其土方已经完成并准备开始路面施工，新增工程不但打乱了其进度计划，而且二次开挖土方难度较大，特别是重新开挖用石灰土处理过的路堤，与开挖天然表土不能等同。监理工程师认为承包人的意见可以接受，不宜直接套用清单中的管涵价格。经与承包人协商，决定采用工程量清单上的几何尺寸、地理位置等条件相近的管涵价格作为新增工程的基本单价，但对其中的“土方开挖”一项在原报价基础上按某个系数予以适当提高，提高的费用叠加在基本单价上，构成新增工程价格。

2.5 工程价款调整方法

工程建设中可能造成工程价款变动的原因主要有五种：工程量的变化引起的调整、物价波动引起的调整、法律法规变动引起的调整、工程变更引起的价款调整、工程索赔引起的价款调整。不同的合同条件对此有不同的规定。

2.5.1 工程量变化引起的调整

根据《清单计价规范》的相关解释，工程量变化范围应在合同中约定，对于未超过工程量变化范围的部分，按原综合单价调整；对于超过的部分，应使用新的综合单价、措施费调整价款。如果合同中没有约定，可按以下方法调整：当工程量清单项目工程量的变化幅度在 10%以内时，其综合单价不做调整，执行原有综合单价；当工程量清单项目工程量的变化幅度在10%以上，且其影响分部分项工程费超过0.1%时，其综合单价以及对应的措施费(如有)均应做调整。工程量变化的具体计算过程有以下几种情况。

1. 工程量增加未超过合同约定范围

如果工程量增加未超过合同约定范围，则调整的计算公式为：

最终分部分项工程费＝原综合单价×实际完成的工程量

2. 工程量增加超过合同约定范围

如果工程量增加超过合同约定的范围，超出的部分应使用新的综合单价计算分部分项工程费，同时要调整措施项目费用，具体调整方法有以下几种情况。

(1)工程量增加的情况。因为是同一种工程量的增加，所以新综合单价中人工费、材料费、机械设备费不变(不考虑费用变化导致人工、材料、机械设备费的变化)，只是因工程量的变化导致综合单价中分摊的管理费和利润的变化，所以只需要调整管理费和利润：

调整后的管理费＝原管理费×(1－超出合同约定增加的工程量/实际完成的工程量)

调整后的利润＝原利润×(1－超出合同约定增加的工程量/实际完成的工程量)

调整后的综合单价＝人工费＋材料费＋机械设备费＋调整后的管理费＋调整后的利润＋风险费用

最终分部分项工程费＝原工程单价×合同约定内增加工程量＋调整后的综合单价×合同约定外增加工程量

调整后的措施费＝承包人报价的措施费×(最终分部分项工程费/承包人报价的分部分项工程费＋0.1)

(2)减少的情况。工程量减少与工程量增加相同，人工、材料、机械设备费用也不变，但由于是工程量减少，故对承包人的补偿计算中，不能考虑利润，反映在新的综合单价确定的过程中即不考虑利润的分摊，只计算调整后的管理费即可：

调整后的管理费＝原管理费×(1＋超出合同约定减少的工程量/实际完成的工程量)

调整后的综合单价＝人工费＋材料费＋机械设备费＋调整后的管理费＋利润

最终分部分项工程费＝调整后的综合单价×实际完成的工程量

调整后的措施费＝承包人报价的措施费×(最终分部分项工程费/承包人报价的分部分项工程费＋0.1)

在工程项目建设过程中，由于工程变更使合同中已有某些工作的工程量单纯地进行增减，且变化幅度在15%以内，这种变更的综合单价执行原合同单价。如某栋楼墙面贴瓷砖，合同中写明工程量是3 000 m^2，在实际施工过程中发包人进行变更，增加了墙面贴瓷砖工程，面积增加至3 200 m^2。

【例2-11】 某工程项目，合同中基础工程土方为100 000 m^3，报价分部分项工程量清单综合单价为10元/m^3，土方开挖时进行工程变更，加深基坑，使得土方工程量为108 000 m^3，变更工程土方量没有达到核定要求重新确定单价的标准，对于变更的土方工程综合单价，仍为原综合单价即10元/m^3。

【例2-12】 某工程项目，合同中基础工程土方为100 000 m^3，报价分部分项工程量清单综合单价为10元/m^3，土方开挖时进行工程变更，加深基坑，使得土方工程量为120 000 m^3，变更工程土方量超过15%。按照《清单计价规范》第9.6.2条确定变更项目单价。

注意事项：

(1)防范不平衡报价的情况。如果变更工程涉及合同中已有的综合单价是承包人采用不平衡报价的综合单价，继续沿用原有不合理的综合单价确定工程变更价款会损害公平原则或出现显失公平的现象，原有的综合单价应进行调整。

(2)考虑材料价格的波动。对于工程量清单中已有的分部分项工程量的增减，在按照原有的综合单价进行调整时，应考虑到此种情况。如果工程的工期较长，材料购买次数较多，材料价格的风险预测难度较大，则材料价格可以随市场价格波动进行调整，即采用调价公式对综合单价中的材料价格进行调整。

(3)措施费、管理费及利润的调整。在工程量清单计价模式下，由于采用的是综合单价，管理费和利润分摊进综合单价，工程量的变化必然会影响到合同约定的综合单价，清单规定：当工程量清单项目工程量的变化幅度在15%以内时，其综合单价不做调整，执行原有综合单价。当工程量清单项目工程量的变化幅度在15%以外，其综合单价应予调整(工程量增加超过15%时，增加部分的工程量应予调低；工程量减少超过15%时，减少后剩余部分的工程量的综合单价应予调高)。所以，当某工程量的增减在合同约定的幅度内时，应按原综合单价和措施费计算；当超过合同约定的幅度时，应按调整管理费和利润分摊后的新综合单价计算；如果影响到措施费，还应调整措施费，具体的调整方法同因工程量增加调整综合单价的方法。

【例 2-13】 某工程2月1日投标截止，2月8日评标中标，2月28日发包人与承包人签订合同。合同约定2月28日为基准日期。而1月30日××省工程造价管理机构发布新的价格信息。发包人与承包人因是否可以调价发生纠纷，试问是否可以调价？

【案例分析】

意见1：本案例中，合同约定2月28日为基准日期，如果按照合同约定，法律法规变动发生在基准日期之前，则不予调价。

意见2：根据《清单计价规范》第9.2.1条规定，招标工程以投标截止日前28天为基准日。本案例中该工程2月1日投标截止，因此在2月1日前28天(即1月3日)基准日。如果按照《清单计价规范》规定，法律法规变动发生在基准日期之后，则予以调价。

【案例解答】

根据相关理论研究与司法实践，清单计价规范强制性条款的效力大于合同约定，而非强制性条款的效力小于合同约定，因《清单计价规范》第9.2.1条为非强制性条款，故其效力不及合同条款，应以合同条款约定为准，即"意见1"正确，不予调价。

对于法律、法规、规章或有关政策出台导致工程税金、规费、人工单价发生变化，并由省级、行业建设行政主管部门或其授权的工程造价管理机构根据上述变化发布的政策性调整，承包人不应承担此类风险，应按照有关调整规定执行。

3. 措施项目费的确定

措施项目费是工程造价管理的重点也是难点，也是造价人员在工程实践中往往忽视的问题。《清单计价规范》更加规范措施项目费的分类与计算方法，并详细规定了因工程变更及工程量清单缺项导致的调整措施项目费与新增措施项目费的计算原则与计算方法。

(1)计算原则与计算方法。

1)工程变更引起施工方案改变并使措施项目发生变化的，承包人提出调整措施项目费的，应事先将拟实施的方案提交发包人确认，并详细说明与原方案措施项目相比的变化情况。拟实施的方案经发承包双方确认后执行，并应按照下列规定调整措施项目费。

①安全文明施工费按照实际发生变化的措施项目依据《清单计价规范》第 3.1.5 条的规定计算。

②采用单价计算的措施项目费，按照实际发生变化的措施项目按《清单计价规范》第 9.3.1 条的规定确定单价。

③按总价(或系数)计算的措施项目费，按照实际发生变化的措施项目调整，但应考虑承包人报价浮动因素，即调整金额按照实际调整金额乘以《清单计价规范》第 9.3.1 条规定的承包人报价浮动率计算。

如果承包人未事先将拟实施的方案提交给发包人确认，则视为工程变更不引起措施项目费的调整或承包人放弃调整措施项目费的权利。

2)新增分部分项工程清单项目后，引起措施项目发生变化的，应按照《清单计价规范》第 9.3.2 条的规定，在承包人提交的实施方案被发包人批准后，调整合同价款。

3)由于招标工程量清单中措施项目缺项，承包人应将新增措施项目实施方案提交发包人批准后，按照《清单计价规范》第 9.3.1、9.3.2 条的规定调整合同价款。

(2)采用单价计算的措施项目费的确定方法。采用单价计算的措施项目包括：脚手架费；混凝土、混凝土模板及支架(撑)费；垂直运输费；超高施工增加费；大型机械设备进出场及安拆费；施工排水、降水费。

按《清单计价规范》规定，此类费用确定方法与工程变更分部分项工程费的确定方法相同，即工程变更引起已标价工程量清单项目或其工程数量发生变化，应按照下列规定调整。

1)已标价工程量清单中有适用于变更工程项目的，采用该项目的单价；但当工程变更导致该清单项目的工程数量发生变化，且工程量偏差超过 15%，此时，该项目单价应按照《清单计价规范》第 9.6.2 条的规定调整。

2)已标价工程量清单中没有适用但有类似于变更工程项目的，可在合理范围内参照类似项目的单价。

3)已标价工程量清单中没有适用也没有类似于变更工程项目的，由承包人根据变更工程资料、计量规则和计价办法、工程造价管理机构发布的信息价格和承包人报价浮动率提出变更工程项目的单价，报发包人确认后调整。

4)已标价工程量清单中没有适用也没有类似于变更工程项目，且工程造价管理机构发布的信息价格缺价的，由承包人根据变更工程资料、计量规则、计价办法和通过市场调查等取得有合法依据的市场价格提出变更工程项目的单价，报发包人确认后调整。

(3)采用总价计算的措施项目费的确定方法。

工程结算的措施项目费＝工程量清单中填报的措施项目费±工程变更部分的措施项目费×承包人报价浮动率

(4)安全文明施工费的确定方法。措施项目中的安全文明施工费必须按国家或省级、行业建设主管部门的规定计算，不得作为竞争性费用。

注意：由于措施项目费的变更是由承包人主动提出的，因而承包人应事先将拟实施的方案交给发包人确认，否则将视为工程变更不引起措施项目费的调整或承包人放弃调整措施项目费的权力。

小结：工程变更发生时，工程价款的调整因素，如图 2-10 所示。

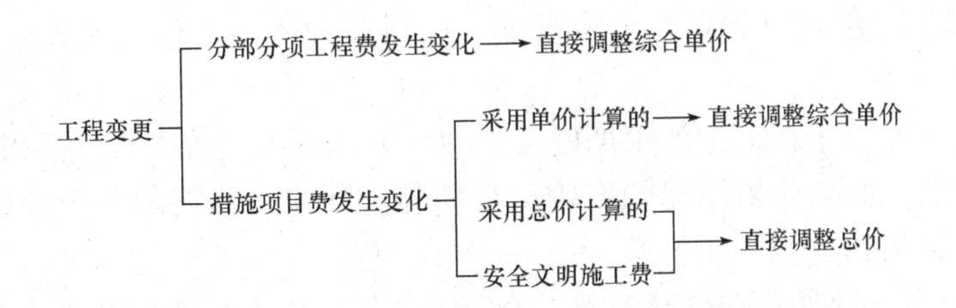

图 2-10 调价因素的风险分担

2.5.2 物价波动引起的调整

《清单计价规范》中规定，除专用合同条款另有约定外，市场价格波动超过合同当事人约定的范围，合同价格应当调整。合同当事人可以在专用合同条款中约定选择以下一种方式对合同价格进行调整。

1. 采用价格指数进行价格调整

(1)价格调整公式。因人工、材料和设备等价格波动影响合同价格时，根据专用合同条款中约定的数据，按以下公式计算差额并调整合同价格。

$$\Delta P=P_0\left[A+\left(B_1\times\frac{F_{t1}}{F_{01}}+B_2\times\frac{F_{t2}}{F_{02}}+B_3\times\frac{F_{t3}}{F_{03}}+\cdots+B_n\times\frac{F_{tn}}{F_{0n}}\right)-1\right]$$

式中 ΔP——需调整的价格差额；

P_0——约定的付款证书中承包人应得到的已完成工程量的金额。此项金额应不包括价格调整、不计质量保证金的扣留和支付、预付款的支付和扣回。约定的变更及其他金额已按现行价格计价的，也不计在内；

A——定值权重(即不调部分的权重)；

B_1，B_2，$B_3\cdots B_n$——各可调因子的变值权重(即可调部分的权重)，为各可调因子在签约合同价中所占的比例；

F_{t1}，F_{t2}，$F_{t3}\cdots F_{tn}$——各可调因子的现行价格指数，指约定的付款证书相关周期最后一天的前 42 天的各可调因子的价格指数；

F_{01}，F_{02}，$F_{03}\cdots F_{0n}$——各可调因子的基本价格指数，指基准日期的各可调因子的价格指数。

以上价格调整公式中的各可调因子、定值和变值权重，以及基本价格指数及其来源在投标函附录价格指数和权重表中约定，非招标订立的合同，由合同当事人在专用合同条款中约定。价格指数应首先采用工程造价管理机构发布的价格指数，无前述价格指数时，可采用工程造价管理机构发布的价格代替。

在计算过程中应注意以下几点：

1)以上价格调整公式中的各可调因子、定值和变值权重，以及基本价格指数及其来源在投标函附录价格指数和权重表中约定。价格指数应首先采用有关部门提供的价格指数，缺乏上述价格指数时，才可采用有关部门提供的价格代替。

2)在计算调整差额时得不到现行价格指数的，应暂用上一次价格指数计算，并在以后的付款中再按实际价格指数进行调整。

3)变更导致原定合同中的权重不合理的，应由监理人、承包人和发包人协商权重后，再进行价格调整。

4)由于承包人原因未在约定的工期内竣工的，则对原约定竣工日期后继续施工的工程，在使用价格调整公式时，应采用原约定竣工日期与实际竣工日期的两个价格指数中较低的一个作为现行价格指数。

(2)暂时确定调整差额。在计算调整差额时无现行价格指数的，合同当事人同意暂用前次价格指数计算。实际价格指数有调整的，合同当事人进行相应调整。

(3)权重的调整。因变更导致合同约定的权重不合理时，按照商定或确定执行。

(4)因承包人原因工期延误后的价格调整。因承包人原因未按期竣工的，对合同约定的竣工日期后继续施工的工程，在使用价格调整公式时，应采用计划竣工日期与实际竣工日期的两个价格指数中较低的一个作为现行价格指数。

【例 2-14】 某承包人于某年承包某外资工程项目施工。与发包人签订的承包合同的部分内容有：

1. 工程合同价为 2 000 万元，工程价款采用调值公式动态结算。该工程的人工费占工程价款的 35%，材料费占 50%，不调值费用占 15%。具体的调值公式为：

$$P=P_0\times(0.15+0.35A/A_0+0.23B/B_0+0.12C/C_0+0.08D/D_0+0.07E/E_0)$$

式中 A_0、B_0、C_0、D_0、E_0——基期价格指数；

A、B、C、D、E——工程结算日期的价格指数。

2. 开工前，发包人向承包人支付合同价 20%的工程预付款；当工程进度款达到 60%时，开始从工程结算款中按 60%抵扣工程预付款，竣工前全部扣清。

3. 工程进度款逐月结算。

4. 发包人自第一个月起，从承包人的工程价款中按 5%的比例扣留质量保证金。工程保修期为一年。

该合同的原始报价日期为当年 3 月 1 日，结算各月份的工资、材料价格指数见表 2-4。

表 2-4 工资、材料物价指数表

代号	A_0	B_0	C_0	D_0	E_0
3 月指数	100	153.4	154.4	160.3	144.4
5 月指数	110	156.2	154.4	162.2	160.2
6 月指数	108	158.2	156.2	162.2	162.2
7 月指数	108	158.4	158.4	162.2	164.2
8 月指数	110	160.2	158.4	164.2	162.4
9 月指数	110	160.2	160.2	164.2	162.8

未调值前各月完成的工程情况为：

5 月份完成工程 200 万元，本月发包人供料部分材料费为 5 万元。

6 月份完成工程 300 万元。

7 月份完成工程 400 万元，另外由于发包人设计变更，导致工程局部返工，造成拆除材料费损失 1 500 元，人工费损失 1 000 元，重新施工人工、材料等费用合计 1.5 万元。

8月份完成工程600万元，另外，由于施工中采用的模板形式与定额不同，造成模板增加费用3 000元。

9月份完成工程500万元，另有批准的工程索赔款1万元。

【问题】

1. 工程预付款是多少？

2. 确定每月发包人应支付给承包人的工程款。

3. 工程在竣工半年后发生屋面漏水，发包人应如何处理此事？

【解】 问题1：

工程预付款：2 000×20%=400(万元)

问题2：

(1)工程预付款的起扣点：T=2 000×60%=1 200(万元)

(2)每月终发包人应支付的工程款：

5月份月终支付：

200×(0.15+0.35×110/100+0.23×156.2/153.4+0.12×154.4/154.4+0.08×162.2/160.3+0.07×160.2/144.4)×(1-5%)-5=194.08(万元)

6月份月终支付：

300×(0.15+0.35×108/100+0.23×158.2/153.4+0.12×156.2/154.4+0.08×162.2/160.3+0.07×162.2/144.4)×(1-5%)=298.16(万元)

7月份月终支付：

[400×(0.15+0.35×108/100+0.23×158.4/153.4+0.12×158.4/154.4+0.08×162.2/160.3+0.07×164.2/144.4)+0.15+0.1+1.5]×(1-5%)=400.34(万元)

8月份月终支付：

600×(0.15+0.35×110/100+0.23×160.2/153.4+0.12×158.4/154.4+0.08×164.2/160.3+0.07×162.4/144.4)×(1-5%)-300×60%=423.62(万元)

9月份月终支付：

[500×(0.15+0.35×110/100+0.23×160.2/153.4+0.12×160.2/154.4+0.08×164.2/160.3+0.07×162.8/144.4)+1]×(1-5%)-(400-300×60%)=284.74(万元)

问题3：

工程在竣工半年后发生屋面漏水，由于在保修期内，发包人应首先通知原承包人进行维修。如果原承包人不能在约定的时限内派人维修，发包人也可委托他人进行修理，费用从质量保证金中支付。

2. 采用造价信息进行价格调整

此方式适用于使用的材料品种较多，相对而言每种材料使用量较小的房屋建筑与装饰工程。合同履行期间，因人工、材料、工程设备和机械台班价格波动影响合同价格时，人工、机械使用费按照国家或省、自治区、直辖市建设行政管理部门、行业建设管理部门或其授权的工程造价管理机构发布的人工、机械使用费系数进行调整；需要进行价格调整的材料，其单价和采购数量应由发包人审批，发包人确认需调整的材料单价及数量，作为调整合同价格的依据。

(1)人工单价发生变化且符合省级或行业建设主管部门发布的人工费调整规定，合同当事人应按省级或行业建设主管部门或其授权的工程造价管理机构发布的人工费等文件调整合同价格，但承包人对人工费或人工单价的报价高于发布价格的除外。

人工费动态调整核心内容为人工费风险由工程发承包双方共同承担，禁止单方承担无限风险，以辽宁省为例，人工费风险幅度为基期价格的±10%。在施工期内的人工费指数，与基准日前发布的人工费指数的差，超过人工费风险幅度时，可对人工费超过部分进行调整。

人工费指数是指人工费报告期价格与人工费基期价格比值，在此基础上综合测算拟调整期限内人工费的变动情况，它是工程造价计价的标准和调整依据的组成部分。

人工费指数由省建设工程造价管理机构按季度在“辽宁工程造价信息”网上向社会发布。例如，2011 年第四季度辽宁省建筑、装饰、安装、园林、房屋修缮工程人工费指数为 23%；市政工程人工费指数为 13%。

人工费报告期价格是指不同施工期内，辽宁省实际发生的人工费支出的平均值。人工费基期价格是指按 2008 年《辽宁省建设工程计价定额》以及《关于调整 2008 年(辽宁省建设工程计价定额)人工日工资单价的通知》(辽住建〔2010〕36 号)、《关于调整(辽宁省建设工程计价定额)人工日工资单价的通知》(辽住建发〔2011〕5 号)文件规定调整后的人工日工资单价计算的人工费总和，即人工工日单价普工 53 元，技工 68 元(其中抹灰、装饰 78 元)。

发包人及承包人双方应在合同中约定人工费的风险幅度，但最高不得超过通知规定的风险幅度。如果合同没有约定或约定不明确的，由双方协商确定，协商不能达成一致的，承包人投标报价时的人工费视为已按基准日前发布的人工费指数进行调整，并考虑了±10%的人工费风险。

按人工费指数调整后的人工费增减部分不作为除税金外的各项费用的取费基数，机械台班中的人工费也按本通知规定执行。人工费动态管理从 2011 年 10 月 1 日起执行，执行之日以后实际完成的工程量按规定调整人工费。

【例 2-15】 沈阳市某高校一栋教学楼计划 2011 年 11 月进行招标，某造价事务所编制该项目的招标控制价，人工费单价确定原则是否正确?

1. 人工费的单价按辽宁省发布的文件执行，即人工工日单价普工 53 元，技工 68 元(其中抹灰、装饰 78 元)，辽宁省公布的 2011 年四季度人工费价格指数为 23%，由于人工费仍然处于上涨趋势，因此在编制招标控制价时，人工费风险系数再增加 5%，即人工费风险在计价定额规定价格基础上增加 28%。

2. 人工费按计价定额规定价格基础上增加 28%的价格计入综合单价中的人工费中，同时增加的人工费和计价定额的人工费之和以及机械费合计作为各项费用的取费基数。

【解】 原则 1 正确。根据辽住建〔2011〕380 号《人工费动态管理》规定，辽宁省人工费风险幅度为基期价格的±10%，辽宁省 2011 年四季度公布的人工费价格指数为 23%，已经超过了±10%，可以进行人工费的调整。同时，《人工费动态管理》规定，编制招标控制价和投标报价时人工费视为已经按照发布的人工费价格指数进行了调整，并考虑了±10%的人工费风险。因此 2011 年 11 月份编制招标控制价时，人工费调整的幅度在 13%～33%之间，因此人工费按 28%调整做法是正确的。

原则 2 中的“定额规定价格基础上增加 28%的价格计入综合单价中的人工费中”是正确的，综合单价包含人工费、材料费、机械费、管理费、利润，计价定额中的人工费及 28%的风险均应包含在综合单价的人工费中。当然，按人工费指数调整增加的人工费也可以列在其他项目清单费中。

原则2中的“人工费和计价定额的人工费之和以及机械费合计作为各项费用的取费基数”是错误的，辽住建〔2011〕380号《人工费动态管理》规定，“人工费指数调整后的人工费增减部分不作为除税金外的各项费用的取费基数”，人工费指数调整后的人工费增减部分只能计取税金。

【例2-16】 某宿舍楼2011年3月份进行公开招标，采用工程量清单计价，招标文件约定采用固定总价合同。某一施工总承包单位甲中标，双方签订的施工合同对人工费如何调整没有约定，但在施工过程中，市场人工费不断上涨，与招标时的市场人工费相比增幅较大，该工程于2011年12月竣工，结算时甲施工单位认为市场人工费上涨较大，虽然合同中没有约定人工费的调整方式，但根据辽宁省下发的《人工费动态管理》及2011年四季度辽宁省下发的人工费指数，应该对本项目的所有人工费进行调整，同时考虑人工费的上涨幅度，认为人工费的调整幅度应为33%。建设单位认为该项目为固定总价合同，同时施工期短，投标单位应该考虑到市场人工费的变化，所以除现场变更外，其他因素一律不考虑。你作为一个仲裁者，应如何处理该问题？

【解】 该问题在目前的工程结算中经常碰到，由于承发包双方站的角度不同，对问题的理解和处理方式不同。

辽住建〔2011〕380号《人工费动态管理》规定，人工费风险应由建设工程发承包双方共同承担，禁止单方承担无限风险，辽宁省规定人工费风险幅度为基期价格的±10%。在施工期内的人工费指数与基准日前发布的人工费指数的差，超过人工费风险幅度时，可对人工费超过部分进行调整。2011年10月1日以后实际完成的工程量按规定调整人工费，辽宁省2011年四季度发布的人工费指数为23%。

根据上述规定，2011年10月1日以后完工的工程可以进行人工费的调整。工程量由发包人、监理和施工单位三方共同确认，人工费调整的幅度在13%～33%之间，但具体系数需要承发包双方协商确定。但2011年10月1日以前完工的工程人工费不予调整。

【例2-17】 某教学楼于2012年5月份招标，建设地点在沈阳市，施工单位中标后立即进场施工，工程于2013年6月竣工。结算时施工单位认为辽宁省2013年第二季度的人工费指数为31%，超过10%，因此，结算时应按辽宁省公布的人工费指数进行人工费调整，问是否应该调整人工费？

【解】 人工费不应调整。辽宁省2012年第二季度至2014年第一季度人工费指数，见表2-5。

表2-5 辽宁省2012年第二季度至2014年第一季度人工费指数

类别 季度	建筑、装饰、安装、园林、房屋修缮工程	市政工程
2012年第二季度	29%	19%
2012年第三季度	32%	22%
2012年第四季度	26%	16%
2013年第一季度	28%	18%

续表

季度 \ 类别	建筑、装饰、安装、园林、房屋修缮工程	市政工程
2013 年第二季度	31%	21%
2013 年第三季度	33%	23%
2013 年第四季度	29%	19%
2014 年第一季度	32%	22%

本项目 2012 年 5 月招标，建筑工程的人工费指数为 29%，承包人在投标报价时视为已经按该指数进行了人工费调整，并考虑了±10%的人工费风险。施工时间为 2012 年第二季度至 2014 年第一季度，其间的人工费指数与招标时相比，有高有低，但均没有超过±10%，所以结算不应进行人工费调整。

(2)材料、工程设备价格变化的价款调整按照发包人提供的基准价格，按下列风险范围规定执行。

1)承包人在已标价工程量清单或预算书中载明材料单价低于基准价格的：除专用合同条款另有约定外，合同履行期间材料单价涨幅以基准价格为基础超过 5%时，或材料单价跌幅以在已标价工程量清单或预算书中载明材料单价为基础超过 5%时，其超过部分据实调整。

2)承包人在已标价工程量清单或预算书中载明材料单价高于基准价格的：除专用合同条款另有约定外，合同履行期间材料单价跌幅以基准价格为基础超过 5%时，材料单价涨幅以在已标价工程量清单或预算书中载明材料单价为基础超过 5%时，其超过部分据实调整。

3)承包人在已标价工程量清单或预算书中载明材料单价等于基准价格的：除专用合同条款另有约定外，合同履行期间材料单价涨跌幅以基准价格为基础超过±5%时，其超过部分据实调整。

4)承包人应在采购材料前将采购数量和新的材料单价报发包人核对，发包人确认用于工程时，发包人应确认采购材料的数量和单价。发包人在收到承包人报送的确认资料后 5 天内不予答复的视为认可，作为调整合同价格的依据。未经发包人事先核对，承包人自行采购材料的，发包人有权不予调整合同价格。发包人同意的，可以调整合同价格。

前述基准价格是指由发包人在招标文件或专用合同条款中给定的材料、工程设备的价格，该价格原则上应当按照省级或行业建设主管部门或其授权的工程造价管理机构发布的信息价编制。

近年来，受国内和国际各种因素影响，原材料及人工价格大幅度涨跌现象比较普遍，致使建筑材料、人工费出现异常波动，特别是一些主要材料、人工费的波动已超过了可预见风险的范畴，对工程建设产生较大影响，为充分发挥计价定额的引导和约束作用，确保建设工程人工、材料、机械价格信息及时、准确、客观地反映市场价格的变化，指导工程建设发承包双方及相关单位合理分担各方风险，确定工程造价。

材料价格动态管理核心内容为施工单位应承担有限价格风险，价格风险由承发包双方共同承担，以辽宁省为例，材料风险系数为±5%，并以材料价格综合指数来测算材料价格的变动情况。

材料价格综合指数是指2008年计价定额中取定的材料价格为基期价格，不同时期发布的材料价格信息为报告期价格测算的材料价格综合的变动情况，工程造价管理机构定期发布建筑工程(包括与建筑工程配套的采暖、给水排水、电气工程)材料价格综合指数。装饰、安装、市政、园林工程，暂不发布材料价格综合指数。

材料价格综合指数是确定工程造价和对工程造价进行调整的标准和依据。在投标报价或编制施工图预算时，应按基准日发布的材料价格信息或材料价格综合指数，对2008年计价定额中取定的材料价格进行调整，在竣工结算时发布的材料价格综合指数，与基准日发布的材料价格综合指数的差，超过材料价格风险系数时，可对材料费进行调整。

5)案例分析。

在实际工作中，材料价格动态管理有以下两种调整方式：一是按材料价格综合指数进行材料价格的调整，该方式一般宏观控制时使用；二是对占工程造价比重比较大的主要材料进行价格调整，这种调整方法在实际工作中应用的比较多，下面就第二种调整方法即对主要材料价格调整进行解读。

基本原则：主要材料价格变化＝(施工期主要材料价格－招投标期间主要材料价格)/招标期主要材料价格，主要材料价格变化＞5％的部分按实调整。无论施工期还是招标期，其材料价格一般以行业主管部门发布的信息价格为基准。

【例2-18】 某写字间2011年11月份进行招投标，施工单位甲中标，考虑到材料市场价格波动较大，招标文件规定，钢材、混凝土、电缆施工期间以行业主管部门发布的信息网价格与招标期间的信息网价格进行比较，±5％之内不调整，超过±5％的部分按实调整，其他材料无论上涨或下降价幅度多少均不调整，该项目于2013年5月竣工，项目已知条件如下，结算时材料价格应如何调整?

(1)工程量清单(表2-6)。

表2-6 工程量清单

序号	项目名称	单位	工程量	序号	项目名称	单位	工程量
1	HPB300级钢筋Φ6.5	t	12.81	7	现浇单梁连续梁 商品混凝土C30	m^3	325.3
2	HRB335级钢筋Φ20～Φ25	t	124.65	8	现浇电梯井 商品混凝土C30	m^3	35.8
3	HRB400级钢筋Φ8～Φ22	t	33.84	9	现浇楼梯 商品混凝土C30	m^3	254.3
4	现浇基础梁 商品混凝土C30	m^3	89.6	10	电力电缆敷设 电缆截面 240 mm^2以下，YJV－4×150＋1×70	m	89.4
5	现浇平板 商品混凝土C30	m^3	128.6	11	电力电缆敷设 电缆截面 35 mm^2以下，YJV－5×10	m	118.54
6	现浇框架柱 商品混凝土C30	m^3	112.4	12	电力电缆敷设 电缆截面 35 mm^2以下，YJV－5×16	m	21.6

(2)主要工序施工时间。

钢筋混凝土工程：2012年4—8月

电缆敷设：2012年10—12月

（3）主要材料价格（表2-7）。

表2-7　主要材料价格　　元

序号	材料名称	单位	信息网价格				
			2011.四季度	2012.一季度	2012.二季度	2012.三季度	2012.四季度
1	HPB300级钢筋	t	4 900	4 900	4 550	4 095	3 960
2	HRB335级钢筋	t	4 855	4 855	4 500	4 000	3 800
3	HRB400级钢筋	t	5 250	5 250	4 895	4 450	4 300
4	商品混凝土C30	m	400	400	400	400	400
5	电力电缆YJV－4×150＋1×70	m	434	438	413	416	425
6	电力电缆YJV－5×10	m	37	37	36	34	36
7	电力电缆YJV－5×16	m	57	58	56	55	57

【解】 根据合同约定，钢材、混凝土、电缆施工期间以行发包人管部门发布的信息网价格与招标期间的信息网价格进行对比，±5%之内不调整；超过±5%的部分按实调整，见表2-8。

钢筋混凝土施工时间2012年4—8月，施工期间的钢筋混凝土的信息网价格按2012年第二季度和第三季度的平均价格。将施工期间的信息网平均价格与招标期的信息网价格相比较，判断是否超过±5%，超过部分按实调整。

电缆施工时间2012年10—12月，将2012年第四季度信息网价格与招标期的信息网价格相比较，判断是否超过±5%，超过部分按实调整。

表2-8　信息网价格与招标期限的信息网价格　　元

序号	材料名称	单位	招标期信息网价格	施工期信息网价格	招标期信息网±5%价格	超过部分
1	HPB300级钢筋	t	4 900	4 322.5	4 655～5 145	－332.5
2	HRB335级钢筋	t	4 855	4 250	4 612.25～5 097.75	－362.25
3	HRB400级钢筋	t	5 250	4 672.5	4 987.5～5 512.5	－315
4	商品混凝土C30	m^3	400	400	380～420	不超
5	电力电缆YJV－4×150＋1×70	m	434	425	412.3～455.7	不超
6	电力电缆YJV－5×10	m	37	36	35.15～38.85	不超
7	电力电缆YJV－5×16	m	57	57	54.15～59.85	不超

材料费调整：对材料价格超过±5%的材料费进行费用调整，材料用量应包含损耗量，损耗系数按2008年辽宁省计价规定，调整费用见表2-9。

表 2-9　调整费用表　　元

序号	材料名称	单位	清单量	损耗率	含损耗量	材料价格调整	合计
1	HPB300 级钢筋	t	12.81	2%	13.07	−332.5	−4 346
2	HRB335 级钢筋	t	124.65	2%	127.14	−362.25	−46 056
3	HRB400 级钢筋	t	33.84	2%	34.52	−315	−10 874
4	商品混凝土 C30	m^3	756.73	0.5%	760.51	不超	0
5	电力电缆 YJV−4×150+1×70	m	89.4	1%	90.29	不超	0
6	电力电缆 YJV−5×10	m	118.54	1%	119.73	不超	0
7	电力电缆 YJV−5×16	m	21.6	1%	21.82	不超	0
	合计						−61 276

注：商品混凝土 C30 清单量：

除楼梯外的构件混凝土工程量：89.6+128.6+112.4+325.3+35.3=691.7(m^3)

楼梯混凝土工程量：254.3m^2×0.257m^3/m^2(楼梯定额消耗量)=65.36 m^3(包含 0.5%损耗)

楼梯混凝土净用量：65.36/1.005=65.03(m^3)

混凝土净用量=691.7+65.03=756.73(m^3)

【例 2-19】　某项目采用公开招标方式选择施工队伍，招标时间为 2010 年 8 月，竣工时间为 2011 年 10 月竣工，建设地点在大连，钢筋混凝土施工时间为 2010 年第三季度和第四季度，钢筋和混凝土工程造价主管部门发布的价格和投标单位报价，见表 2-10。

表 2-10　造价主管部门发布的价格和投标单位报价表　　元

序号	材料名称	单位	行发包人管部门发布的信息网价格					投标单位报价
			2010 年第三季度	2010 年第四季度	2011 年第一季度	2011 年第二季度	2011 年第三季度	
1	HPB300 级钢筋	t	5 250	5 100	5 050	5 150	5 210	5 000
2	HRB335 级钢筋	t	5 150	5 000	4 950	5 170	5 250	4 950
3	HRB400 级钢筋	t	5 500	5 350	5 250	5 800	5 700	5 200
4	商品混凝土 C20	m^3	325	310	310	350	356	310
5	商品混凝土 C25	m^3	335	320	320	360	366	320
6	商品混凝土 C30	m^3	345	330	330	370	376	330

施工单位在进行工程结算时，针对材料价格涨价方面采取了以下原则，试问所采用原则是否恰当？

1. 合同中没有约定材料价格风险系数，结算按辽建〔2008〕147 号文件规定执行，材料价格风险系数按±5%考虑。

2. 在进行材料价格风险调整时，按施工时公布的信息价格与投标价格进行对比，对超过±5%部分进行调整。

【解】 原则1正确。虽然合同没有约定材料价格风险系数，根据辽建〔2008〕147号文件规定，综合单价中材料费的调整，合同有约定的按合同约定执行，合同没有约定或约定不明确的，由双方协商确定，协商不能达成一致的按下列规定执行："材料费视为已按基准日发布的材料价格信息或材料价格综合指数进行了调整，并包含了±5%材料价格风险；基准日发布的材料价格指数与调整时发布的材料价格综合指数的差，超过±5%材料价格风险时，方可对综合单价中的材料费进行调整。"因此，如果材料价格超过±5%风险时，可以进行调整。

原则2错误。在进行材料价格风险调整时，应按照施工时期和投标时期的业主管部门发布的信息网价格进行对比，而不是按照施工期行业主管部门发布的信息网价格与投标单位报价相比，目的是防止各施工单位在投标时价格低，而结算时以投标价格低为由进行材料价格的调整。

根据辽建〔2008〕147号文和2010年第三季度—2011年第三季度价格钢筋、混凝土材料价格，施工期与投标期价格相比，均在±5%风险范围之内，因此，材料价格不予调整，具体对比见表2-11。

表2-11 价格对比表 元

序号	材料名称	单位	2010年 第三季度价格	2010年 第四季度价格	2010年 第三、四季度价格平均值	2010年 第三季度±5%价格
1	HPB300级钢筋	t	5 250	5 100	5 175	4 987.5～5 512.5
2	HRB335级钢筋	t	5 150	5 000	5 075	4 892.5～5 407.5
3	HRB400级钢筋	t	5 500	5 350	5 425	5 225～5 775
4	商品混凝土C20	m^3	325	310	317.5	308.75～341.25
5	商品混凝土C25	m^3	335	320	327.5	318.25～351.75
6	商品混凝土C30	m^3	345	330	337.5	327.75～362.25

【例2-20】 某工程合同招标时间为2012年5月，随后签订施工合同并进场施工，主体施工时间为2012年第二季度至2013年第一季度，合同对材料价格如何调整未做约定。主体结算时建设单位认为目前钢材价格处于下降趋势，钢材价格应予以下调，施工单位认为合同未对材料价格如何调整进行约定，所以不应再扣减材料费。作为造价人员，你应该如何解决这个问题？

【解】 合同未约定材料价格如何调整，根据辽建〔2008〕147号文规定，"材料费的调整，合同没有约定或约定不明确的，由双方协商确定，协商不能达成一致的按下列规定执行：材料费视为已按基准日发布的材料价格信息或材料价格综合指数进行了调整，并包含了±5%材料价格风险；基准日发布的材料价格指数与调整时发布的材料价格综合指数的差，超过±5%材料价格风险时，方可对综合单价中的材料费进行调整"，因此，无论合同是否约定都应对材料价格进行调整。

根据2012年第二季度至2013年第一季度造价信息网公布的钢材价格，计算出主体施工期间钢材的平均价格，与招标期间网刊信息价进行比较，看是否超过±5%，超过部分进行调整。

根据上表分析，钢材价格应予以下调，每吨调整的价格见表2-12、表2-13中数据，其他材料也应按这种方式进行计算。

表2-12 调整价格 元

序号	材料名称	单位	价格信息网				
			2012年第二季度	2012年第三季度	2012年第四季度	2013年第一季度	2012年第三季度～2013年第一季度平均价
1	HPB300级钢筋	t	4 550	4 095	3 960	4 050	4 163.75
2	HRB335级钢筋	t	4 500	4 000	3 800	3 950	4 062.5
3	HRB400级钢筋	t	4 895	4 450	4 300	4 350	4 498.75

表2-13 调整价格 元

序号	材料名称	单位	2012年第二季度	2012年第二季度±5%价格	2012年第三季度～2013年第一季度平均价	材料价格调整
1	HPB300级钢筋	t	4 550	4 322.5～4 777.5	4 163.75	4 163.75－4 322.5＝－158.75
2	HRB335级钢筋	t	4 500	4 275～4 725	4 062.5	4 062.5－4 275＝－212.5
3	HRB400级钢筋	t	4 895	4 650.25～5 139.75	4 498.75	4 498.75－4 650.25＝－151.5

材料价格风险由承发包双方共同分摊，根据施工期不同，材料价格可能上涨也可能下调，因此，无论作为发承包哪一方，都应实事求是，公平、公正地处理与工程造价有关的经济纠纷。

(3)施工机械台班单价或施工机械使用费发生变化超过省级或行业建设主管部门或其授权的工程造价管理机构规定的范围时，按规定调整合同价格。

2.5.3 法律变化引起的调整

招标工程以投标截止日前28天、非招标工程以合同签订前28天为基准日，其后因国家的法律、法规、规章和政策发生变化影响工程造价的，承发包双方应按省级或行业建设主管部门或其授权的工程造价管理机构发布的规定调整合同价款。

因承包人原因造成工期延误的，在规定的调整时间在合同工程原定竣工时间之后，不予调整合同价款。

2.5.4 工程变更引起的调整

工程变更价款一般是由设计变更、施工条件变更、进度计划变更以及为完善使用功能提出的新增(减)项目而引起的价款变化，其中设计变更占主导地位。所谓工程设计变更，是指施工图设计完以后，由于建筑物功能未能完全满足使用的要求，或未能达到设计规范要求，或设计中存在其他某种缺陷，经过发包人、设计人同意，对原设计进行的局部修改。由于设计发生了变更，必然会引起建筑物承发包价格的变化，因此，如何处理工程变更价款，是工程承发包价格管理的任务之一。

1. 工程变更价款的确定

工程变更价款的确定，与工程价格的编制和审核基本相同。所不同的是，由于在施工过程中情况发生了某些新的变化，针对工程变化的特点采取相应的办法来处理工程变更价款。

工程变更价款的确定仍应根据原报价方法和合同的约定以及有关规定办理，但应注意以下几个方面。

(1)手续应齐全。凡工程变更，都应该有发包人和承包人的盖章及代表人的签字，涉及设计上的变更还应该由设计单位盖章和有关人员的签字后才能生效。在确定工程变更价款时，应注意和重视上述手续是否齐全；否则，没有合乎程序的手续，工程变更再大，也不能进行调整。

(2)内容应清楚。工程变更，资料应齐全，内容应清楚，要能够满足编制工程变更价款的要求。在实际工程中，有的资料过于简单，有的资料不能反映工程变更的全部情况，只是草草地提了一下，认为施工现场都已经清楚变更后的做法，不必担心不能计算，有个手续就可以。这样，给编制和确认工程变更价款增加了困难。遇到这种情况，应与有关人员联系，重新填写有关记录，同时可以防止事后扯皮。

(3)应符合编制工程变更价款的有关规定。不是所有的工程变更通知书都可以计算工程变更价款。首先，应考虑工程变更内容是否符合规定，采用预算定额编制价格的应符合相应的规定，如已包含在定额子目工作内容中的，则不可重复计算；如原编预算已有的项目则不可重复列项；采用综合单价报价的，重点应放在原报价所含的工作内容，不然容易混淆，此处更应结合合同的有关规定，因为合同的规定最直接、最有针对性。如存在疑问，先与原签证人员联系，再熟悉合同和定额，使所签的工程变更通知书符合规定后，再编制价格。

(4)变更手续办理应及时。工程变更是一个动态的过程，工程变更价款的确认应在工程变更发生时办理，有些工程细目在完工之后或隐蔽在工程内部，或已经不复存在，如道路大石块基层因加固所增加的工程量、脚手架等，不及时办理变更手续便无法计量与计算。《建设工程施工合同(示范文本)》约定："承包人在双方确定变更后 14 天内不向工程师提出变更工程价款报告时，视为该项变更不涉及合同价款的变更"。

2. 工程变更价款的计算方法

(1)合同中已有适用于变更工程的单价。对于合同中已约定单价的工作，按合同约定的单价进行调整。需要注意的是，在工程量清单计价模式下，采用的是综合单价，由于管理费和利润分摊进综合单价，工程量的变化必然会影响到合同约定的综合单价。所以，当某工程量的增减在合同约定的幅度内时，应按原综合单价和措施费计算；当超过合同约定的幅度时，应按调整管理费和利润分摊后的新综合单价计算；如果影响到措施费，还应调整措施费。其综合单价和措施费的具体调整方法与合同价款调整中对工程量超出合同约定幅度进行调整的计算方法相同。

(2)合同中只有类似于变更工程的单价。合同中只有类似于变更工程的单价，可以参照类似单价计算变更合同价款。当变更项目和内容类似合同中已有项目时，可以将合同中已有项目的工程量清单的单价拿来间接套用，根据工程量清单通过换算后采用。或者是部分套用，即根据工程量清单，取其单价中的某一部分使用。

(3)合同中没有适用于或类似于变更工程的单价。

1)套用单价法。如果原合同中存在类似项目的合同清单单价且单价合理或存在已审批的类似项目的清单单价，则以类似项目的单价作为基础，经过综合分析后对该类似项目的单价进行合理调整后作为新增单价。

2)定额组价法。合同中没有类似于新增项目的工程项目或虽有类似工程项目但单价不合理时，由承包人根据国家和地方颁布的定额标准和相关的定额计价根据及当地建设主管部门的有关文件规定编制新增工程项目的预算单价，然后根据投标时的降价比率确定新增单价。在使用该方法编制新增单价时，应注意如下几个问题。

第一，管理费率的确定方法：采用承包人投标文件预算资料中的相关管理费率。

第二，人工费的确定方法：①采用相关定额计价根据和定额标准中的人工费标准；②采用承包人投标文件预算资料中的人工费标准。

第三，材料单价的确定：①采用承包人投标文件预算资料中的相应材料单价(仅适用于工期很短的工程或材料单价基本不变的情况)；②采用当地工程造价信息中提供的材料单价；③采用承包人提供的材料正式发票直接确定材料单价；④通过对材料市场价款调查得来的单价。

第四，降价比率的确定。按照如下公式进行计算：

降价比率＝(清单项目的预算总价－评标价)/清单项目预算总价×100％

3)实际组价法。监理人根据承包人在实施某个单项工程时所实际消耗的人工工日、材料数量和机械台班，采用合同或现行的人工工资标准、材料价款和台班费，计算直接费用，再加上承包人的管理费用和利润做出单价，以此为基础同承包人和发包人协商确定新单价。

4)以计日工为根据定价法。对于一些零星的变更工作，可根据计日工定价，分别估算出变更工程的人工、材料及机械台班消耗量，然后按计日工形式并根据工程量清单中计日工的相关单价计价。

5)数据库预测法。数据库预测法是双方未达成一致时应采取的策略。如果双方对变更工程价款不能协商一致，最高人民法院的解释是“因设计变更导致建设工程的工程量或者质量标准发生变化，当事人对该部分工程价款不能协商一致的，可以参照签订建设工程施工合同及当地建设主管部门发布的计价方法或者计算标准确定合同价款”。解释中的计价标准可以理解为地方颁布的统一预算定额，反映的是当地社会平均水平和社会平均成本。根据司法解释，当双方对变更价款不能协商一致时，应根据社会平均成本确定变更价款。在实际操作中，发包人根据此解释，经常会提出一种确定方法，即根据所有投标书中相关工作的单价分别算出变更工作总价，然后平均，作为变更工程的工程价款。

如果仍未达成一致，则应先暂时按照监理人给出的价款进行变更工作，在竣工结算时承包人应提出索赔。

新增工程各种综合单价的组价方法的对比，见表2-14。

表2-14　新增工程综合单价组价方法一览表

方法	适用条件	特点
套用单价法	有类似工程项目的清单单价且单价合理或存在已审批的类似项目的清单单价	该方法简单且有合同根据，但是该方法确定的单价只有在原单价是合理的情况下才会相对合理，当原单价不合理(有不平衡报价)时，该方法的定价是不合理的

续表

方法	适用条件	特点
定额组价法	没有类似工程项目的清单单价可供参考或类似工程项目的单价不合理，但具有相应的定额资料	该方法确定的新增单价比较合理，容易被参建各方所接受，但计算较烦琐
实际组价法	既不能套用类似清单作为编制新增单价的基础，又无相应的定额可套用	由于该方法缺乏足够的根据，在确定工料机实际成本及新增单价时会有一定的难度
计日工定价法	零星的变更，变更性质不大的工作	该方法先估算人工、材料、机械的消耗量，然后按照清单中计日工的相关单价估算变更费用，简单、快速，但使用范围不广
数据库预测法	双方对工程变更价款不能协商一致的情况，但发包人应具有以前工程积累的价格数据库或有多个承包人对此工程的报价	该方法使用范围广泛，是目前大多数工程的做法，使用数据库中的单价对变更工程进行估价，或对各个承包人报出的综合单价分别计算变更费用进行平均，具有一定的合理性，并且方便、快速

3. 工程变更价款的处理原则

工程变更发生后，应及时做好工程变更对工程造价增减的调整工作，在合同规定的时间内，先由承包人根据设计变更单、洽商记录等有关资料提出变更价格，再报发包人代表批准后调整合同价款。工程变更价款的处理应遵循下列原则。

(1)适用原价格。中标价、审定的施工图预算或合同中已有适用于变更工程的价格，按中标价、审定的施工图预算价或合同已有的价格计算，变更合同价款。通常有很多的工程变更项目能在原价格中找到，编制人员应认真检查原价格，一一对应，避免不必要的争议。

(2)参照原价格。中标价、审定的施工图预算或合同中没有与变更工程相同的价格，只有类似于变更工程情况的价格，应按中标价、定额价或合同中相类似项目，以此作为基础确定变更价格，变更合同价款。此种方法可以从两个方面考虑：一是寻找相类似的项目，如现浇钢筋混凝土异形构件，可以参照其他异形构件，折合成以立方体为单位，根据难易程度、人工、模板、钢筋含量的变化，增加或减少系数返还成以件、只为单位的价格；二是按计算规则、定额编制的一般规定，合同商定的人工、材料、机械价格，参照消耗量定额确定合同价款。

(3)协商价格。中标价、审定的施工图预算定额分项、合同价中既没有可采用的，也没有类似的单价时，应由承包人编制一次性适当的变更价格，送发包人代表批准执行。承包人应以客观、公平、公正的态度，实事求是地制定一次性价格，尽可能取得发包人的理解并为其接受。

(4)临时性处理。发包人代表不能同意承包人提出的变更价格，在承包人提出的变更价格后规定的时间内通知承包人，提请工程师暂定，事先可请工程造价管理机构或以其他方式解释处理。

4. 工程变更价款的处理

在合同中，已有的单价类似于变更工程单价时，可以将合同中已有的单价间接套用，或者对原单价进行换算，改变原单价组价中的某一项或某几项，然后采用；或者是对于原单价的组价，采取其一部分组价使用。

(1)变更项目与合同中已有的工程量清单项目，两者的施工图纸改变，但是施工方法、材料、施工环境不变。

1)比例分配法。在这种情况下，变更项目综合单价的组价内容没有变化，只是人工、材料、机械的消耗量按比例改变。由于施工工艺、材料、施工条件未产生变化，可以原报价清单综合单价为基础采用按比例分配法确定变更项目的综合单价，具体如下：单位变更工程的人工费、机械费、材料费的消耗量按比例进行调整，人工单价、材料单价、机械单价不变；变更工程的管理费及利润执行原合同确定的费率。在此情形下：

变更项目综合单价＝投标综合单价×调整系数

【例 2-21】 某堤防工程挖土方、填方以及路面三项细目合同里工程量清单表中，泥结石路面原设计为厚 20 cm，其单价为 24 元/m²。现进行设计变更为厚 22 cm。则按上述原则可求出变更后路面的单价为：24×22/20＝26.4(元/m²)。

【例 2-22】 某合同中沥青混凝土路面［机械摊铺细(微)粒］原设计厚 3 cm，单价 19.86 元/m²。现进行设计变更为厚 5 cm。则按上述原则可求出变更后路面的单价为：5/3×19.86＝33.1(元/m²)。

2)数量插入法。采用比例分配法，其特点是编制简单和快速，有合同依据。但是，比例分配法是等比例的改变项目的综合单价。如果原合同综合单价采用不平衡报价，则变更项目新综合单价仍然采用不平衡报价。这将会使发包人产生损失，承受变更项目变化那一部分的不平衡报价。所以，比例分配法要确保原单价是合理的。

数量插入法是不改变原项目的综合单价，确定变更新增部分的单价，原综合单价加上新增部分的单价得出变更项目的综合单价。变更新增部分的单价是测定变更新增部分人、材、机成本，以此为基数取管理费和利润确定的单价。

变更项目综合单价＝原项目综合单价＋变更新增部分的单价

变更新增部分的单价＝变更新增部分净成本×(1＋管理费率＋利润率)

【例 2-23】 某合同中沥青路面原设计为厚 5 cm，其单价为 160 元/m²。现进行设计变更，沥青路面改为厚 7 cm。经测定沥青路面增厚 1 cm 的净成本是 30 元/m²，测算原综合单价的管理费率为 0.06，利润率为 0.05，所以调整后的单价为 30×2×(1＋0.06＋0.05)＋160＝226.6(元/m²)。

(2)变更项目与合同中已有项目两者材质改变，而人工、材料、机械消耗量及施工方法、施工环境相同。

在此情形下，由于变更项目只改变材料，因此变更项目的综合单价只需将原有项目综合单价中材料的组价进行替换，替换为新材料组价，即变更项目的人工费、机械费执行原清单项目的人工费、机械费；单位变更项目的材料消耗量执行报价清单中的消耗量，对报价清单中的材料单价可按市场价信息价进行调整；变更工程的管理费执行原合同确定的费率。

变更项目综合单价＝报价综合单价＋(变更后材料价格－合同中的材料价格)×清单中材料消耗量

【例 2-24】 建筑物结构混凝土强度等级的改变(由 C25 变为 C30)，由于人工、材料、机械台班消耗量没有因项目材质发生变化而变化，承包人也没有因此而导致任何额外工程费用的增加，故对此类项目变更的价款处理，可采用调整混凝土材料强度等级的方法：即根据变化后的混凝土材料价格结合实际施工方法与原合同项目混凝土材料价格直接进行调整。

5. 工程变更的其他约定

(1)承包人的合理化建议。承包人提出合理化建议的，应向监理人提交合理化建议说明，说明建议的内容和理由，以及实施该建议对合同价格和工期的影响。

除专用合同条款另有约定外，监理人应在收到承包人提交的合理化建议后 7 天内审查完毕并报送发包人，发现其中存在技术上的缺陷，应通知承包人修改。发包人应在收到监理人报送的合理化建议后 7 天内审批完毕。合理化建议经发包人批准的，监理人应及时发出变更指示，由此引起的合同价格调整按照变更估价约定执行。发包人不同意变更的，监理人应书面通知承包人。

合理化建议降低了合同价格或者提高了工程经济效益的，发包人可对承包人给予奖励，奖励的方法和金额在专用合同条款中约定。

(2)变更引起的工期调整。因变更引起工期变化的，合同当事人均可要求调整合同工期，由合同当事人按照商定或确定并参考工程所在地的工期定额标准确定增减工期天数。

【例 2-25】 某工程发包人与承包人签订了施工合同，合同中含有两个子项工程，估算工程量 A 项为 2 500 m^3，B 项为 3 500 m^3，经协商合同价 A 项为 200 元/m^3，B 项为 170 元/m^3。合同还规定：开工前发包人应向承包人支付合同价 20%的预付款；发包人自第 1 个月起从承包人的工程款中，按 5%的比例扣留保留金；当子项工程实际工程量超过估算工程量 10%时，可进行调价，调整系数为 0.9；根据市场情况规定价格调整系数平均按照 1.2 计算；工程师签发月度付款最低金额为 30 万元；预付款在最后两个月扣除，每月扣 50%。承包人每月实际完成并经工程师签证确认的工程量见表 2-15。

表 2-15 某工程每月实际完成并经工程师签证确认的工程量

m^3

月份	1 月	2 月	3 月	4 月
A 项	550	850	850	650
B 项	800	950	900	650

【问题】

1. 预付款是多少？

2. 从第 1 个月起每月工程量价款、工程师应签证的工程款、实际签发的付款凭证金额各是多少？

【解】

1. 预付金额为=(2 500×200+3 500×170)×20%=21.9(万元)

2. 第 1 个月工程量价款=550×200+800×170=24.6(万元)

应签的工程款=24.6×1.2×(1−5%)=28.0(万元)

由于合同规定工程师签发的最低金额为 30 万元，故本月工程师不予签发付款凭证。

第 2 个月工程量价款=850×200+950×170=33.15(万元)

应签证的工程款=33.15×1.2×0.95=37.79(万元)

本月工程师实际签发的付款凭证金额为：

28.04+37.79=65.83(万元)

第3个月工程量价款=850×200+900×170=32.30(万元)

应签证的工程款=32.30×1.2×0.95=36.82(万元)

应扣预付款=21.90×50%=10.95(万元)

应付款=36.82-10.95=25.87(万元)

因本月应付款金额小于30万元，故工程师不予签发付款凭证。

第4个月A项工程累计完成工程量为2 900 m^3，比原估算工程量2 500 m^3超出400 m^3，已超过估算工程量的10%，超出部分其单价应进行调整。

超过估算工程量10%的工程量=2 900-2 500×(1+10%)=150(m^3)

该部分工程量单价应调整=200×0.9=180(元/m^3)

A项工程工程量价款=(650-150)×200+150×180=12.70(万元)

B项工程累计完成工程量为3 300 m^3，比原估算工程量3 500 m^3减少200 m^3，不超过估算工程量，其单价不予调整。

B项工程量价款=650×170=11.05(万元)

本月完成A、B两项工程量价款合计=12.70+11.05=23.75(万元)

应签证的工程款=23.75×1.2×0.95=27.08(万元)

本月工程师实际签发的付款凭证金额为：

25.87+27.08-21.90×50%=42(万元)

【例2-26】 某发包人与承包人签订了某建筑安装工程项目总包施工合同。承包范围包括土建工程和水、电、通风建筑设备安装工程，合同总价为4 800万元。工期为2年，第1年已完成2 600万元，第2年应完成2 200万元。承包合同规定：

(1)发包人应向承包人支付当年合同价25%的工程预付款；

(2)工程预付款应从未施工工程尚需的主要材料及构配件价值相当于工程预付款时起扣，每月以抵充工程款的方式陆续收回。主要材料及设备费比重按62.5%考虑；

(3)工程质量保修金为承包合同总价的3%，经双方协商，发包人从每月承包人的工程款中按3%的比例扣留。在保修期满后，保修金及保修金利息扣除已支出费用后的剩余部分退还给承包人；

(4)当承包人每月实际完成的建筑安装工作量少于计划完成建筑安装工作量的10%以上(含10%)时，发包人可按5%的比例扣留工程款，在工程竣工结算时将扣留工程款退还给承包人；

(5)除设计变更和其他不可抗力因素外，合同总价不做调整；

(6)由发包人直接提供的材料和设备应在发生当月的工程款中扣回其费用。

经发包人的工程师代表签认的承包人在第2年各月计划和实际完成的建筑安装工作量以及发包人直接提供的材料、设备价值见表2-16。

表2-16 工程结算数据表

月份	1~6	7	8	9	10	11	12
计划建筑安装工程量	110	200	200	200	190	190	120
实际完成工程量	1 110	180	210	205	195	180	120
发包人直接提供材料、设备的价值	90.56	35.5	24.4	10.5	21	10.5	5.5

【问题】

1. 工程预付款是多少?

2. 工程预付款从几月份开始起扣?

3. 1～6 月以及其他各月工程师代表应签证的工程款是多少? 应签发付款凭证金额是多少?

4. 竣工结算时，工程师代表应签发付款凭证金额是多少?

【解】

问题 1：

工程预付款金额=2 200×25%=550(万元)

问题 2：

工程预付款起扣点=2 200−550/62.5%=1 320(万元)

开始起扣工程预付款时间为 8 月份，因为 8 月份累计完成的建安工作量为

1 110+180+210=1 500(万元)>1 320 万元

问题 3：

1～6 月份：

1～6 月份应签证的工程款=1 110×(1−3%)=1 076.7(万元)

1～6 月份应签发的付款凭证金额=1 076.7−90.56=986.14(万元)

7 月份：

7 月份建筑安装工作实际值与计划值比较，未达到计划值，相差(200−180)/200=10%

7 月份应签证的工程价款=180−180×(3%+5%)=180−14.4=165.6(万元)

7 月份应签发的付款凭证金额=165.5−35.5=130.1(万元)

8 月份：

8 月份应签证的工程款=210×(1−3%)=203.7(万元)

8 月份签发的付款凭证金额=203.7−(1 500−1 300×62.5%)−24.4=66.8(万元)

9 月份：

9 月份应签证的工程款=205×(1−3%)=198.85(万元)

9 月份应扣工程预付款金额=205×62.5%=128.125(万元)

9 签发的付款凭证金额=198.85−128.125−10.5=60.225(万元)

10 月份：

10 月份应签证的工程款=195×(1−3%)=189.15(万元)

10 月份应扣工程预付款金额=195×62.5%=121.875(万元)

10 签发的付款凭证金额=189.15−121.875−21=46.275(万元)

11 月份：

11 月份建筑安装工程量实际值与计划值比较，未达到计划值，相差：

(190−180)/190=5.26%<10%，工程款不扣完

11 月份应签证的工程款=180×(1−3%)=174.6(万元)

11 月份应扣工程预付款金额=180×62.5%=112.5(万元)

11 签发的付款凭证金额=174.6−112.5−10.5=51.6(万元)

12 月份：

12 月份应签证的工程款=120×(1−3%)=116.4(万元)

12 月份应扣工程预付款金额＝120×62.5％＝75(万元)

12 月份应签发的付款凭证金额＝116.4－75－5.5＝35.9(万元)

问题 4：

竣工结算时，工程师代表应签发付款凭证金额＝180×5％＝9(万元)

2.6 质量保证金

2.6.1 质量保证金的概念

建设工程质量保证金(以下简称保证金)是指发包人与承包人在建设工程承包合同中约定，从应付的工程款中预留，用以保证承包人在缺陷责任期内对建设工程出现的缺陷进行维修的资金。质量保证金的计算额度不包括预付款的支付、扣回以及价格调整的金额。

2.6.2 质量保证金的约定、预留、返还及管理

1. 保证金的约定

《建设工程质量保证金管理办法》规定，发包人应当在招标文件中明确保证金预留、返还等内容，并与承包人在合同条款中对涉及保证金的下列事项进行约定：

(1)保证金预留、返还方式。

(2)保证金预留比例、期限。

(3)保证金是否计付利息，如计付利息，利息的计算方式。

(4)缺陷责任期的期限及计算方式。

(5)保证金预留、返还及工程维修质量、费用等争议的处理程序。

(6)缺陷责任期内出现缺陷的索赔方式。

2. 保证金的预留

从第一个付款周期开始，在发包人的进度付款中，按约定比例扣留质量保证金。直至扣留的质量保证金总额达到专用条款约定的金额或比例为止。全部或者部分使用政府投资的建设项目，按工程价款结算总额 5％左右的比例预留保证金。社会投资项目采用预留保证金方式的，预留保证金的比例可参照执行。

3. 保证金的返还

缺陷责任期内，承包人认真履行合同约定的责任。约定的缺陷责任期满，承包人向发包人申请返还保证金。发包人在接到承包人返还保证金申请后，应于 14 日内会同承包人按照合同约定的内容进行核实。如无异议，发包人应当在核实后 14 日内将保证金返还给承包人。逾期支付的，从逾期之日起，按照同期银行贷款利率计付利息，并承担违约责任。发包人在接到承包人退还保证金申请后 14 日内不予答复，经催告后 14 日内仍不予答复，视同认可承包人的返还保证金申请。

缺陷责任期满时，承包人未完成缺陷责任的，发包人有权扣留与未履行责任剩余工作所需金额相应的质量保证金余额，并有权根据约定要求延长缺陷责任期，直至完成剩余工

作为止。

4. 保证金的管理

缺陷责任期内，实行国库集中支付的政府投资项目，保证金的管理应按国库集中支付的有关规定执行。其他的政府投资项目，保证金可以预留在财政部门或发包人。缺陷责任期内，如发包人被撤销，保证金随交付使用资产一并移交使用单位管理，由使用单位代行发包人职责。社会投资项目，采用预留保证金方式的，发包人及承包人可以约定将保证金交由金融机构托管；采用工程质量保证担保、工程质量保险等其他保证方式的，发包人不得再预留保证金，并按照有关规定执行。

2.6.3 缺陷责任期内缺陷责任的承担

缺陷责任期内，由承包人造成的缺陷，承包人应负责维修，并承担鉴定及维修费用。如承包人不维修也不承担费用，发包人可按合同约定扣除保证金，并由承包人承担违约责任。承包人维修并承担相应费用后，不免除对工程的一般损失赔偿责任。由他人原因造成的缺陷，发包人负责组织维修，承包人不承担费用，且发包人不得从保证金中扣除费用。

2.7 《FIDIC施工合同条件》中工程价款的支付

《FIDIC施工合同条件》中规定的工程价款支付程序包括每个月末支付工程进度款、竣工移交时办理竣工结算和解除缺陷责任后进行最终结算三大类型。

2.7.1 工程价款支付的内容

《FIDIC施工合同条件》中所规定的工程价款支付的内容主要包括工程量清单费用和清单以外的费用两部分，如图2-11所示。其中，工程量清单费用是承包人在投标时，根据合同条件的有关规定提出的报价，并经发包人认可的费用；工程量清单以外的费用虽然在工程量清单中没有规定，但是在合同条件中却有明确的规定，它也是工程支付的一部分。

1. 工程量清单费用

工程量清单项目可分为一般项目、暂定金额和计日工三种。

(1)一般项目。一般项目是指工程量清单中除暂定金额和计日工以外的全部项目。这类项目的支付是以经过工程师计量的工程数量为根据，乘以工程量清单中的单价，其单价一般是不变的。这类项目的支付占了工程费用的绝大部分，但这类支付程序比较简单，一般通过签发期中支付证书支付进度款，具体程序见本节工程进度款的支付。

(2)暂定金额。暂定金额是指合同中明文规定的一笔金额，用以支付某部分工程的实施、设备材料供货以及提供服务所需的款项。实际上，暂定金额相当于发包人的备用金，在合同中通常出现此类费用的原因有以下几个方面：

1)工程实施过程中可能发生发包人负责的应急费或不可预见费用。

2)在招标时，对工程的某些部分，发包人还不可能确定到使投标者能够报出固定单价

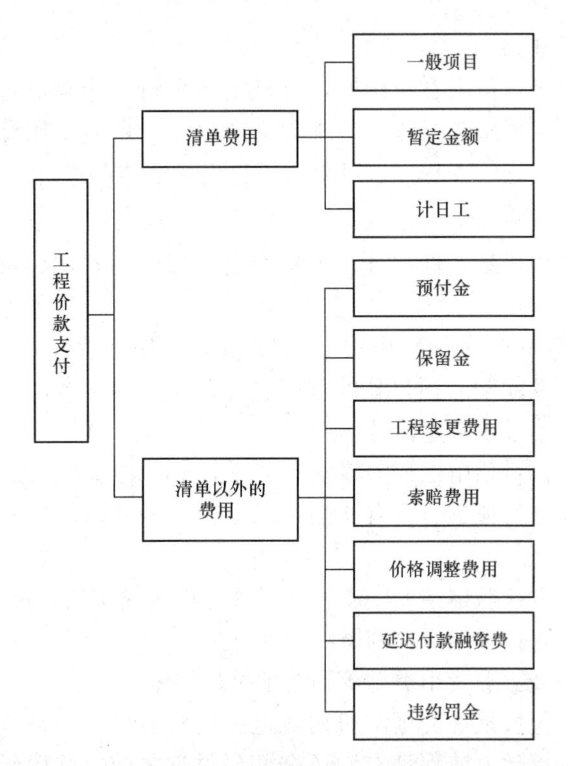

图 2-11 《FIDIC 施工合同条件》下工程价款支付的内容

的深度或不能决定某项工作是否包含在合同中。

3)对于某项工作，发包人希望以指定分包商的方式来实施。

暂定金额按照工程师的指示可能全部或部分使用，或根本不予动用，动用的部分成为合同价款的一部分。没有工程师的指示，承包人不能进行暂定金额项目的任何工作。

承包人按照工程师的指示完成的暂定金额项目的费用，按工程量表中开列的费用和价款估价，而且，工程师有权要求承包人提交有关的报价单、发票、凭证、账单或收据等来证明承包人完成该项工作的实际费用。工程师根据上述资料，按照合同的规定，确定支付金额。另外，如果工程师动用暂定金额指示承包人从指定分包商那里或其他渠道采购永久设备、材料或服务，承包人应得到两笔款项：一是承包人为此工作实际支付的费用；二是承包人实施该项工作的管理费和利润。

(3)计日工。计日工是指承包人在工程量清单的附件中，按工种或设备填报单价的日工劳务费和机械台班费。一般用于工程量清单中没有合适项目，且不能安排大批量的流水施工的零星附加工作。只有当工程师根据施工进展的实际情况，指示承包人实施以日工计价的工作时，承包人才有权获得用日工计价的付款。通常，计日工由相关的暂定金额支付。实施计日工工作过程中，承包人每天应向工程师送交一式两份的前一天为计日工所投入的资源清单报表，清单具体包括：

1)所有参加计日工工作的人员姓名、工种和工作时间。

2)施工设备和临时工程的类别、型号及使用时间。

3)永久设备和材料使用的数量和类别。

工程师经过核实批准后在报表上签字，并将其中一份退还承包人。如果承包人需要为完成计日工工作购买材料，应先向工程师提交订货报价单申请批准，采购后还要提供证实所付款的收据或其他凭证。

需要说明的是，由于承包人在投标时，计日工的报价不影响其评标总价，所以，一般计日工的报价较高。在工程施工过程中，工程师应尽量少用或不用计日工这种形式，因为大部分采用计日工形式实施的工程，也可以采用工程变更的形式。

2. 工程量清单以外项目

清单以外项目包括预付款、保留金、工程变更和索赔的费用、价款调整费用、延迟付款融资费和违约罚金。

(1)预付款。预付款是指发包人预先向承包人支付，用于承包人启动项目，并从未来的工程款中扣回的一笔无息款项。预付款的额度、分期支付的次数、支付时间以及支付货币和货币比例应在投标函附录中规定清楚。

1)预付款的支付。预付款由工程师签发支付证书或由发包人付款。

其一，工程师签发支付证书。只有在满足以下三个条件时，工程师才可为第一笔预付款签发支付证书：

①工程师收到承包人按照申请期中支付证书规定格式递交的预付款支付申请报表。

②发包人收到承包人按规定提交的履约保证。

③发包人收到一份金额与货币类型等同的预付款保函。

预付款保函应由发包人批准的国际机构或地区机构开具，并符合专用条件中所附的或发包人认可的格式，且承包人应保证在归还全部预付款之前，该保函一直有效并能够被执行兑现，担保额度可以随预付款逐步归还而相应递减。

其二，发包人支付。发包人应在签发中标函后的42天内，或者在承包人提交了履约保证和预付款保函以及提交了预付款报表后的21天内，向承包人支付第一笔预付款，这两个时间以较晚者为准。

2)预付款的归还。预付款的归还方式是按每次付款的百分比在支付证书中扣减，如果扣减的百分比没有在投标保函附录中写明，应按下面方法扣减：当期中支付证书的累积款项(不包括预付款以及保留金的减扣与退还)超过中标合同款额与暂定金额之差的10%时，开始从期中支付证书中抵扣预付款，每次扣发的数额为该支付证书的25%(不包括预付款以及保留金的减扣与退还)，扣发的货币比例与支付预付款的货币比例相同，直到预付款全部归还为止。

如果在整个工程的接受证书签发之前，或者在发生终止合同或发生不可抗力之前，预付款还没有偿还完，此类事件发生后，承包人应立即偿还剩余部分。

(2)保留金。保留金是按合同约定从承包人应得工程款中相应扣减的一笔金额保留在发包人手中，作为约束承包人严格履行合同义务的措施之一。当承包人有一般违约行为使发包人受到损失时，可以从该项金额内直接扣除损害赔偿费。例如，承包人未能在工程师规定的时间内修复缺陷工程部位，发包人雇用其他人完成后，这笔费用可从保留金内扣除。

1)保留金的扣留。从首次支付工程进度款开始，用该月承包人有权获得的所有款项乘以合同约定保留金的百分比作为本次支付时应扣留的保留金(通常为5%～10%)。逐月累计扣到合同约定的保留金最高限额为止(通常为中标合同款额的2.5%～5%)。

2)保留金的返还。扣留承包人的保留金分两次返还：

第一次，颁发工程接收证书后返还。颁发整个工程的接收证书时，将保留金的一半由工程师开具证书，支付给承包人。如果颁发的接收证书只限于一个区段或工程的一部分，则支付的保留金等于保留金总额的 40%乘以该区段/部分工程估算合同价占整个工程合同估算价值的比重，即

颁发工程整体接收证书：

$$返还金额=保留金总额\times 50\%$$

颁发部分或区段接收证书：

$$返还金额=保留金总额的一半\times\frac{移交工程区段的合同价值}{最终合同价值的估算值}\times 40\%$$

第二次，保修期满颁发履约证书后将剩余保留金返还。整个合同的缺陷通知期满，返还剩余的保留金。如果颁发的履约证书只限于一个区段，则在这个区段的缺陷通知期满后，并不全部返还该部分剩余的保留金，而是按 40%的比例返还。即整个合同缺陷通知期满，颁发履约证书：

$$返还金额=剩余的保留金$$

颁发部分或区段的履约证书：

$$返还金额=保留金总额\times\frac{移交工程区段的合同价值}{最终合同价值的估算值}\times 40\%$$

该区段剩余 20%的保留金待最后的缺陷通知期结束后退还。如果该区段的缺陷通知期是最迟的一个，该区段保留金归还应为：接收证书签发后返还 40%，缺陷通知期结束后返还剩余的 60%。

(3)工程变更的费用。工程变更也是工程支付中的一个重要项目。工程变更费用的支付根据工程变更令和工程师对变更项目所确定的变更费用，列入期中支付证书予以支付。

(4)索赔费用。索赔费用的支付根据工程师批准的索赔审批书及其计算而得的款额，支付时间随工程期中支付证书一并支付。

(5)价款调整费用。价款调整费用是按照《FIDIC 施工合同条件》第 13 条规定的计算方法计算调整的款额，包括施工过程中出现的劳务和材料费用的变更，后继的法规及其他政策的变化导致的费用变更等。

(6)延迟付款融资费。按照合同规定，发包人未能在合同规定的时间内向承包人付款，则承包人有权就未收到的款额收取融资费，按月复利，并从规定的应支付日期开始收取融资费。计算融资费的利率按支付货币国家中央银行的贴现率再加上三个百分点，支付融资费的货币也应与支付货币相同。承包人不需正式通知和证明，就有权获得延迟付款的融资费。

(7)违约罚金。对承包人的违约罚金主要包括拖延工期的误期赔偿和未履行合同义务的罚金。这类费用可从承包人的保留金中扣除，也可从支付给承包人的款项中扣除。

2.7.2 工程进度款的支付

1. 工程量计量

工程量清单中所列的工程量只是估算的工程量，不能作为承包人完成合同规定施工任务的结算根据。每次支付工程款前，均需通过测量来核实实际完成的工程量。

按照《FIDIC 施工合同条件》的规定，当工程师要求对任何部位进行计量时，应向承包人的代表发出合理通知，承包人代表自行或派员协助工程师进行上述计量，并提供工程师

所要求的一切详细资料。如果承包人没有参加计量，则由工程师单方面进行的计量应被视为对工程该部分的正确计量，承包人应认可该结果。如果对永久工程采取记录和图纸的方式计量，除合同另有规定外，工程师应在工作过程中准备好记录和图纸，当承包人被通知要求进行该项记录审查时，应参加审查，并就此类记录和图纸与工程师达成一致，并应在双方意见一致时在上述文件上签字。如果承包人不出席此类记录和图纸的审查与确认时，则认为这些记录和图纸是正确无误的，如果在审查上述记录和图纸之后，承包人不同意上述记录和图纸，或不签字表示同意，它们仍将被认为是正确的。除非承包人在上述审查后14天内向工程师提出申诉，声明承包人认为上述记录与图中并不正确的各个方面。在接到这一申诉通知后，工程师应复查这些记录和图纸，或予以确认或予以修改。在某些情况下，也可由承包人在工程师的监督和管理下，对工程的某些部分进行计量。

2. 承包人提出期中支付申请

每个月的月末，承包人应按工程师规定的格式提交一式六份本月期中支付申请报表，内容包括以下几个方面：

(1)本月实施的永久工程价值。

(2)工程量清单中列有的，包括临时工程、计日工费等任何项目应付款。

(3)材料预付款。

(4)按合同约定方法计算的，因物价浮动而需增加的调价款。

(5)按合同有关条款约定，承包人有权获得的补偿款。

3. 工程师签证

工程师接到承包人的期中支付申请报表后，要审查款项内容的合理性和计算的正确性。在核实承包人本月应得款的基础上，再扣除保留金、预付款以及所有承包人责任而应扣减的款项后，据此签发期中支付的临时支付证书。如果本月承包人应获得支付的金额小于投标书附件中规定的中期支付最小金额时，工程师可不签发本月进度款的支付证书，这笔款结转下月一并支付。工程师的审查和签证工作，应在收到承包人报表后的28天内完成。工程进度款支付证书属于临时支付证书，工程师有权对以前签发过的证书进行修正，若对某项工作的完成情况不满意，也可以在证书内删去或减少这项工作的价值。

4. 发包人支付

承包人的报表经过工程师认可并签发工程进度款的支付证书后，发包人应在工程师收到承包人的报表和证明文件后56天内，将期中支付证书中证明的款额支付给承包人。如果逾期支付，将对未付款承担延期支付的融资费。

2.7.3 竣工结算

1. 竣工结算的程序

颁发工程接收证书后的84天内，承包人应按规定的格式报送竣工报表，报表内容包括以下几项。

(1)工程接收证书中指明的竣工日期，根据合同完成全部工作的最终价值。

(2)承包人认为应该获得的其他款项，如要求的索赔款、应退还的部分保留金等。

(3)承包人认为根据合同应支付的估算总额。所谓“估算总额”，是指这笔金额还未经过工程师审核同意。估算总额应在竣工结算报表中单独列出，以便工程师签发支付证书。

工程师接到竣工报表后，应对照竣工图进行工程量详细核算，对其他支付要求进行审查，然后再根据检查结果签署竣工结算的支付证书。此项签证工作，工程师也应在收到竣工报表后 28 天内完成，发包人根据工程师的签证予以支付。

2. 对竣工结算总金额的调整

一般情况下，承包人在整个施工期内完成的工程量乘以工程量清单中的相应单价后，再加上其他有权获得的费用总和，即为工程竣工结算总额。但当颁发工程移交证书后发现，由于施工期内累计变更的影响和实际完成工程量与清单内估计工程量的差异，导致承包人按合同约定方式计算的实际结算款总额比原定合同价款增加或减少过多时，均应对结算价款总额予以相应调整。

《FIDIC 施工合同条件》规定，进行竣工结算时，将承包人实际施工完成的工程量按合同约定费率计算的结算款扣除暂定金额项内的付款、计日工付款和物价浮动调价款后，与中标通知书中注明的合同价款扣除工程量清单内所列暂定金额、计日工费两项后的“有效合同价”进行比较。不论增加还是减少的额度超过有效合同价的 15%以上时，均要对承包人的竣工结算总额加以调整。调整处理的原则如下。

(1)增减差额超过有效合同价的 15%以上的原因是累计变更过多导致，不包括其他原因。即合同履行过程中不属于工程变更范围内所给承包人的补偿费用，不应包括在计算竣工结算调整费之列，如发包人违约或应承担风险事件发生后的补偿款；因法规、税收等政策变化的补偿款；汇率变化的调整费等。

(2)增加或减少超过有效合同价的 15%后的调整，是针对整个合同而言。对于某项具体工作内容或分阶段移交工程的竣工结算，虽然也有可能超过该部分工程合同价款的 15%以上，但不应考虑该部分的结算价款调整。

(3)增加或减少幅度在有效合同价的 15%之内，竣工结算款不应做调整。因为工程量清单内所列的工程量是估计工程量，允许实施过程中与其有差异，而且施工中的变更也是不可避免的，所以在此范围内的变化按双方应承担的风险对待。

(4)增加款额部分超过 15%以上时，应将承包人按合同约定方式计算的竣工结算款总额适当减少；反之，减少的款额部分超过有效合同价的 15%以上时，则在承包人应得结算款基础上增加一定的补偿费。

进行此项调整的原因是基于单价合同的特点。承包人在工程量清单中所报单价既包括直接费部分，也包括间接费、利润、公司管理费等在该部分工程款中的摊销。为了使承包人的实际收入与支出之间达到总体平衡，要对摊销费中不随工程量实际增减变化的部分予以调整。调整范围仅限于增减超过 15%以上部分。

2.7.4 最终结算

最终结算是指颁发履约证书后，对承包人完成全部工作价值的详细结算，以及根据合同条件对应付给承包人的其他费用进行核实，确定合同的最终价款。

1. 申请最终支付证书

(1)承包人提交最终报表草案。收到履约证书后的 56 天内，承包人应按工程师批准的格式，向其提交最终报表草案，一式六份，同时附有证明文件。最终报表草案须详细列明两项内容：一是承包人完成的全部工作的价值；二是承包人认为发包人仍需要支付给他的余额。

(2)工程师对最终报表草案进行审核。如果工程师对最终报表草案有异议，承包人应提交给工程师合理要求的补充资料，来进一步证明。工程师与承包人协商，对最终报表草案进行适当的补充或修改后，形成最终报表。

(3)争议的处理。双方对最终报表草案有争议，工程师应先就最终报表草案无争议部分向发包人开具一份期中支付证书，争议部分按《FIDIC施工合同条件》第20条解决。根据解决的结果，承包人编制最终报表，提交给发包人，同时抄报工程师。

2. 结清单

由于工程支付十分复杂，作为惯例，申请最终支付款项时，承包人不但提交最终报表，还需向发包人提交一份“结清单”，作为一种附加确认。结清单上应确认最终报表中的总额即为应支付给承包人的全部和最终的合同结算款额。结清单上还可以说明，只有承包人收到履约保证和合同款余额时，结清单才生效。

3. 最终支付证书的签发

工程师在接到最终报表和结清单附件后的28天内签发最终支付证书。发包人应在收到最终支付证书后的56天内支付。最终的支付证书应包括最终到期应支付的金额和扣除发包人以前已经支付的款额后，还应支付承包人的余额。只有当发包人按照最终支付证书的金额予以支付并退还履约保函后，结清单才生效，承包人的索赔权也即行终止。

如果承包人不按期申请最终支付证书，工程师应通知要求其提交，通知后28天内仍不提交，工程师可自行合理决定最终支付金额，并相应签发最终支付证书。

2.7.5 施工费用的调整

《FIDIC施工合同条件》对施工费用的调整做了具体规定，这些规定也是国际工程施工承包合同中大多采用的做法。

1. 法规变化引起的调整

在基准日期之后，如果工程所在国的法律(如税法、劳动法、保险法、海关法、环境保护法等)发生变动，引入了新法律，或废止修改了原有法律，或者对原法律的司法解释或政府官方解释发生变动，从而影响了承包人履行合同义务，则应根据此类变动引起工程费用增加或减少的具体情况，对合同价格进行相应的调整；如果因立法变动致使承包人延误了工程进度或招致了额外费用，承包人可索赔工期和费用。一般来说，此项增加或减少的费用应由工程师与承包人和发包人协商后决定并开具证明，合同价格应按此相应增加或减少，并通知承包人，告知发包人。

2. 费用变化引起的调整

如果实施工程的费用，包括劳动、物品以及其他投入，在施工期间有波动，则支付给承包人的工程款应按调值公式进行调整，可以上调，也可以下调；对于未调整到的部分，则认为中标合同款中已经包含了那部分物价波动的风险费；调整范围是针对那些按照有关明细表(工程量表)估价，并在支付证书中证明的工程款，同时，适用于每种合同价格的支付货币，具体按调价公式确定；根据实际费用开支或现行价格估价的工程款一律不做调整。

3. 工程量变化引起的调整

如果某一项工作的实际工程量为以下情况：

(1)此工程量表或其他报表中规定的工程量的变动大于10%。

(2)工程量的变更与对该项工作规定的具体费率的乘积超过了接受的合同款额的0.01%。

(3)此工程量的变更直接造成该项工作每单位工程量费用的变动超过1%。

(4)这项工作不是合同中规定的“固定费率项目”。

或：

(1)根据规定指示的工作。

(2)合同中没有规定该项工作的费率和价格。

(3)由于工作性质不同，或在与合同中任何工作不同的条件下实施，未规定适宜的费率或价格。则新工作的费率或价格应考虑合同中相关费率或价格加以合理调整后得出。如果没有相关的费率或价格可供推算新的费率或价格，应根据实施该工作的合理成本和合理利润，并考虑其他相关事项后得出。

每种新的费率或价格是对合同中相关费率或价格在考虑到上述所描述的适用的事件以后做出的合理调整。如果没有相关的费率或价格，则新的费率或价格应是在考虑任何相关事件以后，从实施工作的合理费用加上合理利润中得到。

《FIDIC施工合同条件》中规定了法规变化、费用变化与工程量变化三种情况的合同价款调整方法，在合同中应用比较广泛。

复习思考题

1. 工程计量的原则包括哪些内容？
2. 简述工程计量的方法。
3. 简述工程量变化引起的调整。
4. 工程预付款的计算、支付与扣回情形包括哪些内容？
5. 如何进行质量保证金的约定、预留、返还及管理？
6. 简述工程价款的调整的主要内容。
7. 背景：某项工程项目发包人与承包人签订了工程施工承包合同。合同中估算工程量为5 300 m^3，全费用单价为180元/m^3。合同工期为6个月。有关付款条款如下：

(1)开工前发包人应向承包人支付估算合同总价20%的工程预付款；

(2)发包人自第一个月起，从承包人的工程款中，按5%的比例扣留质量保证金；

(3)当实际完成工程量增减幅度超过估算工程量的10%时，可进行调价，调价系数为0.9(或1.1)；

(4)每月支付工程款最低金额为15万元；

(5)工程预付款从累计已完工程款超过估算合同价的30%以后的下一个月起，至第5个月均匀扣除。

承包人每月实际完成并经签证确认的工程量见表2-17。

表 2-17　每月实际完成工程量

月份	1	2	3	4	5	6
完成工程量/m^3	800	1 000	1 200	1 200	1 200	500
累计完成工程量/m^3	800	1 800	3 000	4 200	5 400	5 900

问题：

(1)估算合同总价为多少？

(2)工程预付款为多少？工程预付款从哪个月起扣留？每月应扣工程预付款为多少？

(3)每月工程量价款为多少？发包人应支付给承包人的工程款为多少？

8. 背景：某工程项目发包人通过工程量清单招标方式确定某投标人为中标人。并与其签订了工程承包合同，工期4个月。部分工程价款条款如下：

(1)分项工程清单中含有两个混凝土分项工程，工程量分别为甲项2 300 m^3，乙项3 200 m^3，清单报价甲项综合单价为180元/m^3，乙项综合单价为160元/m^3。当某一分项工程实际工程量比清单工程量增加(或减少)10%以上时，应进行调价，调价系数为0.9(1.08)。

(2)措施项目清单中含有5个项目，总费用18万元。其中，甲分项工程模板及其支撑措施费2万元、乙分项工程模板及其支撑措施费3万元，结算时，该两项费用按相应分项工程量变化比例调整；大型机械设备进出场及安拆费6万元，结算时，该项费用不做调整；安全文明施工费为分部分项合价及模板措施费、大型机械设备进出场及安拆费各项合计的2%，结算时，该项费用随取费基数变化而调整；其余措施费用，结算时不调整。

(3)其他项目清单中仅含专业工程暂估价一项，费用为20万元。实际施工时经核定确认的费用为17万元。

(4)施工过程中发生计日工费用2.6万元。

(5)规费综合费率6.86%，税金3.41%。

有关付款条款如下：

(1)材料预付款为分项工程合同价的20%，于开工之日10天之前支付，在最后两个月平均扣除；

(2)措施项目费于开工前和开工后第2个月末分两次平均支付；

(3)专业工程费用、计日工费用、措施项目费用在最后1个月按实结算；

(4)发包人按每次承包人已完工程款的90%支付；

(5)工程竣工验收通过后进行结算，并按实际总造价的5%扣留工程质量保证金。

承包人每月实际完成并经签证确认的工程量见表2-18。

表 2-18　每月实际完成工程量表　　万元

月份分项工程	1	2	3	4	累计
甲	500	800	800	600	2 700
乙	700	900	800	400	2 800

问题：

1. 该工程预计合同总价为多少？材料预付款是多少？首次支付措施项目费是多少？

2. 每月分项工程量价款是多少？承包人每月应得工程款是多少？

3. 分项工程量总价款是多少？竣工结算前，承包人累计应得工程款是多少？

4. 实际工程总造价是多少？竣工结算款为多少？

评价表

序号	具体指标	分值	自评	小组互评	教师评价	小计
1	掌握工程进度款的计量与支付	20				
2	掌握工程计量的方法	20				
3	掌握预付款的计算、支付与扣回	20				
4	掌握工程价款的调整	20				
5	能够讲述工作成果	20				
		100				

3　工程变更与工程索赔

内容提要

工程变更是指在合同实施过程中，当合同状态改变时，为保证工程顺利实施所采取的对原合同文件的修改与补充的一种措施。工程索赔是在工程承包合同履行中，当事人一方由于另一方未履行合同所规定的义务或者出现了应当由对方承担的风险而遭受损失时，向另一方提出赔偿要求的行为。本部分对工程变更的含义、产生的原因及工程变更的处理程序；设计变更的含义及内容；工程签证的含义及内容；工程签证方法；工程索赔的概念；工程索赔处理的程序及索赔报告等知识作了适当的介绍；对工程索赔的计算进行了讲解。

知识目标

1. 理解工程变更的含义，熟悉工程变更的处理程序。
2. 掌握工程签证的方法。
3. 掌握工程量、材料价格及综合单价签证。
4. 掌握工程索赔处理程序。
5. 熟悉索赔费用的计算。

能力目标

1. 能够运用工程变更处理程序，解决工程变更中的具体问题。
2. 能计算索赔费用及工期索赔，编制索赔报告。

学习建议

1. 由于我国地域广阔，各地方行政管理部门出台的规范、规章会有些差异。学习过程中，应考虑在不同地方规章制度的使用。

2. 养成对合同状态，如工程范围、合同价款、工期、质量、施工环境等，进行及时跟踪的习惯。

3. 对索赔计算的掌握尽可能通过实际工程项目来完成。

4. 阅读相应的地方或国家规章制度等。

3.1　工程变更

工程项目的复杂性决定发包人在招投标阶段所确定的方案往往存在某方面的不足。随着工程的进展和对工程本身认识的加深，以及其他外部因素的影响，常常在工程施工过程中需要对工程的范围、技术要求等进行修改，形成工程变更。到目前为止，工程变更并没有统一的定义。一般认为，工程变更是指在合同实施过程中，当合同状态改变时为保证工程顺利实施所采取的对原合同文件的修改与补充的一种措施。而合同状态就是合同签订时所受到的客观约束与主观愿望，例如，工程范围、合同价款、工期、质量、施工环境、政治经济背景等。工程变更包括工程量变更、工程项目的变更(如发包人提出增加或者删减原项目内容)、进度计划的变更、施工条件的变更等。

3.1.1 工程变更的含义

在工程项目建设过程中，由于建设周期较长、涉及的经济关系和法律关系复杂、受自然条件和客观因素的影响大，因此，会导致工程项目的实际情况与招标投标时的情况出现一些变化，这些变化包括设计图纸变化、分部分项工程项目内容或工程量变化、计划施工进度变化、使用材料变化、施工条件变化等，把这些变化统称为工程变更，相应地这些工程变更包括设计变更、工程量变更、计划施工进度变更、材料变更、施工条件变更以及原招标文件工程量清单中未包括的新增“工作项目”等。

工程变更是指在合同实施过程中，当合同状态改变时，为保证工程顺利实施所采取的对原合同文件的修改与补充的一种措施。工程变更是合同标的物的变化，这就导致了发包人和承包人之间权利与义务指向的变化。

3.1.2 工程变更产生的原因

建设项目由于现场施工环境发生了变化；发包人对项目提出新的要求；由于设计上的错误，必须对图纸做出修改；由于使用新技术有必要改变原设计；由于招标文件和工程量清单不准确引起工程量增减；发生不可预见的事件，引起停工和工期拖延都会发生工程变更。

工程变更产生的原因分为设计原因、发包人原因、承包人原因和客观原因共四部分。

1. 设计原因

设计原因造成的设计变更也是多种多样，主要有：设计方案不合理；设计不符合有关标准规定；设计遗漏、计算及绘图错误；各专业配合失误。其中，前两项属严重或较严重的设计质量问题。随着各设计院 ISO 9000 标准质量体系认证工作的推广，设计方案不合理、设计不符合有关标准规定的问题明显减少。问题多为设计遗漏、计算及绘图错误、各专业配合失误等设计错误。

2. 发包人原因

一般的项目建设周期都比较长，在施工过程中，发包人的意愿和观点难免会发生一些变化，其要求也发生了变化。有些要求是符合实际的，有些要求不符合实际，有些则属于改不改都可以。但一般情况下，承包人多服从于发包人而做出变更。一般表现在以下几个方面。

(1)发包人指示加速施工。发包人出于自身利益的考虑可能会指示承包人加速施工以提前竣工，对于提前竣工一般签订另外的协议，对承包人进行奖励。

(2)发包人要求改变工作范围。发包人出于对功能及美观的新要求，指示变更。这在我国的工程中很普遍的，例如，改变门窗的位置、更换装修材料等。发包人要求的变更绝大多数属于这种情况。

(3)发包人要求工程质量的等级提高。

(4)发包人的失误。发包人的失误也包括了监理人的失误。发包人的失误有很多种，例如，对已检验部位的重新开孔，却又发现不是承包人责任。发包人供应材料影响施工进度或导致材料代换等。

3. 承包人原因

(1)承包人的失误。主要有以下几种情况：承包人对图纸理解不够；施工顺序不合理；由于施工能力等原因而造成施工方式的改变。对于第一种情况，在尚未施工前做出的变更是对原设计进行解释；对于第二种及第三种情况，如已经施工既成事实，且返工比较困难，常需要对原设计进行改动。

(2)承包人提出的合理化建议并经发包人认可的工程变更。

4. 客观原因

(1)相异的现场条件。由于实际的现场条件不同于招标书描述的条件或合同谈判、签订时的现场条件，因此为了使工程顺利进行，可能要求承包人增加一些必要的工作来实现合同规定的条件，增加的工作必须通过变更令的形式实施。对这种相异的现场条件以指令的形式进行调整时，调整的活动被认为是工程变更。我国《建设工程施工合同(示范文本)》提到的文物、地下障碍物等，属于现场条件的变异。

(2)施工技术规范标准的变化。由于技术标准的改变和施工、设计法规的改变所引起的设计和施工修改。

3.1.3 工程变更的内容和控制

1. 工程变更的内容

(1)建筑物功能未满足使用上的要求引起工程变更。例如，某工厂的生产车间为多层框架结构，因工艺调整需增加一台进口设备，在对原设计荷载进行验算后，发现现有的设计荷载不能满足要求，需要加固，对设备所处部位如基础、柱、梁、板提供了新的变更施工图。

(2)设计规范修改引起的工程变更。一般来讲，设计规范相对成熟，但在某些特殊情况下，需做某种调整或禁止使用。例如，碎石桩基础作为地基处理的一种措施，在大多数地区是行之有效的，并得到了大量推广应用，但由于个别地区地质不符合设计或采用碎石桩的要求，同时地下水的过量开采，地下暗浜、流沙等发生的情况频繁，不易控制房屋的沉降，因而受到禁止，原设计图不得不进行更改。

(3)采用复用图或标准图的工程变更。某些设计人和发包人(如房地产开发商)为节省时间，复用其他工程的图纸或采用标准图集施工。这些复用图或标准图在过去使用时，已做过某些设计变更，或虽未做变更，也仅适用原来所建设实施的项目，并不完全适用现时的项目。由于不加分析地全部套用，在施工时不得不进行设计修改，从而引起变更。

(4)技术交底会上的工程变更。在发包人组织的技术交底会上，经承包人或发包人技术人员审研的施工图，发现的诸如轴线、标高、位置和尺寸、节点处理、建筑图与结构图互相矛盾等，提出的意见而产生的设计变更。

(5)施工中遇到需要处理的问题引起的工程变更。承包人在施工过程中，遇到一些原设计未考虑到的具体情况，需进行处理，因而发生的工程变更。例如，挖沟槽时遇到古河道、古墓或文物，经设计人、发包人和承包人研究，认为必须采用换土、局部增加垫层厚度或增设基础梁等办法进行处理造成的设计变更。

(6)发包人提出的工程变更。工程开工后，发包人由于某种需要，提出要求改变某种施工方法，如要求设计人按逆作施工法进行设计调整，或增加、减少工程项目，或缩短施工工期等。

(7)承包人提出的工程变更。这是指施工中由于进度或施工方面的原因，例如，某种建筑材料一时供应不上，或无法采购，或施工条件不便，承包人认为需要改用其他材料代替，或者需要改变某些工程项目的具体设计等，因而引起的设计变更。

可引起工程变更的原因很多，如合理化建议，工程施工过程中发包人与承包人的各种洽商都可能是工程变更的内容或会引起工程的变更。

2. 工程变更的控制

由于工程变更会增加或减少某些工程细目或工程量，引起工程价格的变化，影响工期，甚至影响质量，又会增加无效的重复劳动，造成不必要的各种损失，因而设计人、发包人、承包人都有责任严格控制，尽量减少变更，为此可从多方面进行控制。

(1)不提高建设标准。主要是指不改变主要设备和建筑结构，不扩大建筑面积，不提高建筑标准，不增加某些不必要的工程内容，更应该防止“钓鱼”工程现象和利用工程建设之便，追求豪华、奢侈，满足少数人的需要，避免结算超预算、预算超概算、概算超估算三超现象发生。如确属必要，应严格按照审查程序，经原批准机关同意方可办理。

(2)不影响建设工期。有些工程变更，由于提出的时间较晚，又缺乏必要的准备，诸如某些必需材料的准备、施工设备的调遣、人员的组织等，可能影响工期，忙中添乱，应该加以避免。承包人在施工过程中所遇到的困难，提出工程变更，一般也不应影响工程的交工日期，增加费用。

(3)不扩大范围。工程设计变更应该有一个控制范围，不属于工程设计变更的内容，不应列入设计变更。例如，设计时在满足设计规范和施工验收规范的条件下，在施工图中说明钢筋搭接的方法、搭接倍数、钢筋定尺长度，这样，可以避免因设计不明确而可能提出采用钢筋锥螺纹、冷压套管、电渣压力焊等方法，引起设计变更，增加费用。即使由于材料供应上的原因，不能满足钢筋的定尺长度规定，也可由承包人在技术交底会上提出建议，由发包人或设计人作为一般性的签证，适当微调，而不必作为设计变更，从而引起大的价格变化。

(4)建立工程变更的相关制度。工程发生变化，除了某些不可预测无法事先考虑到的客观因素之外，其主要原因是规划欠妥、勘察不明、设计不周、工作疏忽等主观原因引起，从而发生扩大面积，或提高标准，或增加不必要的工程内容等不良后果。要避免因客观原因造成的工程变更，就要提高工程的科学预测，保证预测的准确性；要避免因主观原因造成的工程变更，就要建立工程变更的相关制度。首先，要建立项目法人制度，由项目法人对工程的投资负责；其次，规划要完善，尽可能树立超前意识；还要强化勘察、设计制度，落实勘察、设计责任制，要有专人负责把关，认真进行审核，谁出事，谁负责，建立勘察、设计内部赔偿制度；更要加强工作人员的责任心，增强职业道德观念。在措施方面，既要有经济措施，又要有行政措施，还要有法律措施。只有建立完善的工程变更相关制度，才能有效地把工程变更控制在合理的范围之内。

(5)要有严格的程序。工程设计变更，特别是超过原设计标准和规模时，须经原设计审查部门批准取得相应追加投资和有关材料指标。对于其他工程变更，要有规范的文件形式和流转程序。设计变更的文件形式，可以是设计单位做出的设计变更单，其他工程变更应是根据洽商结果写成的洽商记录。变更后的施工图、设计变更通知单和洽商记录同时应经过三方或双方签证认可方可生效。

(6)明确合同责任。合同责任主要是民事经济事件，责任方应向相对方承担民事经济责任，因工程勘察、设计、监理、施工等原因造成的工程变更从而导致非正常的经济支出和损失时，按其所应承担的责任进行经济赔偿或补偿。

3.1.4 工程变更的处理程序

当前，由于现场施工管理制度存在差异，对工程变更的处理程序也不完全相同，但参照《建设工程施工合同(示范文本)》变更程序规定，工程变更大致可以按以下程序进行。

(1)发包人提出变更。发包人提出变更的，应通过监理人向承包人发出变更指示，变更指示应说明计划变更的工程范围和变更的内容。

(2)监理人提出变更建议。监理人提出变更建议的，需要向发包人以书面形式提出变更计划，说明计划变更工程范围和变更的内容、理由，以及实施该变更对合同价格和工期的影响。发包人同意变更的，由监理人向承包人发出变更指示；发包人不同意变更的，监理人无权擅自发出变更指示。

(3)变更执行。承包人收到监理人下达的变更指示后，认为不能执行，应立即提出不能执行该变更指示的理由；承包人认为可以执行变更的，应当书面说明实施该变更指示对合同价格和工期的影响，且合同当事人应当按照变更估价约定确定变更估价。

知识拓展

处理工程变更应注意的问题

(1)甄别设计变更和工程签证，明确责任方相关责任。设计变更与工程签证通常都会造成工程造价的增加，而从设计变更和工程签证的定义可以看出，引起两者产生的原因不同，因此通过对产生原因进行分析，可以明确工程造价增加责任方责任。

1)由于设计单位的错误或缺陷造成设计变更费用以及承包人采取的补救措施，如返修、加固、拆除等费用，应由设计单位承担。

2)由于监理单位的失职或错误指挥造成的工程变更费用，应由监理单位承担。

3)由于设备、材料供应商供应的材料质量不合格造成的工程变更费用增加，应由设备及材料供应单位承担。

4)由于承包人的施工方法不当或施工错误造成的工程变更费用，由承包人承担。

5)由于建设单位原因(如建设意图更改造成设计图纸变化)造成的工程变更费用，由建设单位承担。

(2)承包人不能擅自做主进行工程变更。对任何工程问题，承包人不能自作主张进行工程变更。如果施工中出现了工程变更的状况，承包人应告知监理单位和建设单位，并通过工程变更程序予以办理工程变更手续；否则，承包人不仅得不到应有的费用补偿，还会带来很多不必要的麻烦。

(3)设计变更发生后，应注意以下三点：

1)应判断需要变更的部位是尚未施工、部分施工还是施工完毕，若在设计变更发生在施工后，则应注意涉及按原图施工部位的拆除费用；若设计变更发生在施工前，则应注意要扣除变更前该部位工程内容的原施工费用。

2)若发生对已施工完毕部分的拆除，则已拆除的材料、设备或已加工好但尚未安装的成品、半成品均由监理人员负责组织建设单位回收。

3)调减或取消项目也要签署设计变更单，以便在结算时扣除。

(4)对工程签证的签发要严格把关。凡涉及经济费用支出的停工、窝工、零星用工签证、机械台班签证等，应由现场承包人、监理单位、建设单位及相关单位代表共同确认并签字后，才能以工程签证单形式予以签发。

(5)应在工程施工合同中约定的相关事项，则不能以工程签证形式出现。例如，人工浮动工资、议价项目、材料价格，合同中没有约定的，应由各单位合同管理人员以补充协议的形式约定。

(6)应在施工组织设计中审批的相关事项，不能作为工程签证处理。例如，临时宿舍的布局、塔式起重机台数、挖土方式、钢筋搭接方式等。因此，要求监理单位、建设单位应在施工前，对施工组织设计要严格进行审查。

3.1.5 工程变更的两种表现形式

结合当前工程现场的实际施工情况及工程变更产生的原因，工程变更可表现为两种形式，即设计变更和工程签证。

3.2 设计变更

3.2.1 设计变更的含义

设计变更是指在工程施工前或施工过程中，由于原设计图纸有错误，现场施工环境受到局限，设计图纸中标示的材料规格(或品种、质量)使用受到限制等因素，致使预计和已完成的现场施工结果不能达到设计要求，或因建设单位对原工程的使用功能等相关指标进行了调整，以及工程建设参建各方提出的合理化建议等，基于上述原因，设计单位对原设计图纸进行修改，称为设计变更。

通常情况下，设计图纸由审图单位审查后，任何单位及个人不得随意更改。因此，在设计变更发生之前，工程建设参建各方必须经过深入的调查研究并充分论证。设计变更可由设计单位、承包人、监理单位、建设单位提出，经批准并由原设计单位出具设计变更单后方可交由承包人具体实施。

设计变更是工程施工过程中保证设计和施工质量，完善工程设计。设计变更是指设计单位对原施工图纸和设计文件中所表达的设计标准状态的改变和修改。由此可见，设计变更仅包含由于设计工作本身的漏项、错误等原因而修改、补充原设计的技术资料。设计变更费用一般应控制在建安工程总造价的5%以内，由设计变更产生的新增投资不得超过基本预备费的1/3。纠正设计错误以及满足现场条件变化而进行的设计修改工作。一般包括由原设计单位出具的设计变更通知单和由承包人征得由原设计单位同意的设计变更联络单两种。

(1)在建设单位组织的有设计单位和施工企业参加的设计交底会上，经施工企业和建设单位提出，各方研究同意而改变施工图的做法，都属于设计变更，为此而增加新的图纸或设计变更说明都由设计单位或建设单位负责。

(2)施工企业在施工过程中，遇到一些原设计未预料到的具体情况，需要进行处理，因而发生的设计变更。如工程的管道安装过程中遇到原设计未考虑到的设备和管墩、在原设计标高处无安装位置等，需改变原设计管道的走向或标高，经设计单位和建设单位同意，办理设计变更或设计变更联络单。这类设计变更应注明工程项目、位置、变更的原因、做法、规格和数量，以及变更后的施工图，经双方签字确认后即为设计变更。

(3)工程开工后，由于某些方面的需要，建设单位提出要求改变某些施工方法，或增减某些具体工程项目等，如在一些工程中由于建设单位要求增加的管线，再征得设计单位的同意后提出设计变更。

(4)施工企业在施工过程中，由于施工方面、资源市场的原因，如材料供应或者施工条件不成熟，认为需改用其他材料代替，或者需要改变某些工程项目的具体设计等引起的设计变更，经双方或三方签字同意可作为设计变更。

3.2.2　设计变更的内容

(1)在开工前由建设单位组织的施工图纸会审中，经承包人、监理单位、建设单位等提出的对原图纸合理修改意见，经各方面研究后并经设计单位同意后，属于设计变更。

(2)在施工过程中，设计单位对原设计图纸中的错误、漏项及对原设计的优化等，属于设计变更。

(3)在施工过程中，承包人遇到了一些原设计未预料到的具体情况，需要进行变更处理，因而发生设计图纸的修改，属于设计变更。例如，对地质勘探单位未勘查到的地下防空洞进行地基处理带来原设计基础参数的变化，或由于材料供应或施工条件不成熟需要改用其他材料代替等。

(4)在施工过程中，建设单位对建设规模、功能指标、房间平面布局、建筑物外立面效果，主要材料和设备的更换以及对一些分部分项工程内容的增减等，属于设计变更。

(5)在施工前和施工过程中，建设单位、监理单位、承包人及其他参建单位为了减少投资，缩短工期，确保施工质量和施工安全，更好地推进工程项目建设，对原有设计图纸提出的合理化修改意见，属于设计变更。

另外，在设计单位出具设计变更单时，要特别注意各设计专业人员应相互配合，并应同时出具设计变更单。因为某一个专业的变更常常会引起其他专业的变更。例如，对房间墙体位置发生变更时，墙体上原有的电气预埋管线位置也会发生随之变化，此时就需要建筑专业和电气专业的设计人员相互沟通，并同时出具设计变更单。

3.2.3　设计变更的签发原则

设计变更无论由哪一方提出，均应由建设单位、设计单位、承包人协商，经确认后由设计部门发出相应图纸或说明，并办理签发手续，下发到有关部门付诸实施。

(1)签发原则。

1)确属原设计不能保证质量、设计遗漏和错误以及与现场不符无法施工非改不可的，应按设计变更程序进行。

2)一般情况下，即使变更要求可能在技术经济上是合理的，也应全面考虑，将变更以后产生的效益与现场变更引起承包人的索赔所产生的损失加以比较，权衡轻重后再作决定。

3)工程变更引起的造价增减幅度是否控制在预算范围之内，若确需变更而有可能超预算时，更要慎重。

4)施工中发生的材料代用应办理材料代用单，要坚决杜绝内容不明确、没有详图或具体使用部位，而只是纯材料用量的变更。

5)设计变更要尽量提前，最好在开工之前就发现。为了更好地指导施工，在开工前组织图纸会审，尽量减少设计变更的发生。确需在施工中发生变更的，也要在施工之前变更，防止拆除造成的浪费，也避免索赔事件的发生。

6)设计变更应记录详细，简要说明变更产生的原因、背景、变更产生的时间，参与人、工程部位、提出单位都应记录。

(2)设计变更的实施与费用结算。设计变更实施后，应注意以下几点：

1)本变更是否已全部实施。若在设计图已实施后才发生变更，则应注意因牵扯到按原图施工的人工费、材料费及拆除费。若原设计图没有实施，则要扣除变更前部分内容的费用。

2)若发生拆除，已拆除的材料、设备或已加工好但未安装的成品、半成品均由监理人员负责组织建设单位回收。

3)调减或取消项目也要签署设计变更，以便在结算时扣除。

(3)分析设计变更，追究责任方的责任。

1)若由于设计部门的错误或缺陷造成的变更费用以及采取的补救措施，如返修、加固、拆除等费用，由造价工程师协同发包人与设计单位协商是否索赔。

2)若由于监理单位的失职或错误指挥造成设计变更应由监理单位承担一定费用。

3)由于设备、材料供应单位供应的材料质量不合格造成的费用应由设备供应单位负责。

4)由于承包人的原因、施工不当或施工错误，此变更费用不予处理，由承包人自负，若对工期、质量、造价造成影响的，还应进行反索赔。

3.3 工程签证

建设工程项目一般投资大，建设周期长，不确定因素较多，在施工周期内材料设备价格变化较快，施工合同不可能对未来整个施工周期内可能发生的情况都做出预见和约定，施工图预算也不可能对整个施工期发生的费用都做出详尽的预测，而且在实际施工过程中，主客观条件的变化又会给整个施工过程带来许多不确定因素。因此，在整个施工过程中，都难免会发生工程签证。然而，工程签证的涉及面广，人为因素多，管理比较困难，可能引起的争议也大，直接影响工程造价的确定与控制。

3.3.1 工程签证的基本知识

工程签证目前被发包人和承包人广泛地运用，在工程索赔与工程签证交融的新时期，人们更多的选择还是工程签证。工程签证是造价工程师遇到的数量最多的工程造价文件。大部分现有的工程签证单都比较简洁，具有上百份工程签证单的工程比比皆是。业务联系单、技术核定单、工程签证单，甚至设计修改通知等，都被俗称为工程签证。

1. 工程签证的概念

工程签证是指承发包双方就施工过程中涉及的责任事件所做的签认证明，是按合同约定对支付各种费用、顺延工期、赔偿损失所达成的双方意思表示一致的补充协议，互相书面确认的签证即成为工程结算或最终结算增减工程造价的凭据。

在施工过程中，就施工图纸、设计变更、工程量清单所确定工作内容以外的责任事件所做的签认证明，都可以称为工程签证。工程签证单可以对施工中出现的进度计划更改、施工条件变化、技术规范变化以及施工管理中发生的零星事件等事项予以确认。例如，地下障碍的清除迁移、临时用工、各种技术措施处理、施工过程中出现的奖励和惩罚问题、建设单位委托承包人的零星工程(在施工合同之外)以及因设计变更导致已施工部位的拆除等。

2. 工程签证的内容

(1)由于建设单位原因，未按合同规定的时间和要求提供施工场地、甲供材料和设备等造成承包人停工、窝工损失，属于工程签证。

(2)由于建设单位原因(如停水、停电)造成工程中途停建、缓建或由于设计变更以及设计错误等造成承包人停工、窝工、返工而发生损失，属于工程签证。

(3)施工过程中出现的未包含在合同中的各种技术处理措施。例如，遇到在施工过程中由于工作面过于狭小、施工作业超过一定高度，造成需要使用大型机具方可保证工程的顺利进行，造成承包人额外增加施工费用，属于工程签证。

(4)因设计变更导致已施工的部位需要拆除的，属于工程签证。

(5)在施工过程中，由于施工自然条件发生变化，例如，地下状况(土质、地下水、构筑物及管线等)变化造成的地基处理的额外费用等，属于工程签证。

(6)发包单位在施工合同之外，委托给承包人施工的零星工程，属于工程签证。

3.3.2 工程签证的分类

从签证的表现形式来划分，施工过程中发生的签证主要有设计修改变更通知、现场经济签证和工程联系单三类。这三类签证的内容，出具人和使用人都不相同，其所起的作用和目的也不同，而在结算时的可信度更不同。一般不允许直接签出金额(这是审价人员最忌讳的)，因为金额是由审价人员或监理工程师或造价工程师按照签证或洽商计算得来的。

1. 设计修改变更通知单

设计修改变更通知单是由原设计单位出具的针对原设计所进行的修改和变更，一项工程的施工图犹如设计人员的一部作品，由于受各种条件、因素的限制，往往会存在某些不足，这就要在施工过程中加以修改、完善，所以要下发设计变更通知单。但一般要求设计变更不可以对规模(如建筑面积、生产能力等)、结构(如砖混结构改框架结构等)、标准(如提高装修标准、降低或提高抗震、防洪标准等)做出修改和变更，否则要重新进入设计审查程序。同时，作为对设计质量的考核，对设计变更单一般设计单位会十分谨慎或尽量不出具。原因是从工程实践来分析，一般发包人会要求如果设计修改和变更而引起的造价达到或超过该项概算金额的一定百分比(如 50%)，将按其每超 $X\%$ 抵扣相应金额 $X\%$ 的设计费。从造价中介机构的角度来分析，往往审价时对设计修改变更通知单最为信任。另外，有些管理较严格的公司，要求设计变更同时也要重新办理签证，设计变更不能直接作为费用结算的依据，当合同有此规定时应从合同规定。设计变更通知单参考格式见表 3-1。

表 3-1　设计变更通知单

<table>
<tr><td>设计单位</td><td></td><td>设计编号</td><td></td></tr>
<tr><td>工程名称</td><td colspan="3"></td></tr>
<tr><td colspan="4">内容：</td></tr>
<tr><td>设计单位(公章)：
代表：</td><td>发包人(公章)：
代表：</td><td>监理单位(公章)：
代表：</td><td>承包人(公章)：
代表：</td></tr>
</table>

2. 工程联系单

工程联系单发包人、承包人、监理方都可以使用，作为工程参与各方联系工作事宜使用，较其他指令形式缓和，其易于被对方接受。常见的有设计联系单和工程联系单两种。

(1)设计联系单。主要指设计变更、技术修改等内容。设计联系单需经发包人审阅后再下发承包人、监理方。其传递流程是：设计院→发包人→监理单位→承包人。

(2)工程联系单。一般是在施工过程中由发包人提出的，也可由承包人提出，主要指尢价材料、土方、计日工签证等内容。主要是解决因发包人提出的一些需要更改或变化的事项。工程联系单的签发要慎重把握，应按发包人内控程序逐级请示领导。其传递流程有两种：

1)发包人→监理单位→承包人；

2)承包人→监理单位→发包人→承包人。

联系单的签发和管理要做到规范化，发包人联系单应统一基本格式并编号，做好部门会签，需回复的按合同规定时间及时回复；承包人联系单应及时提交发包人、监理方，未按时提交的不再认可，承包人联系单应按工种进行编号，发包人、监理方各留档一份；联系单的签发经办人要签名并注明日期。工程联系单参考格式见表 3-2。

表 3-2　工程联系单

<table>
<tr><td>工程名称</td><td colspan="2"></td><td colspan="2">承包人</td><td></td></tr>
<tr><td>主送单位</td><td colspan="2"></td><td colspan="2">联系单编号</td><td></td></tr>
<tr><td>事由</td><td colspan="2"></td><td colspan="2">日期</td><td></td></tr>
<tr><td colspan="6">内容：</td></tr>
<tr><td colspan="2">发包人：

年　月　日</td><td colspan="2">承包人：

年　月　日</td><td colspan="2">监理单位：

年　月　日</td></tr>
</table>

3. 现场签证

(1)现场签证的概念。在建筑工程实施过程中，由于在前期签订合同时，是假想在没有任何其他意外情况下顺利完成工程的。但是由于各种原因，例如，基础工程由于遇到流沙现象，或者墓穴等，地基不能满足设计承载力的要求，就需要改变施工方案，相应地需要做一个现场签证，并经过监理和建设单位签字盖章，这就成了承包合同的一部分。还有其他不可抗拒的因素，也要签证，例如，计划工期是一个月，但是由于从开工开始出现十天的雨天，无法正常施工，这就需要进行签证申请工期顺延。

现场签证可分为以下几类。

1)工程经济签证：是指在施工过程中由于场地、环境、发包人要求、合同缺陷、违约、设计变更或施工图错误等，造成发包人或承包人经济损失方面的签证。经济签证涉及面广，项目繁多复杂，应严格控制签证范围和内容，把握好有关定额、文件规定。

2)工程技术签证：主要是施工组织设计方案、技术措施的临时修改，涉及的价款数额较大。一般应组织论证，重大变化应征得设计人员同意，做到安全、经济、适用。

3)工程工期签证：主要是在实施过程中因主要材料、设备进退场时间及发包人等原因造成的延期开工、暂停开工，工期延误的签证。招标文件中一般约定了工期罚则，在工期提前奖、工期延误罚款的计算时，工期签证发挥着重要作用。

4)工程隐蔽签证：是指施工过程中对以后工程结算影响较大，资料缺失将无法补救，难以结算。主要有基坑验槽记录、软地基处理、钢筋隐蔽验收等。

现场签证以书面形式记录了施工现场发生的特殊费用，直接关系到投资人与承包人的切身利益。特别是对一些投标报价包干的工程，结算时更是只对设计变更和现场签证进行调整。现场签证的范围一般包括以下几项：

1)适用于施工合同范围以外零星工程的确认。

2)在工程施工过程中发生变更后需要现场确认的工程量。

3)非承包人原因导致的人工、设备窝工及有关损失。

4)符合施工合同规定的非承包人原因引起的工程量或费用增减。

5)确认修改施工方案引起的工程量或费用增减。

6)工程变更导致的工程施工措施费增减等。

(2)现场签证的程序。承包人应在发包人要求完成合同以外的零星工作或非承包人责任事件发生时，承包人应按合同约定及时向发包人提出现场签证。当合同对现场签证未作具体约定时，按照《建设工程价款结算暂行办法》的规定处理。

1)承包人应在接受发包人要求的7天内向发包人提出签证，发包人签证后施工。若没有相应的计日工单价，签证中还应包括用工数量和单价、机械台班数量和单价、使用材料品种及数量和单价等。若发包人未签证同意，承包人施工后发生争议的，责任由承包人自负。

2)发包人应在收到承包人的签证报告48小时内给予确认或提出修改意见，否则视为该签证报告已经认可。

3)发包人及承包人确认的现场签证费用与工程进度款同期支付。

(3)现场签证费用的计算。现场签证费用的计价方式包括以下两种。

第一种是完成合同以外的零星工作时，按计日工单价计算。此时，提交现场签证费用申请时，应包括下列证明材料：

1)工作名称、内容和数量。

2)投入该工作所有人员的姓名、工种、级别和耗用工时。

3)投入该工作的材料类别和数量。

4)投入该工作的施工设备型号、台数和耗用台时。

5)监理人要求提交的其他资料和凭证。

第二种是完成其他非承包人责任引起的事件，应按合同中的约定计算。

(4)工程变更与现场签证的区别。工程变更与现场签证的区别见表3-3。

表 3-3　工程变更与现场签证的区别

类目	工程变更	现场签证
适用范围	更改工程有关部分的标高、基线、位置和尺寸；增减合同中约定的工程量；取消合同中约定的工程内容；改变工程质量、性质或工程类型；改变有关工程的施工时间和顺序；其他有关工程变更需要的附加工作。	施工企业就施工图纸、工程变更所确定的工程内容外，施工图预算或预算定额取费中未含有而施工中又实际发生费用的施工内容
性质	以设计变更、技术变更为主	以返修加固、施工中途修改或增减的工程量为主
特点	工程变更数量相对现场签证较少。有规定的审批程序，手续较复杂	临时发生，具体内容不同，没有规律性。手续简单，无正式程序
提出者	提出工程变更的各方当事人包括发包人、设计单位、施工单位、监理工程师以及工程相邻地段的第三方等提出的变更	一般由施工单位提出
变更程序	《建设工程施工合同(示范文本)》规定：设计变更一般由发包人提出，向承包人发出变更通知。变更超过原设计标准或建设规模，须经原规划管理部门和其他有关部门审查批准，并由原设计单位提供变更的相应图纸和说明。承包人提出设计变更必须经工程师同意。其他变更应由一方提出，与对方协商一致签署补充协议后，方可进行变更	施工单位报审，现场监理和发包人签发，不需要规划管理部门和其他有关部门审查批准
费用处理	按工程变更处理，计入追加合同价款，与工程进度款同期支付，最后从“暂列金额”项目中开支	所发生的费用按发生原因处理，计入现场签证费用，从“暂列金额”开支，与工程进度款同期支付

(5)现场签证的使用原则。现场签证是由承包人提出的，针对在施工过程中，现场出现的问题和原施工内容、方法有出入的，以及额外的零工或材料二次倒运等，经发包人(或监理)、设计单位同意后作为调价依据。工程量清单计价的现场签证是指非工程量清单项目的用工、材料、机械台班、零星工程等数量及金额的签证。定额计价的现场签证是指预算定额(或估价表)、费用定额项目内不包括的及规定可以另行计算(或按实计算)的项目和费用的签证。现场签证单格式详见表 3-4。

表 3-4　现场签证单格式

类　型	原　因	上报签证单	
		正文签字栏	后附资料
新增工程量	设计错漏、设计优化	施工、监理、发包人	设计变更、现场签证资料
	地质变化	施工、监理、地质、发包人	四方现场签证资料、照片
	冬、雨期施工	施工、监理、发包人	相关材料的发票
	合同补充内容	施工、监理、发包人	现场签证资料、相关合同文件

续表

类　型	原　因	上报签证单	
		正文签字栏	后附资料
超挖	地质变化	施工、监理、地质、发包人	四方现场签证资料、照片
停窝工	设计图纸不到位	施工、监理、发包人	相关机械和人员统计表，具体时间
	地质变化	施工、监理、地质、发包人	
	停电	施工、监理、发包人	
	不可抗力、恶劣天气	施工、监理、发包人	
	群众阻挡	施工、监理、发包人	
临工	发包人要求	施工、监理、发包人	按计日工

现场签证应由甲乙双方现场代表及工程监理人员签字(盖章)的书面材料为有效签证。凡由甲乙双方授权的现场代表及工程监理人员签字(盖章)的现场签证(规定允许的签证)，应在工程竣工结算中如实办理，不得因甲乙双方现场代表及工程监理人员的中途变更而改变其有效性。施工现场签证单参考格式见表3-5、表3-6。

表3-5　施工现场签证单(格式1)

承包人：

单位工程名称		发包人名称	
分部分项名称			
内容： 承包人负责人：　　　　　　　　　年　月　日			
发包人意见： 发包人负责人：　　　　　　　　　年　月　日			

表 3-6　施工现场签证单(格式 2)

工程名称：　　　　　　　　　　　　　　标段：　　　　　　　　　　　　　　编号

<table>
<tr><td>施工部位</td><td></td><td>日期</td><td></td></tr>
<tr><td colspan="4">致：
根据（指令人姓名）____年____月____日的口头指令或你方____（或监理人）____年____月____日的书面通知，我方要求完成此项工作应支付价款金额为(大写)____元，(小写)____，请予核准。
附：1. 签证事由及原因：
2. 附图及计算式：

承包人(章)
造价人员__________　　承包人代表__________　　日　　期__________</td></tr>
<tr><td colspan="2">复核意见：
你方提出的此项签证申请经复核：
□不同意此项签证，具体意见见附件。
□同意此项签证，签证金额的计算，由造价工程师复核。

监理工程师__________
日　　期__________</td><td colspan="2">复核意见：
□此项签证按承包人中标的计日工单价计算，金额为(大写)______元，(小写)______元。
□此项签证因无计日工单价，金额为(大写)______元，(小写)______元。

造价工程师__________
日　　期__________</td></tr>
<tr><td colspan="4">审核意见：
□不同意此项签证。
□同意此项签证，价款与本期进度款同期支付。

发包人(章)
发包人代表__________
日　　期__________</td></tr>
<tr><td colspan="4">注：《清单计价规范》格式。</td></tr>
</table>

材料价格签证单参考格式见表 3-7。

表 3-7 材料价格签证单

工程名称：

序号	材料名称	部位	规格	数量	单位	购买日期	购买申报价	签证价格
承包人意见			监理单位意见			发包人意见		
签字(盖章) 日期			签字(盖章) 日期			签字(盖章) 日期		

现场签证应当准确，避免失真、失实，在审核工程结算时，经常会发现现场签证不规范的现象，不应签的内容盲目签证，有些承包人正是利用了发包人管理人员不了解工程结算方面的知识来达到虚报、多报工程量而增加造价的目的。在工程建设过程中，设计图纸以及施工图预算中未包含而施工现场又实际发生施工内容的情况很多。对于这些因素所发生的费用，称为“现场签证”费用。在签证过程中要坚持以下原则。

1)准确计算。工程量签证要尽可能做到详细，准确计算工程量，凡是可明确计算工程量套综合单价(或定额基价)的内容，一般只能签工程量而不能签人工工日和机械台班数量。签证必须达到量化要求，工程签证单上的每一个字、每一个字母都必须清晰。

【例 3-1】 某工程，屋面保温层签证是 10 cm 厚的现浇水泥珍珠岩，经现场勘测实际使用建筑废料做成，仅此一项多出造价 2 万余元。

【分析】 变更工程量增减签证应计量准确合理，实事求是。签证工程量要做到准确合理，其最有效的办法是工程建设有关单位应深入施工现场勘测，特别是对隐蔽工程、重点部位和关键技术，要进行现场跟踪监督，及时组织验收，做好相关记录，经有关单位签字认可后形成档案资料，切不可主观臆断，无中生有。

【例 3-2】 某工程挖土方按坑上作业 1∶0.75 放坡系数计算，且工程量有发包人现场代表签字，即承包人的土方量已被发包人认可。但承包人的挖土机械与施工图要求的挖土深度决定了承包人不能坑上作业，经查施工日记也证实为坑内作业，因此，放坡系数按坑内作业1∶0.33才符合实际情况。此签证不准确在于发包人现场代表工作疏忽，没有了解实际情况。

【分析】 “准确”指数字计量无误、文字表述清楚、与实际情况相符。现场签证表述不清，很容易引起纠纷。有的签证只表述变更的工程内容，没有记录变更的工程量，或者没有准确表述有关量，留下了竣工结算的漏洞。在竣工结算审核时，如果遇到上述情况，依从承包人的工程量结算显然是不认真不负责任的，应本着实事求是的原则，造价工程师同承包人代表、监理工程师实地测量，使之尽量地与实际工程量接近。如果现场签证没有记录隐蔽工程的工程量，则应根据设计变更图纸计算工程量，然后计算出工程变更价款。这种漏洞的责任方是承包人，因为承包人没有及时提出工程价款报告，应该无条件服从造价工程师的审核。

2)实事求是。凡是无法套用综合单价(或定额)计算工程量的内容，可只签所发生的人工工日或机械台班数量，实际发生多少签多少，从严把握工程零工的签证数量。凡涉及现场临时的签证，承包人必须以招投标文件、施工合同和补充协议为依据，研究合同的细节，熟悉合同单价或当地定额及有关文件的详细内容，将在施工现场即将发生或已经发生，而在合同条款以及定额文件中没有明确规定的工作内容，及时以签证的形式和发包人、监理人员交换意见。在沟通过程中要实事求是，有理有据，以理服人，征得他们的同意。在办理签证过程中，承包人人员要对现场情况了如指掌，对施工做法、工作内容以及材料使用情况要实测实量，心中有数，防止不了解情况的假报和冒报。这种情况相关人员的用意可能是好的，但产生的后果是很坏的。一是办不成签证；二是使建设或监理单位认为此人不可信，责任心不强，业务能力差，给今后的签证工作带来困难，还对承包人人员甚至企业的其他管理工作造成被动。

【例3-3】 某工程监理工程师签署一份现场签证：“配合预埋风管支架用工5个，吊支架用角钢1 800 kg。”此签证反映了一个施工事实，承包人却要据此追加人工工资和材料费，造价工程师没有核准此项费用。《人防工程预算定额》(第3册)的工作内容中含埋设吊托支架，材料费中含有风管加固框，吊托支架的费用。根据此规定可以确定现场签证是不合理的，造价工程师不能核准该项费用。“现场经济技术签证”称谓体现了技术含义，因此现场签证就要符合现行技术规范和技术标准，如果违背了技术要求，则现场签证即便签发程序符合规定，也同样是不合理的。

【分析】 现场签证不合理方面主要有：不符合现行的施工规范；不符合施工图引用的标准图；不符合当地现行的材料调价文件；不符合国家的工程量计算规则；不符合国家定额中的内涵。工程监理单位不按照委托监理合同约定履行监督义务，对应当监督检查的项目不检查或者不按照规定检查，给发包人造成损失的，应当承担相应的赔偿责任。由此可见，造价工程师和监理工程师责任重大，必须遵守相应的规则。

3)及时处理。现场签证费用不论是承包人，还是发包人均应抓紧时间及时处理，以免由于时过境迁而引起不必要的纠纷。承包人对在工程施工过程中发生的有关现场签证费用要随时做出详细的记录并加以整理，即分门别类、尽量做到分部分项或以单位工程、单项工程分开；现场签证多的要进行编号，同时注明签署时间、承包人名称并加盖公章。发包人或监理公司的现场监理人员要认真加以复核，办理签证应注明签字日期，若有改动部分要加盖私章，然后由主管复审后签字，最后盖上公章。

【例 3-4】 某工程的一份现场签证是监理工程师对镀锌钢管价格的确认，却没有标明签署时间，也没有施工发生的时间。按照当地造价信息公布的市场指导价，一、二月份 *DN*20 镀锌钢管单价与三、四月份的单价相差 150 元。因此，造价工程师在竣工结算审核时，注意现场签证时间是必要的。

【分析】 工程造价遵循时间价值理论，现场签证作为竣工结算依据，具有时间性。作为结算证据，现场签证应该表明事情发生的时间及签署时间。

4)避免重复。在办理签证单时，必须注意签证单上的内容与设计图纸、定额中所包含的工作内容是否有重复，对重复项目内容不得再计算签证费用。要求管理人员首先要熟悉整个基建管理程序以及各项费用的划分原则，把握住哪些属于现场签证的范围，哪些已经包含在施工图预算或设计变更预算中，不属于现场签证范围。

5)废料回收。因现场签证中许多是障碍物拆除和措施性工程，所以，凡是拆除和措施性工程中发生的材料及设备需要回收的(不回收的需注明)，应签明回收单位，并由回收单位出具证明。

【例 3-5】 拆除工程旧材料回收签证参考表 3-8。

表 3-8　拆除工程旧材料回收签证单

<table>
<tr><td>工程名称</td><td colspan="2"></td></tr>
<tr><td>分部分项工程名称及图号</td><td colspan="2"></td></tr>
<tr><td>相应的工程签证编号</td><td colspan="2"></td></tr>
<tr><td colspan="3">工程内容：

委托单位专业技术员：</td></tr>
<tr><td colspan="3">旧材料回收清单(材料名称、规格、型号、数量)

委托单位材料员：</td></tr>
<tr><td colspan="2">委托单位</td><td>承包人</td></tr>
<tr><td colspan="2">商务经理：

项目经理：

年　月　日</td><td>劳务作业层名称：

劳务作业层负责人：

年　月　日</td></tr>
</table>

工程开工前的施工现场“三通一平”、工程完工后的余土外运等费用，严格来说不属于现场签证的范畴，而是由于某些发包人管理方法和习惯的不同而人为地划入现场签证范围以内。

另外，在工程实践中，工程签证的形式还可能有会议纪要、经济签证单、费用签证单、工期签证单等形式。其意义在于承包人可以通过不同的表现形式实现签证，发包人需要注意不要被不同的签证表现形式所迷惑而导致过失签证。

材料价格签证应根据工程进度签署，为按进度分楼层调整材料价差做准备。

【例 3-6】 某工程项目，甲乙双方约定的合同条款明确规定：所有涉及工程价款的工程签证，必须由驻工地的发包人代表签字确认，监理工程师证明，加盖发包人基建管理部门的印章后，以变更工程价款的金额按财务管理规定的审批权限逐级审批，两张以上签证的工程价款达到上一级签证权限时，合并上报审批。

【分析】 事前做好工程签证工作，在竣工结算时就可以方便的运用叠加法进行计算，就会大大地提高工程造价结算的准确性和工作效率。

现场签证的主要问题见表 3-9。

表 3-9　现场签证的主要问题

序号	问题	说　明
1	应当签证的未签证 （应办未办）	如零星工程、零星用工等，发生的时候就应当及时办理。有很多发包人在施工过程中随意性较强，施工中经常改动一些部位，既无设计变更，也不办现场签证，到结算时往往发生补签困难，引起纠纷
2	违反规定的签证 （不应办而办）	有些现场签证人员业务素质差，不了解定额费用的组成，一些不应办的签证却盲目地给签了。如基础填砂的人工费其实已包含在定额中，又如综合费已包含临时设施费，但现场人员又另签证此费
3	未经核实随意签证	如某工程，现场查看混凝土路面开挖厚度是 80 mm，但签证却是 250 mm，很显然是签证人员并未到过现场核实 一般情况下，现场签证需要发包人、监理、承包人三方共同签字才能生效，缺少任何一方都属于不规范的签证，不能作为结算和索赔的依据
4	签增不签减	签证中往往只计增加工程量部分，而对那些因变更而减少的分部分项工程故意漏签，虚增工程量
5	未经设计人员同意 而签证提高用料要求	如某业务大楼施工图只是要求基坑用素土回填，但现场签证却要求回填 3∶7 砂石。在满足设计要求的前提下，工程用料并非越贵越好，还应考虑成本
6	同一工程内容签证重复	此类签证尤其在修改或挖运土方的工程中较为多见 承包人利用发包人的现场管理人员对工程方面的有关规定不了解，对投标包干的项目或者不应该签证的项目进行大量的签证，有的签证由承包人填写，发包人不认真核实就签字

续表

序号	问题	说　明
7	现场签证日期与实际不符	当遇到问题时，双方只是口头商定而不及时签证，事后才突击补办签证。有些承包人任意把完成工程量的时间往后推，在签证日期上做文章，尽可能争取得到更多的不合理利润 签证要有顺序。规定工程签证必须按工程建设进程顺序进行签证，否则应为无效签证
8	签证不及时	遇到问题不及时办理签证，到竣工决算日时再补签证。签证要及时。规定工程签证的时效，超过有效时间的签证应为无效签证
9	签证要素不齐全	签证单中要素要明确。如建设项目名称、连续号码、基本联数(发包人联，监理单位联，承包人联、审核联)、填单时间、签证项目内容、数量、简明图形、发包人、监理单位、承包人的现场人员签字等 如挖运土石方 50 m^3。是土方、石方，或者是土方、石方各占多少？是人挖还是机械挖？挖出的土石方如何处理？运距是多少均没有说清楚。如抽水费用 500 元，其水泵规格、数量、用了多少台班没有说明清楚
10	现场签证不真实	特别对一些隐蔽工程，承包人往利用其隐蔽性高及求证难的特点，高估冒算，弄虚作假，从而抬高工程造价 如有一些基础土石方大开挖签证，承包人往往把实际土石方量写在签证上，并要求发包人代表和监理工程师签字确认

【例 3-7】 某住宅楼小区工程，原一层户型设计由室内通往室外家庭后花园的钢踏梯，在承包人刚刚开始制作后，发包人发出施工变更：因钢踏梯刚度不够，现将钢踏梯取消，变更为混凝土踏梯。施主单位及时办理了拆除钢踏梯的工程签证，但未将钢踏梯交付给发包人，竣工结算时承包人要求计算钢踏梯制作与拆除费用，但造价事务所审价人员认为承包人未将拆除的钢踏梯交还给发包人，所以无法判断承包人是否制作了钢踏梯，故对此签证涉及的费用不予认可。

6)现场跟踪。为了加强管理，严格控制投资，对单张签证的权力限制和对累积签证价款的总量达到一定限额的限制都应在合同条款中予以明确。例如，凡是单张费用超过万元(具体额度标准由发包人根据工程大小确定)的签证，在费用发生前，承包人应与现场监理人员以及造价审核人员一同到现场察看。

7)授权适度。分清签证权限，加强签证的管理，签证必须由谁来签认，谁签认才有效，什么样的形式才有效等事项必须在施工合同时予以明确。

需要注意的是，设计变更与现场签证是有严格的划分的。属于设计变更范畴的应该由设计部门下发通知单，所发生的费用按设计变更处理，不能由设计部门为了怕设计变更数量超过考核指标或者怕麻烦，而把应该发生变更的内容变为现场签证。

【例 3-8】 某工程合同签订后，乙公司进场施工，乙公司先后于 2010 年 11 月、12 月将该工程交付甲公司使用。2011 年 12 月 28 日，乙公司向甲公司提交结算报告，甲公司收到结算材料后未予答复。甲公司驻工地代表李某对工程外给排水进行了签证并提供了补充说明，但当其出具补充说明时已被解雇，甲公司李某认可的增项签证不具证明力。以下采用

“四步法”对此实例分析见表 3-10。

表 3-10 “四步法”分析程序

遵从合同	合同补充条款约定本工程造价一次包死，不留活口（工程范围以外的增项、增量由发包人代表签证后按规定结算）
查阅书证	李某是甲公司驻工地代表，知悉当时的情况，其认可的工程外给排水，有签证及事后补充说明为证
调查物证	经实地查看，确认工程事实存在
诉诸权威	法律分析： 甲公司提供不出对该签证有异议的证据，李某出具补充说明时虽已被解雇，但他是施工时的知情人，故其事后出具的补充说明也应予以采信 技术分析： 如果发生工程款以外的增项、增量，经发包人代表签证认可后，在工程款之外结算。此条款已明确表明增项不在总造价中

4. 洽商

洽商按其形式可分为设计变更洽商、经济洽商。

（1）设计变更洽商（记录），又称工程洽商，是指设计单位（或发包人通过设计单位）对原设计修改或补充的设计文件，洽商一般均伴随费用发生。一般有基础变更处理洽商、主体部位变更的结构洽商，有改变原设计工艺的洽商。

工程洽商一般是由承包人提出的，必须经设计、发包人、承包人三方签字确认，有监理单位的项目，同时需要监理单位签字确认。参考格式示例见表 3-11。

表 3-11 设计变更、洽商记录

年　月　日　　第　号

工程名称：		
记录内容：		
发包人：	承包人：	设计单位：

(2)经济洽商是正确解决发包人、承包人经济补偿的协议文件。

5. 技术核定单

我国目前的技术核定制度是凡在图纸会审时遗留或遗漏的问题以及新出现的问题，属于设计产生的，由设计单位以变更设计通知单的形式通知有关单位(发包人、承包人、监理单位)；属发包人原因产生的，由发包人通知设计单位出具工程变更通知单，并通知有关单位。在施工过程中，因施工条件、材料规格、品种和质量不能满足设计要求以及合理化建议等原因，需要进行施工图修改时，由承包人提出技术核定单。技术核定单由项目内业技术人员负责填写，并经项目技术负责人审核，重大问题须报承包人总工审核。核定单应正确、填写清楚、绘图清晰，变更内容要写明变更部位、图别、图号、轴线位置、原设计和变更后的内容和要求等。技术核定单由项目内业技术人员负责送设计单位、发包人办理签证，经认可后方生效。经过签证认可后的技术核定单交项目资料员登记发放施工班组、预算员、质检员(技术、经营预算、质检等部门)。技术核定单参考格式见表 3-12。

表 3-12　技术核定单

工程名称：　　　　　　　　　　地址：　　　　　　　　　　第　页共　页

<table>
<tr><td colspan="2">发包人</td><td colspan="1"></td><td colspan="2">编号</td><td></td></tr>
<tr><td colspan="2">分部工程名称</td><td colspan="1"></td><td colspan="2">图号</td><td></td></tr>
<tr><td>核定内容</td><td colspan="5"></td></tr>
<tr><td>核对意见</td><td colspan="5"></td></tr>
<tr><td colspan="3">复核单位：</td><td colspan="3">技术负责人：</td></tr>
<tr><td>建设(监理)单位</td><td>现场负责人：
(公章)
年　月　日</td><td>施工单位</td><td>专职质检员：
项目经理：
(公章)
年　月　日</td><td>设计单位</td><td>代表：
(公章)
年　月　日</td></tr>
</table>

知识拓展

设计变更、洽商、签证、技术核定单、工程联系单、索赔的关系

设计变更、洽商、签证、技术核定单、工程联系单、索赔这几个工程用词大家经常听到、用到。从图 3-1 中，可以看出它们之间的关系。

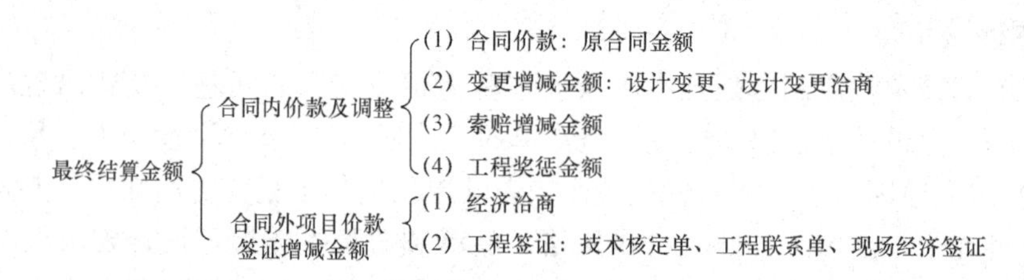

图 3-1　工程结算价款构成

3.3.3　工程签证的方法

1. 签证形式的选择

在施工过程中，承包人最好把有关的经济签证通过合理的、变通的手段变成由设计单位签发的设计修改变更通知单，或者也要成为发包人签发的工程联系单，最后才是现场经济签证。这个优先次序作为承包人的造价人员一定要非常清楚，其涉及提供的经济签证的可信程度，换句话说，其涉及的经济签证能否兑现为收益。

设计单位、发包人出具的手续在工程审价时可信度要高于承包人发起出具的手续。现场经济签证多为承包人发起申请，因现在利用签证多结工程款的说法较多，故站在中介审价人员的立场上，多对现场经济签证采用一种不信任的眼光看待，中介单位很多人的印象中认为现场经济签证多数都有问题，如图 3-2 所示。

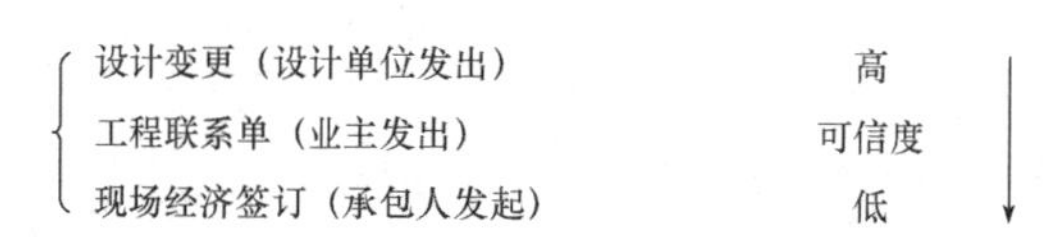

图 3-2　签证可信度示意图

2. 承包人填写工程签证的方法

如何填写签证单更有效呢？根据工作实践的经验，主要有以下几种方法。

(1)涉及费用签证的填写要有利于计价，方便结算。不同计价模式下填列的内容要注意：如果有签证结算协议，填列内容要与协议约定计价口径一致；如无签证结算协议，按原合同计价条款或参考原协议计价方式计价。签证的方式要尽量围绕计价依据的计算规则办理。

(2)各种合同类型签证内容。单价合同：至少要签到量、单价；总价合同至少要签到量、价、费；成本加酬金合同至少要签到工、料(材料规格要注明)、机(机械台班配合人工问题)、费。如能附图的尽量附图。另外，签证中还要注明列入税前造价或税后造价。

同时要注意以下填写内容优先次序：

(1)能够直接签总价的最好不要签单价。

(2)能够直接签单价的最好不要签工程量。

(3)能够直接签结果(包括直接签工程量)的最好不要签事实。

(4)能够签文字形式的最好不只签附图(草图、示意图)。

这个优先次序的意思是站在承包人角度，最好要签明确的，能明确具体的内容，能明确确定出价格最好，这样竣工结算时，发包人审减的空间就大大封闭了，承包人签证的成果能得到合理的固定，否则，承包人签证内容能否算到预期结果应有很大的不确定性。

【例 3-9】 某工程网架安装单独发包，脚手架是由建筑主体承包人提供的，而配合脚手架费用发生前，在招标、投标、合同等任何资料中均未予以落实，于是建筑承包人分两班共报价格为 22.3 万元，现场发包人代表分两次签证共 19 万元，报价和签证价格均无具体费用组成内容和依据，而按该省网架脚手架定额结合市场价格和投标费用计算应在 10 万元以内。

【分析】 签证直接签金额就大大减少发包人事后审价审减的空间。但承包人仍应注意证据的保存，因为当发包人代表变动时，只有金额没有其他佐证很容易被继任者视为存在问题。

【例 3-10】 某办公楼工程由承包人施工，该工程施工现场土质较差，需换填片石，换填完成后，承包人及时向发包人提交了签证单，承包人填写的签证内容为“现场土质不良，一致同意换填片石，挖土方××方，填片石××方”，现场发包人代表签证“情况属实，片石××方”，但结算时工程审价人员却将挖土的子目扣减，填片石项目只给材料金额，指出签证写得很清楚“片石××方”，所以本页签证只需补片石材料金额即可。

【分析】 承包人所报签证写得越详细越好，要把自己做的每一项都写上。从签证内容的优先级别，能签金额最好，只签量，竣工结算时再套定额有些麻烦，造价事务所审价时容易不确认，不如直接按市场价协商好后签证上金额稳妥。

【例 3-11】 某工程按常规大面积场地回填土采用的施工方案应该是机械碾压较为妥当，但现场无具体验收和记录资料，回填土取土点距离也不明确，结算造价按人工回填方案计价，且计算了机械挖土但又没有计算运土。现场出现暗浜部分有大量的砂石回填工程量，但只有总量的签证，而没有暗浜具体位置、尺寸、回填工程量是否包括基坑位置、对原投标报价中基坑开挖工程量的影响等均没有明确、齐全的验收资料。

【分析】 土方工程验收资料的不齐全、不完整，工程结算时土方工程调整依据就不充分，双方就容易发生纠纷。

【例 3-12】 某工程对原招标为暂估价格的项目签证组价范围不明确。如签证涂料每平方米成本价格规定施工费率为“5.43%”，但对于签证单价的组成没有明细资料，且“施工费率”含义也不确切，但投标造价计算中没有“施工费率”，只有综合费率、配合费率等。

【分析】 签证费用应考虑有关计价依据，现场签证内容、价格组成不明确，竣工结算计算是否真实就难以确定，这样容易造成结算计价纠纷。

(3)其他需要填列的内容。主要有时间、地点、原因；工作内容；组织设计(人工、机械)；工程量(有数量和计算式，必要时附图)；有无甲供材料。签证的描述要求客观、准确，隐蔽签证要以图纸为依据，标明被隐蔽部位、项目和工艺、质量完成情况，如果被隐蔽部位的工程量在图纸上不确定，还要求标明几何尺寸，并附上简图。施工图以外的现场签证，必须写明时间、地点、事由、几何尺寸或原始数据，不能笼统地签注工程量和工程造价。签证发生后应根据合同规定及时处理，审核应严格执行国家定额及有关规定，经办人员不得随意变通。同时发包人要加强预见性，尽量减少签证发生。

签证单要分日期或编号分别列入结算。非一事一签的签证或图纸会审纪要，一张资料中涉及多个事项，在编制此单结算时，还要注明“第×条”，以便清楚。

承包人低价中标后必须注意勤签证。当发生诸如合同变更、合同中没有具体约定、合同约定前后矛盾、对方违约等情况时，需要及时办理费用签证、工期签证或者费用加工期签证；办理签证时需要根据合同约定进行(比如有时间限制等约定)，且签证单必须符合工程签证的四个构成要件。

(4)发包人拒签的处理。承包人所填的签证内容应使不在现场的人员通过看签证单也能知道具体事件发生的内容，最好使其如有一种身临其境的感觉，不会给别人造成模糊概念。在编制签证单之前，首先要熟悉合同的有关约定，针对重点问题展开签证理由。同时，应当站在对方的角度来考虑陈述理由和罗列签证内容，这样既容易获得签证，又使签证人感觉不用承担风险，只有这样，对方才会容易接受并签证，否则，对方会不愿意接受而拒绝签证。如果遇到对方有意不讲道理地拒签，实践中可以采用收发文的形式送达发包人(由一般工作人员去办理)。不需要逼迫发包人代表在签证单上签字，只需要在收发文本上签字，这样就可以证明发包人代表已收到承包人的发文，如果发包人代表不在签证单上签字，但超过法定时间，签证自动生效。

3. 发包人签批工程签证的方法

目前，在发包人签字方面较为混乱，姑且不论签字人员在文件资料上签字的对错，仅就签字的形式五花八门：有的签字字迹潦草，辨认不清；有的签字评语文不对题，前后矛盾；有的与承包人报表混签，认不出谁是承包人人员签名，谁是发包人或中介人员签名；有的签字无时间记录或时间记录落笔与报表前后不一致；还有的用圆珠笔、铅笔、彩色笔等不能用于存档的墨迹代替可以用于存档的钢笔墨迹，甚至还有在草稿纸上签字作为原件的情况，除此之外，乱签字、代签字等现象也经常见到。

(1)发包人、中介方(包括监理、造价)。发包人、中介方(包括监理、造价)签批签证时常常使用以下几种方法。

1)只签名。这种情况只能称阅过，相关人未发表同意与否的意见，在结算时这份签证的可信度就降低了。

2)签名加“同意”。

【例 3-13】 某工程发包人委托监理公司进行计量控制，施工中发生了土方外运项目，承包人及时向发包人申报签证，在签证的内容栏承包人填写：土方工程量为“4 290 m^3”，签证单价为“20 元/m^3”。发包人代表阅后在审批栏签名及签批“同意”二字。

【分析】 “同意”二字看似简洁实则意思含糊：是同意承包人所报工程量属实？还是同意承包人所报送单价？抑或二者都同意？从承包人的角度出发，便认为是工程量及单价的报送数均被认可并可作为结算依据。但严格说，这张签证是不可以作为结算依据的。原因如下：

①发包人代表在本张签证上所签的任何文字都是毫无意义的，即发包人在委托监理工程师监管工程后是无权签署施工现场有效签证的(即无权直接下达指令)。而承包人往往认为“发包人(即出钱者)都签名认可了，怎么还不算数呢?”这种想当然的错误理解是承包人尤其应引起注意的。

②一般作为现场项目监理代表，只有权签署关于确认工程数量大小的签证，关于单价的确认，应交给造价工程师进行审核(具体审核分工与权限按合同规定)，核算后的单价送报项目总监理工程师再行核签后方能生效，才能作为凭证进入结算。因此，如果在合同中

发包人授权监理公司管理工程的情况，则仅有发包人签名的签证是无效的，如果还有监理签字，则该签证的处理结果可能是：工程量得到认可，单价经过审核后未必得到认可，造价审核人员也可能签按 10 元/m^3(假设)进入结算。

3)签名加“情况属实”。如果发包人签署意见为“情况属实”，则充其量只能作为费用与工期索赔的证据，而并非签证。能否增加费用或者顺延竣工日期还要结合合同约定以及其他证据材料综合认定。如是“以上情况属实”，发包人及咨询公司根据合同的结算方式，审查结算内容的合法性，如有重复计价现象，发包人及中介咨询完全可以拒绝结算重复计价部分，因为“以上情况属实”只能说明事实的存在，并没有完全确认所列项目可以结算。

【例 3-14】 某监理工程师，在工程所有的经济签证单上签字栏写的都是“情况属实”，按一般人理解应该就是同意了。有人曾就经济签证问题咨询过他，所签“情况属实”应如何理解？他回答自己仅仅是见证承包人做的事情属实，工程量和价钱由发包人自己核定，原因是怕管多了发包人会认为监理方为承包人利益考虑。

以上签证方式，既无意图又无详细记载资料，含糊不清，是对是错无法分辨，签证方式很不规范，使人很难相信签证所表述的内容。

4)签名加“以上情况属实，同意结算”。如是“以上情况属实，同意结算”，那就另当别论了，发包人既确认了事实的存在并同意支付事实的费用。如确属签证人员失误引起的重复计价，中介单位应将问题提交由甲乙双方协商解决，双方协商不成，中介方一般只能认为发包人愿意额外支付此项重复费用因某种理由补贴给承包人。

5)签名加复核后的描述性签证意见。签名要由合同规定有权的人签署，签证内容要有描述性，是认可承包人报送的量还是认可价，如经复核认为承包人填列的内容不实，签批实际情况及如何列入结算(如列入直接费，列入税前造价，该价即为税后造价等)。

因此，在签证单上签字的人员(监理工程师、发包人代表)首先要分清文件类型，明确自身职责权限，了解签字文件的类型；清楚签字的时间。应当签的，义不容辞，并在规定的时间内完成，不能在手中形成一道无谓的关卡；不能签的，理当拒绝，但必须有充分的理由。要依据合同、设计文件、标准、规范等行使权力。

监理工程师、发包人代表一般是在工程项目的现场办公，主要对工程进度、质量、造价三个方面重点把关，而这三个方面都源自合同的要求。因此，首先应对合同中的条款进行认真分析、理解，然后按合同确定的目标对进度、质量、造价三个方面设立控制要点，明确签字把关的基本原则。在实际运用中，对各种类型的文件分清主次及轻重缓急。在签署的批语或意见栏中，把握签字的度，坚持原则性和灵活性相结合的策略，能用文字说明的尽量用文字说明，做到内容简练、针对性强、表述恰当。同时字迹清楚、格式正确、时间吻合。

签字就意味着责任，有时是要承担法律责任的，发包人代表、中介人员因此要慎重对待，同时注意自我保护，注意以下几点事项。

1)认真对待每一份文件，特别是重要文件，不应在文件上随便签字；对事后报上来的文字资料应慎重对待；不应轻率地代表他人签字，也不应轻易地委托他人代签。

2)有疑难问题陷入困境又不便直言陈述的，应在签字意见栏中用文字简述，留有余地，以防止日后说不清楚。

3)签字的文件属较大事件的，应备存或记录在案。

4)对无印章、无签字、无日期或日期不符、文字说明较为含糊、明显超报工程量或工程款项、夸大业绩的文件，均要问明原委，提出改正意见，经审核符合要求后再签字。

(2)发包人防范乱签证的措施。实践中发包人人员乱签证的形式主要有恶意签证与过失签证。恶意签证是指由于发包人签证人员与承包人签证人员之间相互串通而签订的签证。实践中由于发包人很难提供证据证明恶意行为的存在，故法院一般是认可恶意签证的效力的。还有个别监理工程师、造价工程师没有珍惜发包人的委托去认真履行自己的职责，签字关口上主观意愿太强且带有明显偏向，在工作中采用双重标准：对发包人，过分讲求人际关系的和谐，对发包人代表百依百顺，让签字就签字，从来不问原委，有时明知错误也不坚持己见，而以妥协为安；对承包人，则视其与发包人关系的程度和背景以及自身的需要而定，把签字当作了权衡利弊、用于交易的砝码，讲私人感情，放弃工作原则。有时为了应付检查，在不符合程序和手续的文件上签字，甚至在伪造、编制的文件等书面材料上签字。有的则将签字权任意交给不具备资格的人签字。

过失签证是指因重大误解而形成的签证，因重大误解发生的行为必须在一年内申请撤销或者变更，否则，签证有效。事实上，工程竣工结算时，一年时间往往已到，一般无法行使撤销或者变更权。例如，有个别监理工程师、造价工程师在工作中未意识到本职工作的重要性，缺乏敬业精神，不认真调查和了解事情的来龙去脉，从而造成过失签证。常见有的监理工程师由于现场工作较忙，收到的文件资料等，不问缘由，不看内容，提笔就签，等回到办公室细看时，却大呼上当。有的监理工程师不及时处理手头待签字的文件资料，又不做好监理日记，等到工程到了一个阶段或工程收尾一并处理时，由于时间长而无法核实，与未经过自己检查的内容杂在一起，一时无法分别开来，又不愿意下工夫搞清楚，只好违心地签字，遇到有些涉及工程中较大的问题发生后，才知道事态的严重性。还有的监理工程师干脆对报上来的文件资料长期留置，不闻不问，久拖不决，等到走人时，不是不予签字，就是随手涂鸦，甚至签得莫名其妙，文不对题。

预防恶意与过失签证主要应采取以下措施：

1)选择诚实可靠的人员担任发包人代表、选择工作认真的中介机构协助管理工程。

2)设置签证前置程序，如签证首先要通过中介方造价工程师的审核，发包人代表才能签证。

3)对发包人代表的签证权利必须进行必要的限制，如签证的限额，中间结算、竣工结算的签证必须得到更高一级负责人的确认方能生效等。

4)发包人签证必须遵守一定的优先原则，这些优先原则依次是：

①能够附图的(草图、示意图)尽量避免单纯的文字形式进行签证；签证应尽量做到有据可依，尽量把签证图纸化。

②能够签事实的尽量避免直接签结果(包括直接签工程量)。

③能够签工程量的尽量避免直接签单价。

④能够签单价的尽量避免直接签总价。

作为承包人角度，填写签证的内容优先次序刚好与之相反(如前面所述)。

5)建立发包人代表每月汇报制度，有利于发现签证存在的问题。发包人代表除应按月向公司上报工程的进度、质量外，还必须对工程造价的筹划情况进行汇报，如当月完成的工程量、当月发生的签证、当月发生的索赔等情况。公司在收到汇报时需要进行必要的审核，从而在第一时间发现问题，进而采取必要的补救措施。

6)通过设立合同条款来防范补签证的发生。如约定对于每月发生的签证或索赔，承包人必须在月进度款申请中列明，否则视为放弃要求增加价款和顺延工期的权利；同时约定，竣工日期以后进行的签证必须经过发包人法定代表人的同意，否则，不具有约束力。

7)对于费用签证必须经过索赔程序方能进行，避免直接签证。

3.3.4 工程签证常发生的情形

1. 工程中较普遍发生需办理签证的情形

(1)工程地形或地质资料变化。最常见的是土方开挖时的签证、地下障碍物的处理。开挖地基后，如发现古墓、管道、电缆、防空洞等障碍物时，承包人应将会同发包人、监理工程师的处理结果做好签证，如能画图表示的尽量绘图，否则，用书面表示清楚；地基如出现软弱地基处理时应做好所用的人工、材料、机械的签证并做好验槽记录；现场土方如为杂土，不能用于基坑回填时，土方的调配方案，如现场土方外运的运距，回填土方的购置及其回运运距均应签证；大型土方机械合理的进出场费次数等。工程开工前的施工现场“三通一平”、工程完工后的垃圾清运不应属于现场签证的范畴。

【例 3-15】 某工程因人工成孔桩开挖对于持力层的要求，与图纸和预算不同，在实际施工中，均在开挖后由发包人现场签证。即对于桩这部分的施工，是以实际施工中为准的，因为地质的因素，这里有不可预见的成分在里面，所以桩的施工是以施工签证为准。

【分析】 在这些签证中，承包人如果处理得好，利润会相当丰厚。

【例 3-16】 某工程承包人低价中标，根据施工前测算，该项目很可能亏损，而且该工程发包人要求承包人垫部分资金。实际施工中，承包人想尽办法，合理增加有利润空间的项目，从而扭亏为盈，如清淤及外调土是本标段的“大头”，项目累计签证清淤量达 3.2 万 m^3(而投标时仅为 8 700 m^3)，同时，在签证增加清淤量时又自然增加了外调土方量，通过对合同外增加的外调土单价实行签证又增加了结算收入，仅此两项就创收近 100 万元。

【分析】 本例中承包人在施工中，采用一系列措施和办法，不仅走出了当初亏损几成定局的阴影，而且实现扭亏转盈，创造的经济效益还很可观。

(2)地下水排水施工方案及抽水台班。地基开挖时，如果地下水位过高，排地下水所需的人工、材料及机械必须签证。另外发包人应注意，基础排雨水的费用一般已包括在现场管理费中，一些承包人通常仍然会报发包人签证重复骗取一定的费用。在这里要注意“来自天上的水”与“来自地下的水”的区别，如是来自天上的雨水，特别是季节性雨水造成的基础排水费用已考虑在现场管理费中，不应再签证，而来自地下的水的抽水费用一般可以签证，因为来自地下的水更带有不可预见性。

(3)现场开挖管线或其他障碍处理(如发包人要求砍伐树木和移植树木)。

(4)土石方因现场环境限制，发生场内转运、外运及相应运距。

(5)材料的二次转堆。材料、设备、构件超过定额规定运距的场外运输(注意：一定要超过定额内已考虑的运距才可签证)，待签证后按有关规定结算，特殊情况的场内二次搬运，经发包人驻工地代表确认后签证。

(6)由于设计变更造成材料浪费及其他损失。工程开工后，工程设计变更给承包人造成的损失，如施工图纸有误，或开工后设计变更，而承包人已开工或下料造成的人工、材料、机械费用的损失，如设计对结构变更，而该部分结构钢筋已加工完毕等。工程需要的小修小改所需要人工、材料、机械的签证。

(7)停工或窝工损失。停工损失，由于发包人责任造成的停水、停电超过定额规定的范围。在此期间工地所使用的机械停滞台班、人工停窝工以及周转材料的使用量都要签证清楚。

(8)不可抗力造成的经济损失。工程实施过程中所出现的障碍物处理或各类工期影响，应及时以书面形式报告发包人或监理，作为工程结算调整的依据。

(9)合同约定属发包人供应的材料、设备，如发生下列情况，承包人可办理签证。发包人要求承包人购买的；材料、设备的到货地不符合合同约定；材料、设备的到货时间不符合合同约定的，如早于合同约定时间的，由发包人承担因此产生的保管费用；迟于合同约定时间的，因此造成承包人的工期延误、经济损失；材料、设备的检测费用按合同约定由发包人支付而由承包人代为支付的费用；上述原因产生的费用支出、工期延误，承包人应办理签证。

(10)合同约定属承包人采购的材料、设备，如发生下列情况，承包人可办理签证。招标时未确定品牌，在施工时发包人指定了品牌，差价部分承包人应办理签证；发包人提出对材料、设备的再次检验，检验合格的，承包人应办理签证。

(11)因政策、法规的改变，造成承包人损失和(或)导致工期延误的，承包人应办理签证。

(12)续建工程的加工修理。发包人原发包施工的未完工程，委托另一承包人续建时，对原建工程不符合要求的部分进行修理或返工的签证。

(13)因发包人原因(如未按合同约定提供施工所需的工地、支付预付款等)造成承包人不能在合同约定的日期开工，造成承包人损失和(或)导致工期延误的，承包人应办理签证。

(14)按合同约定应由发包人承担的红线外临时占地、租用、占道、完工后的工程试车等费用，发包人要求承包人代为支付以及发包人委托承包人代为支付的其他费用，承包人应办理签证。

(15)发包人要求承包人提供的施工场地办公和生活的房屋及设施等费用，合同价不含此价款的，承包人应办理签证。

(16)施工场地内施工用水、施工用电的接驳地点超出合同约定范围的，承包人应办理签证。

(17)安全文明施工措施费用发包人在招标时未提出标准，而在合同签订后，提出的具体要求超出安全文明施工管理规定的，可协商后办理签证。

(18)零星用工。施工现场发生的与主体工程施工无关的用工，如定额费用以外的搬运拆除用工等。

(19)工程师要求对已经隐蔽的工程重新检验的，如验收合格，造成承包人损失和(或)导致工期延误的，承包人应办理签证。

(20)工程项目以外的签证。发包人在施工现场临时委托承包人进行工程以外的项目应办理签证。

2. 工程签证涉及的问题

工程签证涉及工期、费用及质量问题，具体内容如图 3-3 所示。

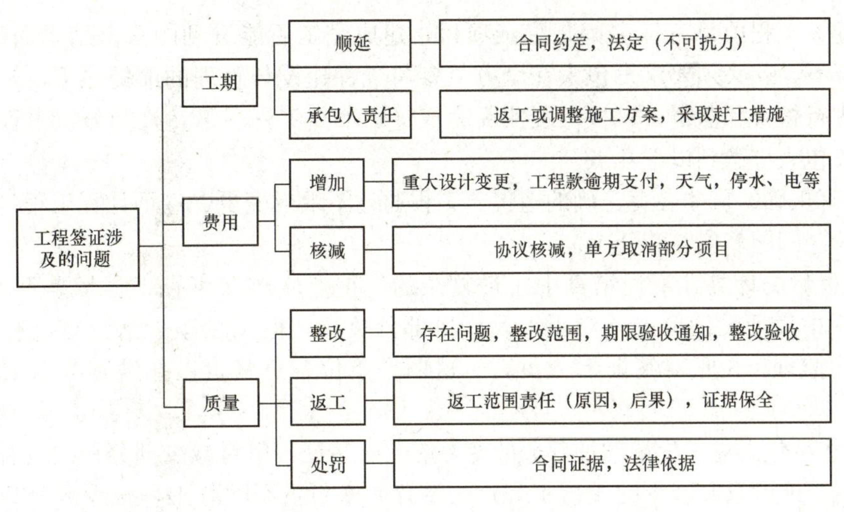

图 3-3　工程签证涉及的问题

3.3.5　工程量签证

1. 承包人增加工程量签证的方法

如何增加现场签证，各个承包人都有自己的“秘诀”。目前的工程施工现场一般设有发包人代表、驻地监理，一些发包人仅把设置监理视为完成国家规定要求，经常将监理架空，施工现场很多事是发包人代表决定。相对于发包人，承包人在专业技术上处于强势，承包人往往会采用一些“技巧”合理地增加工程量签证。

(1)当某些合同外工程急需处理时，承包人往往容易不顾事实，夸大事实，并要求签证。

(2)当处理一些复杂、耗时较长的合同外工程时，承包人经常请发包人代表、监理去现场观看，等时过境迁(一般不超过签证时效)，只记事情不记尺寸时，再去签证。

【例 3-17】 某工程独立基础中，固定框架柱时需要在柱的四面焊支撑筋来固定，从而导致工程成本增加，在混凝土板的施工中，目前，常用焊铁支撑来防止钢筋被踩踏，在浇筑混凝土时可以保证钢筋不会下沉影响结构受力，但也会导致成本增加。在实际施工中，这些技术措施是为了保证施工质量而做的，这些发包人是可给可不给的，因为也可以用其他方式来保证施工质量。

【分析】 对于这些可给可不给的项目，承包人要采取一些策略性的办法，像这类的项目还是能签出一部分来的。

(3)对某些非关键部位但影响交通等的工程，故意拖时完成，发包人为了要求承包人尽快完工，腾出交通通道，通常会要求承包人赶工，这样，承包人就可以赚取发包人部分赶工措施费。

(4)地下障碍物以及建好需拆除的临时工程，最好等拆除后再签证。

2. 发包人对隐蔽工程签证的审核

对于隐蔽项目，不仅要现场取证，而且需要对取得的现有证据，谨慎地逐个排解，排解时可采用“顺藤摸瓜”的方法，循序渐进地将情况逐个了解清楚，使原本隐蔽的信息明朗化、清晰化。

基本建设工程项目有许多都是隐蔽项目，建成完工后能看到的只是结果而没有过程。在这种情况下，就必须要求发包人在全方位参与工程建设与管理的前提之下，亲临施工第一现场，进行检查和监督，审核工程实际完成量，审查工程质量，检测分析工程施工进度的快慢。发包人应做到以下几点。

(1)只有正确的量才会有正确的造价。工程通过图纸或变更、签证计算工程量，图纸部分问题较少，问题多出在签证上。

(2)工程量的计算在工程结算中是最复杂的，重点应放在审查工程量是否重复计算。因为在工作中发现设计单位只对图纸及变更部分负责，但图纸减少部分却没有明确的书面记录，而监理单位只对签证部分负责。这两个单位各负其责，并没有考虑工程量重复的问题。

(3)有些承包人对工程量增加部分的变更能及时签证，但对减少部分往往没有签证，工程只增不减，或者只对减少的主体工程进行签证、变更，而配套工程减少部分却不做变更签证，特别是一些隐蔽工程，事后往往无法确认，其损失不可低估。

(4)签证应该准确、及时、客观。必须对现场情况有清楚的了解，签证准确及时。设计、监理、预算、审价共同到现场联审，共同商讨，不失为省事、省时、准确签证的好办法。

【例 3-18】 某教工住宅楼的基础工程中，由于地下水位较高，在签证中承包人加大了抽水台班的数量，并加大了水泵的型号，结算时发包人委托的审核签证人员通过分析发现了工程量被增加，而且没有发包人基建部门人员的签字和盖章。通过走访发包人等多方查证，通过发包人进行协商降低了近 20 万元费用，并进一步完善了签证管理。

【分析】 发包人基建管理部门必须建立计划管理、招投标管理、合同管理、监理管理、预结算管理等一系列管理制度，并严格执行，这是控制造价增加，减少风险的根本途径。

【例 3-19】 某工程在正常施工过程中，施工现场的情况多种多样，变更、签证经常发生，如清理现场垃圾、处理现场问题、外购土等。该工地发包人现场代表非常不负责任，对现场实际发生的工程量不加测量，凭自己估算，或者故意加大工程量(如垃圾土外运，垃圾土全部运完后，谁也无法核实)。造成变更、签证工程量的不准确，加大了工程费用。

【分析】 工程技术管理人员缺乏经济头脑，对工程造价缺乏必要的认识，工作责任心不强，工作不深入、不细致，必然造价投资大幅增加。

3. 中介方对一般签证的审核

施工过程中难免或多或少地发生一些签证现象。如何处理即将发生或已发生的签证费用，将会直接影响到工程造价。发包人一般由现场代表或分管领导处理此事。由于不少发包人对工程概预算专业不甚精通，处理不妥就会给承包人留下索赔的伏笔。由于中介造价工程师在施工全过程实行动态的、事先的、主动的造价监控，能及时发现并堵塞由于发包人误签合同和签证等造成的工程费用的漏洞，为发包人在施工中节省大量的、不必要的工程费用开支。

洽商签证审核是指受发包人雇佣的中介咨询单位依约对设计变更、施工变更和使用材料变更等洽商签证内容的合法性、合理性和真实性进行审查，并评价其有效性和正确性，维护发包人的经济利益。

【例 3-20】 某工程采用清单计价，固定单价合同，合同规定措施费不做调整。实际施工中发生了打桩释放孔、防震沟、安全防护栏杆等费用，承包人填列此项费用要求发包人办理现场签证。

【分析】 打桩释放孔、防震沟、安全防护栏杆等费用因属于技术措施费、安全施工措施费，一般在合同总价中包干使用，一般不允许再以签证形式重复计取。

【例 3-21】 某工程承包人将工程开工前的施工现场“三通一平”、工程完工后的垃圾清运均报发包人审批办理现场签证。同时，在处理地下障碍物拆除工程时，承包人也办理了现场签证。

【分析】 发包人在审批签证时，必须注意签证单上的内容与设计图纸，定额中所包含的内容是否有重复之处，有了重复项目内容审查时必须予以剔除。因为有些工作内容虽然图纸上没有反映，但已包含在定额子目所规定的基本工序之中。如开工前的施工现场“三通一平”，工程完工后的垃圾清运均不能再签证，处理地下障碍物拆除工程可按现场签证处理，但应扣除原招标或施工图预算中已给出的土方开挖量，避免重复计算。

签证的审核步骤如下：

(1)真实性审核。当前，建筑市场各种主体法律意识比较淡薄，一些承包人常常在签证中弄虚作假，虚列内容，扩大范围。个别设计单位、监理公司不负责，随意在变更、签证中签字。一般签证书面材料中应有发包人驻工地代表、承包人、监理工程师的签字盖章。随着社会发展，计算机、复印机、扫描仪等现代化办公设备已相当普及，提高工效的同时也给不守法者提供了便利。工作实践中，经常发现许多签证在签字过程中出现模仿笔迹、变造复印、其他人代笔等多种作假形式。签证有无双方单位盖章，印章是否伪造，复印件与原件是否一致等是真实性审核的重要内容。签证是发包人与承包人之间在工程实施过程中对已签订合同的一种弥补或动态调整，相当于一份补充合同，与主体合同具有同等法律效力，因而在形式上应该是双方签章齐全真实。审核时复印件应与原件核对，签证的印章应与投标书中印章相比对，以保证签证形式合法、内容翔实合理，防止承包人通过这些造假在签证上虚增材料数量、工程量、费用等。所以，签证真实性的审核要重点审查签证单所附的原始资料。如停电签证可以到电力部门进行核实，看签证是否与电力部门的停电日期、停电起止时间记录相吻合。

【例 3-22】 某工程中介咨询单位发现一个工程的签证，发包人和承包人提供的签证复印件不一致，经过反复核实，发现部分签证与工程实际情况不符，经向发包人驻工地代表进行调查了解，承包人提供的签证上的签名是别人模仿其笔迹签署的。

【分析】 对签证审核时，首先要认定签名盖章、复印件的真实性。

【例 3-23】 某办公大楼工程中，承包人仅凭一张洽商签证就要求报水暖专业所使用的各种管材 1 000 多米，并得到设计单位、监理公司签字确认，但经审核实际报废水暖专业所使用各种管材只有 300 m。

【分析】 对签证中的数量一定要现场核实。现场核实工作量要求发包人、承包人、监理方三方同时到场，咨询单位审核人员一般安排两人以上参加，认真测量并做好勘测记录。勘测记录由发包人、承包人和审核人员签字认可，作为调整结算的依据，并与结算书等一并归档备查。

【例 3-24】 某工程挖了一个大土坑，其容积为 $M\mathrm{m}^3$，还没有进行下一道工序时，突遇暴雨，结果前功尽弃，挖出来的土又被雨水冲进了坑里，需要重新挖坑。同时坑里又积满了雨水，需要用抽水机抽水，这些都是意外增加的工程量，承包人为此办理了一张工程签证单。表面看来，此事有时间、地点、经过、原因，需要重新挖土和抽水，合情合理，无可非议。从手续上看，有承包人提出的要求签证的申请、有发包人驻现场工程师的签字证明、监理的审查批准意见，简直是天衣无缝。但具体计算工程量时，却令人产生了两点怀疑：①该签证的重新挖土工程量竟然等于原挖土工程量 Mm^3，如果再加上坑中水的体积，其总体积将会大于 Mm^3，而这是不可能的；②即使是真的抽了水，但抽水的总量应该小于(最多等于)原挖土体积 Mm^3，但签证上却说，使用抽水量为每小时 Nm^3 的抽水机抽了 W 个台班。而 $8NW$ 的乘积，竟然是 M 的 800 多倍，显然没有道理。中介审核人员据此认为这是一张承包人骗取发包人签证的过失签证而被否定，仅此一项审核减少近 10 万元的工程款。

【分析】 利用各工程量之间的相互关联是甄别签证所述事情真伪的有效方法。

【例 3-25】 2004 年动工的××大厦至今甲乙双方对造价多少各执一词，仅土方、地下室工程、水电消防等就相差 180 多万元。例如，台班抽水，按照施工常识，做地下室工程才需要台班抽水，这项工程的台班抽水最多只需 3 个月。在工程签证上，台班抽水竟从 2004 年 9 月抽到 2006 年 4 月 12 日。而另一张《隐蔽工程验收记录》显示，2006 年 4 月，××大厦已经盖到 8 楼。按照原来设计图纸，地下室工程的花费是 40 余万元，但签证的工程造价就达 80 余万元。

【分析】 利用各类资料的相互关联关系也是甄别签证所述事情真伪的有效方法。

(2)合理性审核。一些承包人为了中标，在招标时采取压低造价，在施工中又以各种理由，采取洽商签证的方法想尽办法补回经济损失。所以，对承包人签证的合理性必须认真审核。

【例 3-26】 某改建工程，承包人上报洽商签证编号达 405 号，而且要求补偿经费达 2 700 万元，经审核后有效洽商签证只有 198 号，实际补偿经费为 1 200 万元，其他洽商签证都是施工的具体做法，不应涉及经费补偿。

【例 3-27】 某工程承包人报价包括运土方 500 m^3 运距 1 km 费用，基础完工后，承包人又办一次签证，再计 400 m^3 运土运距 1 km 费用。

(3)实质性审核。对于工程量的签证，审核时必须到现场逐项丈量、计算，逐笔核实。特别是对装饰工程和附属工程的隐蔽部分应作为审核的重点。因为这两部分往往没有图纸或者图纸不很明确，而事后勘察又比较困难。在必要的情况下，审核人员在征得发包人和承包人双方同意的情况下，进行破坏性检查，以核准工程量。

【例 3-28】 某中介咨询单位审核某道路工程量时，发现图纸和签证均表示二灰碎石厚度 16 cm，但审核人员在现场勘察时发现路边有一处厚度远远不足，使组织双方人员到现场，运用专门的仪器随机取点，核准厚度仅为 11.5 cm，从而降低该道路工程竣工结算价 20 多万元。

【分析】 破坏性检查只是事后审核的一种方法，而更有效的审核办法是事中跟踪审核。在隐蔽工程被覆盖之前，深入施工现场，获得第一手资料，为竣工结算审价打下基础。

【例 3-29】 某影剧院屋面翻建工程，审核人员施工中曾三次去施工现场，特别是大面积的吊顶，由于在面层覆盖前，到施工现场取得轻钢龙骨的规格、间距的大小等有关原始数据资料，所以在结算审价时，这份原本很麻烦的签证就变得异常简单。

3.3.6 材料价格签证

按约定，设计图纸对一些主材、装饰材料只能指定规格与品种，而不能指定生产厂家。

不同的厂家和型号，价格差异比较大，特别是一些高级装饰材料。故对主要材料，特别是材料按实调差的工程，进场前必须征得发包人同意，对于一些工期较长的工程，期间价格涨跌幅度较大，必须分期多批对主要建材与发包人进行价格签证。

1. 签证时间点的合理策划

市场经济条件下，价格信息是时时刻刻不断变化的，掌握了价格变动规律为我所用，必会取得较好的效果。

【例 3-30】 某承包人施工的一项绿化工程，发包人要求图纸改为某种名贵的树种，本地信息价上又没有单价，需从外地买回。但在签证中，发包人只签数量，未签单价，竣工结算财政局审核时，审核方根本不认这个单价，双方发生纠纷。

【分析】 承包人施工当时就应签署单价，否则在结算时就很麻烦。

【例 3-31】 某工程承包人投标报价中因失误材料价格定得太低，预估工程下来仅材料差价这块就要损失 20 余万元(合同注明施工期间材差不调)，该工程原定于 2002 年 1 月开工，因发包人的原因该工程一直推迟到 2003 年 1 月开工，此时恰逢施工用的主材大涨价，项目部还依据开工期比投标期晚了近 1 年的事实，成功实现价差索赔共计 34.8 万元。

【例 3-32】 某小区共有 16 幢住宅楼，分别被 5 家承包人承建，该工程结算方式为按实结算，主材按发包人签证价竣工结算时调整。施工期间恰逢建材价格不稳大起大落之机，A 单位每次均选在建材价格的相对高点报监理与发包人签证，且签证批次的进货量较大(该小区监理工作较疏忽，只控制单价，但对承包人所报采购量并未审核)，在价格相对低时，签证批次的进货量很少。而 B 单位恰恰相反，在低价位时反而报进货量很大，在高价位时反而高进货量很少。竣工结算时，主材按加权签证价结算，同样建筑面积、同样图纸的两幢总造价不足 300 万元的住宅楼，A 单位仅材差就较 B 单位多结近 5 万元。

【分析】 签证时点合理筹划，往往成为承包人多结算材差的一个手段。

【例 3-33】 某厂综合楼基础工程，开挖后发现粉煤灰层，经现场勘察需要进行大开挖，对基础做砂石回填处理；基础部分的结算，若套用主体工程的类别造价为 36.8 万元，经发包人、承包人多次探讨，加上市场询价，考虑到此工程的特殊性，对所有材料按市场价进入计算，不再执行调价系数；最终造价为 22.7 万元。

【例 3-34】 中介审价人员在对某单位燃油锅炉安装工程时审核时，发现同一品牌同一产地的 2 台输油泵，承包人结算报价 6 000 元/台，经过市场调查，实际价格才 2 700 元/台。在审核地下救护车库消防工程时，中介通过对安装材料价格进行市场调查，经过对工程量和材料价格的审核，结算报价为 91.24 万元，中介审定价为 71.94 万元，审减了 19.30 万元。

【分析】 承包人常常对施工用主要材料虚报价格，或者以次充好、以假乱真。审价人员必须实地查验，进行市场调查，以便取得该种材料的真实价格。

2. 材料价格签证确认的方法

相对于其他签证来说，材料价格签证的确认是比较难的。客观上，各地区《建筑材料价格信息》对普及性材料有明确指导价，装饰材料的价格没有明确指导，由于其品种、质量、产地的不同，导致了价格的千差万别，发包人也不能清晰、具体地提供材料的详细资料。例如花岗石，它的品种繁多，有的价格每 100/m² 左右，有的高级进口材料却达到每平方米上千元，仅凭现场目测，不易分清楚它们价格的高低，审价人员要想准确地确定这些材料的价格几乎是不可能的。比较可行的办法是：组织双方人员，走向市场，寻求最接近实际情况的价格，以有力的事实证据取得双方的一致认可。

(1)调查材料价格信息的方法。

1)市场调查。审核人员可到当地的大型建材市场，对拟调查的材料价格进行详细咨询，多家比较，以顾客的身份与经销商协商最低购买价格。这种方法特点是获取信息直接、相对较准确，有说服力，实际效果较好。

【例 3-35】 某装饰工程，承包人自行采购地板砖，发包人认为价格过高，不予确认，而乙方认为该地板砖比一般地板砖质量好，价格应该高一些，双方发生争执。审核小组对市场上的各种地板砖价格进行了调查，对此种规格的地板砖价格询问了多个商家的报价，计算出此地板砖的平均价，得到了甲、乙双方的认同。

【例 3-36】 担任某工程审价的造价工程师李工连续几昼夜查阅工程记录，又逐个楼层摸清所用材料的品种、数量，决心再到购买这些材料的市场里摸清价格底细。李工心里十分清楚，工程审核如有一丝的松懈马虎，就会给发包人带来数十万甚至几百万元的损失。"坐在屋里审价是算不清、审不明的。"第二天，他开始奔波于几个大型的建材市场。历时 54 个日日夜夜，他白天跑商场核对，夜里埋头细细核算，仅记录的账页材料就有 1 尺多厚。与承包人公开核对结算的那天，李工一项接一项打出掌握的"底牌"：你们报价每盏 260 元的感应灯，市场价格只卖 26 元，这有商场的证言为据；你们报价每 900 元/m^3 的火山石，当时市场批发 600 元就可买到；你们报价每 220 元/m^2 花岗岩地砖，当时市场价格为 180 元，这些也有商店的票据为证……，这个装饰公司 10 多名"谈判"老手顿时愣了，不得不在核减 1 100 万元协议上签字。他们最后感言道："李工把咱们的底细能摸得这么清楚，我们做梦也没想到啊。"

【分析】 要把工程造价如实审核清楚，掌握当时材料购买价格是关键。通过各种证据掌握各种材料的大致实际采购价格至关重要。

2)电话调查。对于异地购买的材料、新兴建筑材料、特种材料，或在审核时间紧的情况下，可采取与类似生产厂家或经销商进行电话了解，询得采购价格。

3)上网查询。在网上查询了解材料价格，具有方便、快捷的特点。随着信息化进度的加快，各省市都建立了造价信息网站，对及时、准确查找到材料价格信息提供了可能。

4)当事人调查。材料真实采购价格，承包人对外常常会加以封锁，中介审核人员要搞准具体价格，还要调查可能的不同知情者，如参与考察的人员、发包人代表、监理人员、承包人材料采购人员以及业内人士等，从而获得一些活动情况，以便定价时参考。

(2)取定材料价格的方法，调查取得价格信息资料后，就要对这些资料进行综合分析、平衡、过滤，从而取定最接近客观实际并符合审价要求的价格。

1)应考虑调查价格与实际购买价格的差异。由于市场变异、时间的变更、调查人的能力等因素，可能会出现调查价格高于或低于实际购买价的现象。一般情况下，大宗订购材料价格应低于市场价格一定比例，零购材料价格不应高于市场价格。另外，材料价格是具有时间性的，材料价格的时间点应与工程施工的时间段基本吻合，也就是说，不宜用项目施工前或项目竣工之后一段时间的材料价格作为计价标准，应以施工期内的市场实际价格作为计算的依据。

2)参考其他价格信息。取定材料价格时还应综合考虑下列几种价格资料。

①参考信息价。目前，各地区定期发布《建筑材料价格信息》指导价格，其作为工程项目概(预)算和编制标底的取价依据，在审价时，要利用这种法规性文件的指导作用计取材料价格。

②参考发票价。参考承包人的购货发票，虽然可能存在假、虚、空等问题，但在市场调查的基础上，可作为参考的依据之一。

③参考口头价。有时承包人可能拿不出某种材料的价格凭据，只提供"口头价格"，这里的水分可能更大一些，更应慎重取舍。

④参考定额价。定额价格是加权平均价，具有较强的指导作用，一般来说，土建材料与市场差异不大，但许多装饰材料则可能出入较大，应分别对待。

⑤其他工程中同类建材价格。在同期建设的工程中，已审定工程中所取定的材料价格，可作为在审工程材料价格取定参照，甚至可以直接采用。

3)理论测算法。甲、乙双方因非标(件)设备引起的纠纷也是经常发生的。非标(件)设备是指国家尚无定型标准，生产厂家在没有批量生产，只能根据订货和设计图纸制造的(件)设备。这种纠纷多数因对计价方法的认知不同。非标(件)设备的价格计算方法有系列设备插入估价法、分布组合估价法、成本计算估价法、定额估价法。一般审价认为，应采用成本计算估价法。它的费用构成是：材料费、加工费、辅助材料费、专用工具费、废品损失费、外购配套件费、包装费、利润、税金、设计费等。成本计算估价法能使设备接近实际价格。

由新型材料价格引起的纠纷也很多。目前，新型建筑材料发展迅速，价格不被大多数人所了解和掌握，结算时甲、乙双方常常因价格争执不下。这就需要审价人员向厂家进行调查咨询，在此基础上，综合考虑其他费用，如采购保管费、包装费、运输费、利润、税金等进行估价，这样计算出的价格双方均能接受。

(3)取价策略。

1)做好相关准备。目前，市场上建筑材料品种众多，质量良莠不一，价格差异大。调查之前，应对材料的种类、型号、品牌、数量、规格、产地及工程施工环境、进货渠道进行初步了解。掌握这些因素与价格的差异关系，有利于判断价格的准确性；掌握所调查材料相关知识，防止实际用低等级材料，而结算按高等级材料计价；掌握承包人材料的进货渠道及供货商情况，以便实施调查时有的放矢。

2)注意方法策略。审价人员到市场调查价格信息，由于不是真正的潜在顾客，经销商一旦察觉到是在打探商业内幕，便会拒绝提供或消极提供有关信息，因此，调查时一定要注意方法策略。一是询问时要给对方以潜在顾客的感觉；二是注意对不同调查对象进行比较。调查时要注意专卖店与零售店，大经销商与小经销商之间的价格差异，还要同时了解同种商品在市场中价格为什么会产生的差异，争取做到多询问、多打听、多比较、多观察。

3)平时注意收集资料。审核人员在平时工作中就应留意收集价格信息，同一材料价格在不同工程上可以互为借鉴。重视市场材料价格信息的变化，建立价格信息资源库，使用时及时取用。

【例 3-37】 某医院门诊大楼装饰工程是该市重点建设工程项目。为节省有限的建设资金，该院领导高度重视结算筹划。该工程自立项后，即委托造价咨询公司进行本项工程的全过程造价监控工作。在招标过程中，严格执行国家招投标法的规定。经市场调查，将花岗石、大理石、铝塑板等 28 种主要装饰材料价格控制在一个合理的幅度范围内，在招标文件中加以明确，有利地杜绝了招投标过程中的"抬高标底"现象。在施工过程中，由发包人、承包人和造价咨询单位联合组成工作组，走访市场，货比三家，调查并确定主要装饰材料价格，并作材料价格签证。经测算，此项工作与同类型装饰工程相比较，在不影响原建筑设计效果的情况下，节省建设投资资金25%以上。

3.3.7 综合单价签证

以下介绍工程量清单计价模式下单价的签证与审核。

(1)清单计价模式下，单价的使用原则。一般在工程设计变更和工程外项目确定后7天内，设计变更、签证涉及工程价款增加的，由承包人向发包人提出，涉及工程价款减少的，由发包人向承包人提出，经对方确认后调整合同价款。变更合同价款按下列方法进行：

1)当投标报价中已有适用于调整工程量的单价时，按投标报价中已有的单价确定。

2)当投标报价中只有类似于调整工程量的单价时，可参照该单价确定。

3)当投标报价中没有适用和类似于调整的工程量的单价时，由承包人提出适当的变更价格，经与发包人或其委托的代理人(发包人代表、监理工程师)协商确定单价；协商不成，报工程造价管理机构审核确定。

(2)清单计价方式下，单价的报审程序。

1)换算项目。在工程实践中，难免出现材料调整，如面砖的规格调整，在定额计价模式下，只要进行子目变更或换算即可，但在清单模式下，特别是固定单价合同，单价的换算必须经过报批。一般每个单价分析明细表中的费用费率都必须与投标时所承诺的费率一致；换算后的材料消耗量必须与投标时一致，换算前的材料单价应在“备注”栏注明；换算项目单价分析表必须先经过监理和发包人计财合同部审批后再按顺序编号页码附到结算书中。换算项目有关表式见表3-13及表3-14。

表3-13 换算项目综合单价报批汇总表

工程名称：

序号	清单编号	项目名称	计量单位	报批单价	备注

编制人： 复核人：

表 3-14 换算项目综合单价分析表

工程名称：

编制单位：（盖章）　　监理单位：（盖章）

清单编号：						
项目名称：						
工程(或工作)内容：						
序号	项目名称	单位	消耗量	单价	合价	备注
1	人工费(a+b+…)	元				
a						
b						
	……					
2	材料费(a+b+…)					
a						
b						
	……					
3	机械使用费(a+b+…)	元				
a						
b						
	……					
4	管理费(1+2+3)×(　)%					
5	利润(1+2+3+4)×(　)%					
6	合计(1-5)	元				

编制人：　　复核人：

监理单位造价工程师：　　发包人单位造价部：（经办人签字）

（复核人签字）

（盖　章）

2)类似项目。当原投标报价中没有适用于变更项目的单价时，可借用类似项目单价，但同样需要进行报批。一般每个单价分析明细表中的费用费率都必须与投标时类似清单项目的费率一致；原清单编号为投标时相类似的清单项目；类似项目单价分析表必须先经过监理和发包人计财合同部审批后再按顺序编号页码附到结算书中。类似项目有关表式，见表 3-15 及表 3-16。

表 3-15 类似项目综合单价报批汇总表

工程名称：

序号	清单编号	项目名称	计量单位	报批单价	备注

编制人：　　复核人：

表 3-16　类似项目综合单价分析表

工程名称：

编制单位：（盖章）　　　　　　　　　　　　　　　　　　　　　　　　监理单位：　　（盖章）

清单编号：			原清单编号			
项目名称：			设计单位			
工程（或工作）内容：			综合单价			
序号	项目名称	单位	消耗量	单价	合价	备注
1	人工费（a+b+…）	元				
a						
b						
	……					
2	材料费（a+b+…）	元				
a						
b						
	……					
3	机械使用费（a+b+…）	元				
a						
b						
	……					
4	管理费（1+2+3）×（　）%					
5	利润（1+2+3+4）×（　）%	元				
6	合计（1−5）	元				

编制人：　　　　　　　　　　　　　　　　　　　　　　　　复核人：

监理单位造价工程师　　　　　　　　　　　　发包人单位造价部：　（经办人签字）

（复核人签字）

（盖　章）

3）未列项目。当原投标报价中没有适用或类似项目单价时，承包人必须提出相应的单价报审，其实相当于重新报价。一般每个单价分析明细表中的费用费率都必须与投标时所承诺的费率一致；为防止承包人借机胡乱报价，甲乙双方应事前在招投标阶段协商确定"未列项目（清单外项目）取费标准"或达成参考某定额、费用定额计价。未列项目单价分析表中的取费标准按投标文件表"未列项目（清单外项目）收费明细表"执行；参照定额如根据定额要求含量需要调整的应在备注中注明调整计算式或说明计算式附后；未列项目单价分析表必须先经过监理和发包人计财合同部审批后再按顺序编号页码附到结算书中。未列项目有关参考表式见表 3-17 及表 3-18。

表 3-17　未列项目综合单价报批汇总表

工程名称：

序号	清单编号	项目名称	计量单位	报批单价	备注

编制人：　　　　　　　　　　　　　　　　　　　　　　　　　　复核人：

表 3-18　未列项目综合单价分析表

工程名称：

编制单位：（盖章）　　　　　　　　　　　　　　　　　　　　　监理单位：（盖章）

清单编号：			参考定额			
项目名称：			计量单位			
工程（或工作）内容：			综合单价			
序号	项目名称	单位	消耗量	单价	合价	备注
1	人工费（a＋b＋…）	元				
a						
b						
	……					
2	材料费（a＋b＋…）	元				
a						
b						
	……					
3	机械使用费（a＋b＋…）	元				
a						
b						
	……					
4	管理费（1＋2＋3）×（　）％					
5	利润（1＋2＋3＋4）×（　）％	元				
6	合计（1－5）	元				

编制人：　　　　　　　　　　　　　　　　　　　　　　　　　　复核人：

监理单位造价工程师　　　　　　　　　　发包人单位造价部：　（经办人签字）

（复核人签字）

（盖　章）

3.4 工程索赔概述

3.4.1 工程索赔的概念

工程索赔是在工程承包合同履行中，当事人一方由于另一方未履行合同所规定的义务或者出现了应当由对方承担的风险而遭受损失时，向另一方提出赔偿要求的行为。在《建设工程施工合同(示范文本)》中索赔是双向的，既包括承包人向发包人的索赔，也包括发包人向承包人的索赔。一般情况下，发包人索赔数量较小，而且处理方便，可以通过冲账、扣拨工程款、扣保证金等实现对承包人的索赔；而承包人对发包人的索赔则比较困难一些。通常情况下，索赔是指承包人在合同实施过程中，对非自身原因造成的工程延期、费用增加而要求发包人给予补偿损失的一种权利要求。

索赔有较广泛的含义，可以概括为以下三个方面：

(1)一方违约使另一方蒙受损失，受损方向对方提出赔偿损失的要求。

(2)发生应由发包人承担责任的特殊风险或遇到不利自然条件等情况，使承包人蒙受较大损失而向发包人提出补偿损失要求。

(3)承包人本应当获得的正当利益，由于没能及时得到监理人的确认和发包人应给予的支付，而以正式函件向发包人索赔。

工程索赔是对工期和费用的补偿行为，不是惩罚，是合同双方依据合同约定维护自身合法利益的行为。

3.4.2 工程索赔产生的原因

(1)当事人违约。当事人违约常常表现为没有按照合同约定履行自己的义务。发包人违约常常表现为没有为承包人提供合同约定的施工条件、未按照合同约定的期限和数额付款等；监理人未能按照合同约定完成工作，如未能及时发出图纸、指令等也视为发包人违约；承包人违约的情况则主要是没有按照合同约定的质量、期限完成施工，或者由于不当行为给发包人造成其他损害。

(2)不可抗力或不利的物质条件。不可抗力又可以分为自然事件和社会事件。自然事件主要是工程施工过程中不可避免发生并不能克服的自然灾害，包括地震、海啸、瘟疫、水灾等；社会事件则包括国家政策、法律、法令的变更，战争、罢工等。不利的物质条件通常是指承包人在施工现场遇到的不可预见的自然物质条件、非自然的物质障碍和污染物，包括地下和水文条件等。

(3)合同缺陷。合同缺陷表现为合同文件规定不严谨甚至矛盾、合同中的遗漏或错误。在这种情况下，工程师应当给予解释，如果这种解释将导致成本增加或工期延长，发包人应当给予补偿。

(4)合同变更。合同变更表现为设计变更、施工方法变更、追加或者取消某些工作、合同规定的其他变更等。

(5)监理人指令。监理人指令有时也会产生索赔，如监理人指令承包人加速施工、进行某项工作、更换某些材料、采取某些措施等，并且这些指令不是由于承包人的原因造成的。

(6)其他第三方原因。其他第三方原因常常表现为与工程有关的第三方的问题而引起的对本工程的不利影响。

3.4.3 工程索赔的分类

工程索赔依据不同的标准可以进行不同的分类。

1. 按索赔目的分类

按索赔目的可以将工程索赔分为工期索赔和费用索赔。

(1)工期索赔。由于非承包人责任的原因而导致施工进程延误，要求批准顺延合同工期的索赔，称为工期索赔。工期索赔形式上是对权利的要求，以避免在原定合同竣工日不能完工时，被发包人追究拖期违约责任。一旦获得批准合同工期顺延后，承包人不仅免除了承担拖期违约赔偿费的严重风险，而且可能提前工期得到奖励，最终仍反映在经济收益上。

(2)费用索赔。费用索赔的目的是要求经济赔偿。当施工的客观条件改变而增加承包人开支，要求对超出计划成本的附加开支给予补偿，以挽回不应由他承担的经济损失。

2. 按索赔事件的性质分类

按索赔事件的性质可以将工程索赔分为工程延误索赔、工程变更索赔、合同被迫终止索赔、工程加速索赔、意外风险和不可预见因素索赔及其他索赔。

(1)工程延误索赔。因发包人未按合同要求提供施工条件，如未及时交付设计图纸、施工现场、道路等。或因发包人指令工程暂停或不可抗力事件等原因造成工期拖延的，承包人对此提出索赔。这是工程中常见的一类索赔。

(2)工程变更索赔。由于发包人或监理人指令增加或减少工程量或增加附加工程、修改设计、变更工程顺序等，造成工期延长和费用增加，承包人对此提出索赔。

(3)合同被迫终止的索赔。由于发包人或承包人违约以及不可抗力事件等原因造成合同非正常终止，无责任的受害方因其蒙受经济损失而向对方提出索赔。

(4)工程加速索赔。由于发包人或监理人指令承包人加快施工速度，缩短工期，引起承包人的人、财、物的额外开支而提出的索赔。

(5)意外风险和不可预见因素索赔。在工程实施过程中，因人力不可抗拒的自然灾害、特殊风险以及一个有经验的承包人通常不能合理预见的不利施工条件或外界障碍，如地下水、地质断层、溶洞、地下障碍物等引起的索赔。

(6)其他索赔。如因货币贬值、汇率变化、物价上涨、政策法令变化等原因引起的索赔。

知识拓展

设计变更、工程签证与工程索赔的区别

设计变更、工程签证是工程承发包方双方在合同履行中，对工程质量变化、设计变化、工期增减、价款调整等所达成的双方意思表示一致的补充协议，双方互相书面确认的设计变更单和工程签证单是工程结算增减工程造价的凭据。其主要特征如下：

(1)设计变更和工程签证是承发包双方意思表示一致的产物。一方提出签证要约，另一方给予承诺，是双方的法律行为，其法律后果是确认事实或者变更合同。

(2)涉及的双方利益已经确定，可直接作为工程结算的凭据。承包人凭借设计变更单和工程签证单，可以要求发包人延迟工期、增加价款或赔偿损失，否则索赔无据。

(3)设计变更和工程签证是施工中的例行工作，一般不依赖于证据。

工程索赔是工程承发包双方在合同履行过程中，对于并非自己过错，并应由对方承担责任情形所造成的损失，向对方提出经济补偿或工期顺延等要求，是单方的权利主张。

工程索赔的主要特征如下：

(1)设计变更和工程签证是双方法律行为的特征不同，工程索赔是双方未能协商一致的结果，是单方主张权利的要求，是单方法律行为。

(2)设计变更和工程签证涉及的利益已经确定的特点不同，工程索赔涉及的利益尚待确定，是一种期待权益。

(3)设计变更和工程签证一般不依赖于证据不同，工程索赔是要求未获确认权利的单方主张，必须依赖于证据。

3.4.4 工程索赔的处理程序及索赔报告

以承包人向发包人工程索赔为例。

1. 索赔的处理程序

(1)索赔的提出。

1)承包人在知道或应当知道索赔事件发生后 28 天内，向发包人递交索赔意向通知书，并说明发生索赔事件的事由。承包人未在前述 28 天内发出索赔意向通知书的，丧失要求追加付款和(或)延长工期的权利。

2)承包人应在发出索赔意向通知书后 28 天内，向发包人正式递交索赔报告。索赔报告应详细说明索赔理由以及要求追加的付款金额和(或)延长的工期，并附必要的记录和证明材料。

3)索赔事件具有连续影响的，承包人应按合理时间间隔继续递交延续索赔通知，说明连续影响的实际情况和记录，列出累计的追加付款金额和(或)工期延长天数。

4)在索赔事件影响结束后的 28 天内，承包人应向监理人递交最终索赔报告，说明最终要求索赔的追加付款金额和延长的工期，并附必要的记录和证明材料。

(2)发包人对索赔的处理程序。

1)发包人收到承包人提交的索赔报告后，应及时审查索赔报告的内容、查验承包人的记录和证明材料，必要时发包人可要求承包人提交全部原始记录副本。

2)发包人应在收到上述索赔报告或有关索赔的进一步证明材料后的 42 天内，将索赔处理结果答复承包人，如果发包人未在上述期限内做出答复，则视为对承包人索赔要求的认可。

3)承包人接受索赔处理结果的，索赔款项在当期进度款中进行支付；承包人不接受索赔处理结果的，按本合同争议解决条款的约定办理。

(3)承包人提出索赔的期限。承包人按本合同的约定接受了竣工付款证书后，应被认为已无权再提出在工程接收证书颁发前所发生的任何索赔。

2. 索赔报告

索赔报告的内容，随索赔事件性质不同而不同。一般来说，完整的索赔报告应包括以下四个部分。

(1)总论部分。一般包括以下内容：序言；索赔事项概述；具体索赔要求；索赔报告编写及审核人员名单。

文中首先应概要地论述索赔事件的发生日期与过程；承包人为该索赔事件所付出的努力和附加开支；承包人的具体索赔要求。在总论部分最后，附上索赔报告编写组主要人员及审核人员的名单，注明有关人员的职称、职务及施工经验，以表示该索赔报告的严肃性和权威性。总论部分的阐述要简明扼要、说明问题。

(2)根据部分。本部分主要是说明自己具有的索赔权利，这是索赔能否成立的关键。根据部分的内容主要来自该工程项目的合同文件，并参照有关法律规定。该部分中承包人应引用合同中的具体条款，说明自己理应获得经济补偿或工期延长。

根据部分的篇幅可能很大，其具体内容随各个索赔事件的情况而不同。一般地说，根据部分应包括以下内容：索赔事件的发生情况；已递交索赔意向书的情况；索赔事件的处理过程；索赔要求的合同根据：所附的证据资料。

在写法结构上，按照索赔事件发生、发展、处理和最终解决的过程编写，并明确全文引用有关的合同条款，使建设单位和监理工程师能及时地、全面地了解索赔事件的始末，并充分认识该项索赔的合理性和合法性。

(3)计算部分。该部分是以具体的计算方法和计算过程，说明自己应得经济补偿的款额或延长时间。如果说根据部分的任务是解决索赔能否成立，则计算部分的任务就是决定应得到多少索赔款额和工期。前者是定性的，后者是定量的。

在款额计算部分，承包人必须阐明下列问题：索赔款的要求总额；各项索赔款的计算，如额外开支的人工费、材料费、管理费和损失利润；指明各项开支的计算依据及证据资料，承包人应注意采用合适的计价方法。至于采用何种计价法，应根据索赔事件的特点及自己所掌握的证据资料等因素来确定。其次，应注意每项开支款的合理性，并指出相应的证据资料的名称及编号。切忌采用笼统的计价方法和不实的开支款额。

(4)证据部分。证据部分包括该索赔事件所涉及的一切证据资料，以及对这些证据的说明，证据是索赔报告的重要组成部分，没有翔实可靠的证据，索赔是不能成功的。在引用证据时，要注意该证据的效力或可信程度。为此，对重要的证据资料最好附以文字证明或确认件。例如，对一个重要的电话内容，仅附上自己的记录本是不够的，最好附上经过双方签字确认的电话记录或附上发给对方要求确认该电话记录的函件，即使对方未给复函，也可说明责任在对方，因为对方未复函确认或修改，按惯例应理解为已默认。

3.5 工程索赔的计算

3.5.1 索赔费用的计算

索赔费用不应被视为承包人的意外收入，也不应被视为发包人的不必要开支。实际上，索赔费用的存在是基于建立合同时还无法确定的某些应由发包人承担的风险因素导致的结果。承包人的投标报价中一般不考虑应由发包人承担的风险对报价的影响，因此一旦这类风险发生并影响承包人的工程成本时，承包人提出费用索赔是一种正常现象和合情合理的行为。

1. 费用索赔的种类及费用构成

在工程施工阶段，引起施工索赔的因素是多种多样的，每一具体索赔事件所发生的费用构成也不尽相同，但是，按照索赔起因及其费用构成特点可分为工程量增加费，施工延误损失费，加速施工费，发包人或工程师违约的损失费，中止及解除合同损失费，国家政策、法规变化影响的费用等。

(1)工程量增加费。工程量增加费是指由于某些因素的影响，施工中实际发生的工程量超过了原合同或图纸规定的工程量而发生的施工索赔费用。

1)设计变更引起的工程量增加。工程施工过程中发生的设计变更，无论是完善性设计变更，还是修改性设计变更都有可能引起工程量的增加。

2)工程师指令引起的工程量增加。工程施工中，工程师在施工合同规定的限度内可以实现发包人增加工程量的愿望。如某工程中，工程师指令在接待室增加装饰吊顶、窗帘杆和空调等。

3)不可预见性障碍引起的工程量增加。施工过程中发生的不可预见性障碍的处理往往会导致工程量增加，如增加土方挖填量、增加混凝土量等。

工程量增加费的数量是由所确认的工程增加量的直接费(人工费、材料费，机械使用费)、间接费和其他费用构成，按照施工合同工程价款确定的原则，或按照合同条款中规定的计算办法进行计算。

(2)施工延误损失费。施工延误损失费是指由于非承包人的原因所导致的施工延误事件给承包人造成实际损失而发生的施工索赔费用。引起这种索赔费用的因素通常是：

1)发包人、工程师或与发包人有直接关系的第三方所引起的延误。

2)不可预见性障碍处理引起的延误。

3)异常恶劣的气候条件引起的延误。

4)特殊社会条件引起的延误。

由上述原因造成承包人的实际损失，与工程量增加费是完全不同的情况，其费用构成是下列几种情况的组合：

1)工人停工损失费或需暂调其他工程时的调离现场及再次调回费。

2)施工机械闲置费。当承包人使用租赁机械时是指机械租赁费；当承包人使用自有机械时是指机械闲置费或暂调其他工程时的调离及二次进场费。

3)材料损失费。材料损失费包括易损耗材料因施工延误而加大的损耗；水泥、涂料、油漆等材料因延误造成过期失效或材料调运其他工地的运输、装卸费及新材料的二次进场费等。

4)材料价格调整。受市场价格变化的影响，因施工延误迫使承包人的材料采购推迟，当延误前后材料明显涨价时，承包人不得不付出比计划进度情况下增加的费用。

5)异常恶劣气候条件、特殊社会条件造成已完工程损坏或质量达不到合格标准时的处置费、重新施工费等。

(3)加速施工费。加速施工费是指由于非承包人的原因导致工期延误，承包人根据工程师的指令加速施工，从而比正常进度状态下完成同等工程量施工成本提高而发生的施工索赔费用。通常情况下，加速施工费由以下几种情况构成。

1)实行比定额标准工资高的工资制度，如多发奖金、加班费等。

2)配备比正常进度人力资源多的劳动力，如为加速施工多雇佣工人；多安排技术熟练工；由一班制改为两班制甚至三班制；为增加的工人多购置工具、用具；增加服务人员；增建临时设施等。

3)施工机械设备的配置增加，周转性材料大量增多。如增加混凝土搅拌机，增加垂直提升设备；由于施工进度快，现浇钢筋混凝土结构的支撑和模板将减少周转次数，增加投入量。

4)采用先进价高的施工方法。如现浇钢筋混凝土工程中，使用商品混凝土；高空作业使用泵送混凝土机械等。

5)材料供应不能满足加速施工要求时，发生工人待工或高价采购材料。

6)加速施工中的各工种交叉干扰加大了施工成本等。

上述加速施工费用的产生，因不同的工程情况会千差万别，甚至会有加速效果不明显而加速施工费用却大幅度增加的情况发生。

(4)发包人或工程师违约损失费。发包人或工程师违约损失费是指在施工合同履行过程中，由于发包人或工程师违背合同规定，给承包人造成实际损失而发生的施工索赔费用。发包人或工程师违约损失费在工程实践中经常发生，但其费用构成却较为复杂，应根据具体情况具体分析。

1)发包人延迟付款。发包人因某种原因不能按合同条款规定的时间支付承包人工程款项的违约行为，会造成承包人该部分款项的利息损失，导致承包人该部分款项不能用于施工准备而造成其他损失。

2)发包人或工程师工作失误。发包人或工程师在行使合同所赋予的权利时，由于业务能力、工作经验等原因，往往发生不正确纠正工程的问题，提出不能实现的工程要求，进行了不自觉地苛刻检查等。无意但确实对承包人的正常施工造成了干扰，这类工作失误无疑会给承包人造成某些损失。如承包人进行了不必要的返工；不必要的多次暂停；干扰造成生产效率明显减低；增加不必要的工序和工器具；更新某种材料或施工设备等。

3)发包人对已完工程修改。承包人按照发包人提供的施工图纸进行施工后，发包人对已完成部位又提出修改要求，这在工程装修阶段是时常发生的，这种修改一般都会因此而增加施工费用。

(5)国家政策、法规变化影响的费用。国家在建设管理方面的政策、法规变化，或新的政策、法规颁布实施后，对工程施工活动往往会产生费用影响，施工费用会发生相应的变化。对于这方面的影响，承发包双方必须无条件地执行，建设工程费用必须进行相应的调整，而施工索赔正是在国家政策、法规变化情况下调整相关费用的常用方法。

(6)中止与解除合同损失费。中止与解除合同损失费是指由于施工合同的中止与解除给合同当事人造成实际损失而发生的施工索赔费用。合同的中止与解除，不影响当事人要求赔偿损失的权利，原施工合同中的条款对合同中止与解除后当事人之间有关结算、未尽义务、争议等仍然有效。所以，承发包双方在合同中止与解除后，都可以对所产生的损失向对方提出索赔要求。

按照《建设工程施工合同(示范文本)》通用条款的规定，合同解除后，承包人应妥善做好已完工程和已购材料、设备的保护和移交工作，按发包人要求将自有机械设备和人员撤出施工场地。发包人应为承包人撤出提供必要条件，支付以上所发生的费用，并按合同约定支付已完工程价款。已经订货的材料、设备由订货方负责退货或解除订货合同，不能退还的货款和因退货、解除订货合同发生的费用，由发包人承担，因未及时退货造成的损失由责任方承担。除此之外，有过错的一方应当赔偿因合同解除给对方造成的损失。

2. 费用索赔的计算方法

费用索赔的计算方法一般有两种，即总费用法和分项法。

(1)总费用法。

1)基本思路。总费用法的基本思路是把固定总价合同转化为成本加酬金合同，以承包人的额外成本为基点加上管理费和利润等附加费作为索赔值。

2)使用条件。这虽然是一种最简单的计算方法，但却不容易被对方、调解人和仲裁人认可，所以通常用得较少，因为它的使用有如下几个条件。

①合同实施过程中的总费用核算是准确的；工程成本核算符合普遍认可的会计原则；成本分摊方法、分摊基础选择合理；实际总成本与报价总成本所包括的内容一致。

②承包人的报价是合理的，反映实际情况。如果报价计算不合理，则按这种方法计算的索赔值也不合理。

③费用损失的责任或干扰事件的责任完全在于发包人或其他人，承包人在工程中无任何过失，而且没有发生承包人风险范围之内的损失。

④合同争执的性质不适用其他计算方法。例如，由于发包人原因造成工程性质发生根本变化，原合同报价已完全不适用。

⑤发包人和承包人签订协议，或在合同中规定，对于一些特殊的干扰事件，例如，特殊的附加工程、发包人要求加速施工、承包人向发包人提供特殊服务等，可采用成本加酬金的方法计算赔(补)偿值。

一般情况下，这种计算方法常用于对索赔值的估算。

3)在计算过程中要注意以下几个问题：

①索赔值计算中的管理费率一般采用承包人实际的管理费率分摊。这符合赔偿实际损失的原则。但实际管理费率的计算和核实是很困难的，所以，通常都用合同报价中的管理费率，或双方商定的费率。这需要双方协商达成共识。

②在费用索赔计算中，利润是一个复杂的问题，故一般不计算利润，以保本为原则。

③由于工程成本增加使承包人支出增加，这会引起工程的现金流量的增加。为此，在索赔中可以计算利息的支出(作为资金成本)。利息支出可按实际索赔数额、拖延时间和承包人向银行贷款的利率(或合同中规定的利率)计算。

(2)分项法。

1)基本思路。分项法是按每个(或每类)干扰事件，以及这个事件所影响的各个费用项目分别计算索赔值的方法。

2)特点。

①分项法比总费用法复杂，处理起来困难。

②分项法反映实际情况，比较合理、科学。

③分项法为索赔报告的进一步分析评价、审核，双方责任的划分，双方谈判和最终解决提供方便。

④应用面广，人们在逻辑上容易接受。

所以，通常在实际工程中费用索赔计算都采用分项法。但对于具体的干扰事件和具体的费用项目，分项法的计算方法又是千差万别的。

3)分项法计算索赔值的步骤。

①分析每个或每类干扰事件所影响的费用项目。

②确定各费用项目索赔值的计算基础和计算方法，计算每个费用项目受干扰事件影响后的实际成本或费用值，并与合同报价中的费用值对比，即可得到该项费用的索赔值。

③将各费用项目的计算值列表汇总，得到总费用索赔值。

用分项法计算，注意不能遗漏。在实际工程中，许多现场管理者提交索赔报告时常常因为自身所处的位置及直接感受，仅考虑直接成本，即现场材料、人员、设备的损耗，而忽略计算一些附加的成本，例如，工地管理费分摊；人员在现场延长停滞时间所产生的附加费，如假期、差旅费、工地住宿补贴、平均工资的上涨；由于推迟支付而造成的财务损失；保险费和保函费用增加等。

3. 费用索赔的项目及其计算

(1)人工费。人工费属工程直接费，指直接从事施工的工人、辅助工长、工长的工资及其有关的费用。施工索赔中的人工费是指额外劳务人员的雇佣、加班工作、人员闲置和劳动生产率降低的工时所花费的费用。

人工费一般用投入工时与投标人工单价或折算单价相乘可得。

在干扰事件发生后，为了方便起见，工程师有时会实施计日工作。此时索赔费用计算可采用计日工工作表中的人工单价。

发包人通常会认为不应计算闲置人员的奖金、福利等报酬，常常将闲置人员的人工单价按折算成人工单价计算，一般为0.750。除此之外，人工单价还可参考其他有关标准定额。

如何确定因劳动生产率降低而额外支出的人工费问题是一个很重要的问题，国外非常重视在这方面的索赔研究，索赔值相当可观。其计算方法，一般有以下三类。

1)实际成本和预算成本比较法。这种方法是用受干扰后的实际成本与合同中的预算成本比较，计算出由于劳动效率降低造成的损失金额。计算时需要详细的施工记录和合理的估价体系，当两种成本的计算准确，而且成本增加确是发包人原因时，索赔成功的可能性很大。

2)正常施工期与受影响施工期比较法。这种方法是分别计算出正常施工期内和受干扰时施工期内的平均劳动生产率，求出劳动生产率降低值，然后再求出索赔额。其计算公式为：

人工费索赔额＝计划工时×劳动生产率降低值×相应人工单价

3)用科学模型计量的方法。利用科学模型来计量劳动生产率损失是一种较为可信的科学方法，它是根据对生产率损失的观察和分析，建立一定的数学模型，然后运用这种模型来进行生产率损失的计算。在运用这种计量模型时，要求承包人能在确认干扰事件发生后立即意识到为选用的计量模型记录和收集资料。

(2)材料费。材料费的索赔主要包括材料涨价费用、额外工程材料使用费用、额外新增材料使用费、材料破损消耗估价费用、已购材料处置损失费等。

1)材料涨价费。由于建设工程项目的施工周期通常较长，在合同工期内，材料涨价、降价会经常发生。为了进行材料涨价的索赔，承包人必须出示原投标报价时的采购计划和材料单价分析表，并与实际采购计划、工期延期、变更等结合起来，以证明实际的材料购买确实滞后于计划时间，再加上出具有关订货单或涨价的价格指数、运费票据等，以证明材料价和运费确实已上涨。

2)额外工程材料的使用费。主要表现为追加额外工作、工程变更、改变施工方法等。计算时根据增加或变更的工程量来确定材料的增加量。

3)额外新增材料使用费。工期的延误会造成材料采购不到位，不得不采用代用材料或进行设计变更时，由此增加的工程成本也可以列入材料费用索赔之中。另一种情况是材料的改变，新选定的材料与原设计的材料之间可能产生的差价。

4)材料破损消耗费。由于工期的延长，按合同计划到场的材料长时间停放造成的破损、消耗费用，计算时需要将实际的损耗率扣减正常的材料保管损耗率。如果材料的保管因为工期的延长需要采取额外的措施，需要计算措施投入的费用，这种情况下，就不能再计算材料的上述损耗费用。

5)已购材料处置损失费。由于工程变更、施工方法的改变等，按原施工计划采购的材料无法使用，处置后的费用与原采购费用之间的差额扣减处置过程中发生的必要费用。

(3)施工机械费。机械费索赔包括增加台班量、机械闲置或工作效率降低、台班费率上涨等费用。台班费率按照相关定额和标准手册取值。对于工作效率降低，可参考劳动生产率降低的人工费索赔的计算方法。台班量的计算数据来自机械使用记录。对于租赁的机械，取费标准按租赁合同计算。

在索赔计算中，多采用以下方法计算：

1)采用公布的行业标准的租赁费率。承包人采用租赁费率是基于以下两种情况考虑：

①如果承包人的自有设备不用于施工，他可将设备出租而获利。

②虽然设备是承包人自有，他却要为该设备的使用支出一笔费用，这笔费用应与租用某种设备所付出的代价相等。

因此在索赔计算中，施工机械的索赔费用的计算表达如下：

机械索赔费＝设备额外增加工时(包括闲置)×设备租赁费率

这种计算，发包人往往会提出不同的意见，通常认为承包人不应得到使用租赁费率中所得的附加利润。因此，一般将租赁费率打特定的折扣。

2)参考定额标准进行计算。在进行索赔计算中，采用标准定额的费率或单价是一种能为双方所接受的方法。对于工程师指令实施的计日工作，应采用计日工作表中的机械设备单价进行计算。对于租赁的设备，均采用租赁费率。在考察机械合理费用单价的组成时，可将其费用划分为两大部分，即不变费用和可变费用。其中，折旧费、大修费、安拆场外运输费、车船使用税等，一般都是按年度分摊的，称为不变费用，是相对固定的，与设备的实际使用时间无直接关系。人工费、燃料动力费、轮胎磨损费等随设备实际使用时间的变化而变化，称为可变费用。在设备闲置时，除司机工资外，可变费用也不会发生。因此，在处理设备闲置时的单价时，一般都建议对设备标准费率中的不变费用和可变费用分别扣除25％和50％。

(4)管理费。管理费包括现场管理费(工地管理费)和总部管理费(公司管理费、上级管理费)两部分。

1)现场管理费。现场管理费是指具体于某项工程现场施工而发生的间接费用，该项索赔费用应列入以下内容：额外新增工作雇佣额外的工程管理人员费用；管理人员工作时间延长的费用；工程延长期的现场管理费；办公设施费；办公用品费；临时供热、供水及照明费；保险费；管理人员工资和有关福利待遇的提高费等。现场管理费一般占工程直接成本的 8%～15%。

现场管理费的索赔值用下式计算：

现场管理费索赔值＝索赔的直接成本费×现场管理费率

现场管理费率的确定可选用下列的方法：

①合同百分比法。按合同中规定的现场管理费率。

②行业平均水平法。选用公开认可的行业标准现场管理费率。

③原始估价法。采用报价时使用的现场管理费率。

④历史数据法。采用以往相似工程的现场管理费率。

2)总部管理费。总部管理费是属于承包人整个公司，而不能直接归于直接工程项目的管理费用。它包括总部办公大楼及办公用品费用、总部职工工资、投标组织管理费用、通信邮电费用、会计核算费用、广告及资助费用、差旅费等其他管理费用。总部管理费一般占工程成本的 3%～10%。

总部管理费的索赔值用下列方法计算：

①日费率分摊法。在延期索赔中采用，其计算公式如下：

$$\text{延期合同应分摊的管理费}(A)=\frac{\text{延期合同额}}{\text{同期公司所有合同额之和}}\times\text{同期公司总计划管理费}$$

$$\text{单位时间（日或周）管理费率}(B)=\frac{A}{\text{计划合同期（日或周）}}$$

$$\text{管理费索赔值}(C)=B\times\text{延期时间（日或周）}$$

②总直接费分摊法。在工作范围变更索赔中采用，计算公式为：

$$\text{被索赔合同应分摊的管理费}(A_1)=\frac{\text{被索赔合同原计划直接费}}{\text{同期公司所有合同直接费总和}}\times\text{同期公司计划管理费总和}$$

$$\text{每元直接费包含管理费率}(B_1)=\frac{A_1}{\text{被索赔合同原计划直接费}}$$

$$\text{应索赔的总部管理费}(C_1)=B_1\times\text{工作范围变更索赔的直接费}$$

③分摊基础法。这种方法是将管理费支出按用途分成若干分项，并规定了相应的分摊基础，分别计算出各分项的管理费索赔额，加总后即为总部管理费总索赔额，其计算结果精确，但比较烦琐，实践中应用较少，仅用于风险高的大型项目。表 3-19 列出了管理费各构成项目的分摊基础。

表 3-19　管理费的不同分摊基础

管理费分析	分摊基础
管理人员工资及有关费用	直接人工工时
固定资产使用费	总直接费
利息支出	总直接费
机械设备配件及各种供应	机械工作时间
材料的采购	直接材料费

按上述公式计算的管理费数额，还可经发包人、工程师和承包人三方协商一致以后，

再具体确定；或者还可以采用其他恰当的计算方法来确定。一般来说，管理费是相对固定的收入部分，若工期不延长或有所缩短，则对承包人更加有利；若工期不得不延长，就可以索赔延期管理费，作为一种补偿和收入。

(5)利润。利润是承包人的净收入，是施工的全部收入减去成本支出后的盈余。利润索赔包括额外工作应得的利润部分和由于发包人违约等造成的可能利润损失部分。具体利润索赔主要发生在以下几个方面。

1)合同及工程变更。此项利润索赔的计算直接与投标报价相关联。

2)合同工期延长。延期利润损失是一种机会损失的补偿，具体款额计算可根据工程项目情况及机会损失多少而定。

3)合同解除。该项索赔的计算比较灵活多变，主要取决于该工程项目的实际营利性，以及解除合同时已完工作的付款数额。

(6)融资成本。融资成本又称资金成本，即取得和使用资金所付出的代价，其中，最主要的是支付资金供应者的利息。

由于承包人只能在干扰事件处理完结以后的一段时间内才能得到其索赔费用，所以承包人不得不从银行贷款或以自己的资金垫付，这就产生了融资成本问题，主要表现在额外贷款利息的支出和自有资金的机会损失。在以下几种情况下，可以进行利息索赔。

1)发包人推迟支付工程款和保留金，这种金额的利息通常以合同中约定的利率计算。

2)承包人借款或动用自己的资金来弥补合法索赔事项所引起的现金流量缺口。

在这种情况下，可以参照有关金融机构的利率标准，或者假定把这些资金用于其他工程承包可得到的收益来计算索赔费用，后者实际上是机会利润损失。

从以上具体各项索赔费用的内容可以看出，引起索赔的原因和费用是多方面的和复杂的，在具体一项干扰事件的费用计算时，应该具体问题具体分析，并分别列出详细的费用开支和损失证明及单据，交由工程师审核和批准。

在处理干扰事件的过程中，往往由于承包人和工程师对索赔的看法、经验、计算方法等不同，双方所计算的索赔金额差距较大，这一点值得承包人注意。

一般来说，索赔得以成功的最重要依据在于合同条件的规定，如FIDIC合同条件，对索赔的各种情况已做出了具体规定，就比较好操作。

【例3-38】 发包人与承包人通过招标方式签订了《建设工程施工合同》，发包人将其成教楼、住宅楼发包给承包人，并在合同中约定了工程名称、工程地点、工程内容、承包范围、工程造价、工期、质量等级及承包方式等内容。

施工过程中，因发现成教楼西半部浇板出现裂缝，监理下发停工整改通知书，成教楼全部停工。围绕成教楼裂缝问题，地质勘查工程公司做出《成教楼、住宅楼岩土工程勘察报告》，结论为“桩端持力层放在粉质黏土五层上，该五层土的数值是1 500 kPa。桩端极限端阻力与原土质资料相差较大，引起楼房基础沉降不均，建筑物倾斜、开裂等不良后果”。造成基础不均匀沉降是发包人提供的《成教楼、住宅楼岩土工程勘察报告》有误，其作为成教楼的发包人，应当向承包人提供准确无误的图纸，应承担停工损失的主要责任。下令停工后，承包人建筑机械、周转材料、人员一直留在工地长达6个月，承包人提出费用索赔，即停滞机械设备台班费、建筑周转材料损失、人工窝工损失、租用六吨塔式起重机支付的赔偿金，以上共计2 185 597.33元。

【例3-39】 某施工合同约定，施工现场主导施工机械一台，由承包人租赁，台班单价为 300 元/台班，租赁费为 100 元/台班，人工工资为 40 元/工日，窝工补贴为 10 元/工日，以人工费为基数的综合费率为 35%。在施工过程中，发生了如下事件：①出现异常恶劣天气导致工程停工 2 天，人员窝工 30 个工日；②因恶劣天气导致场外道路中断，抢修道路用工 20 工日；③场外大面积停电，停工 2 天，人员窝工 10 工日。为此，承包人可向发包人索赔费用为多少。

【解】 各事件处理结果如下：

1)异常恶劣天气导致的停工通常不能进行费用索赔。

2)抢修道路用工的索赔额＝20×40×(1＋35%)＝1 080(元)

3)停电导致的索赔额＝2×100＋10×10＝300(元)

总索赔费用＝1 080＋300＝1 380(元)

【例 3-40】 某公司承包人于 2012 年 7 月 25 日接到发包人通知“取消部分施工内容”的函，发包人取消公司承建的××项目一期 A 工程Ⓓ－Ⓐ①－㉔轴的±0.000 至 6.000 正立面的铝合金门窗施工，对应此部分内容，公司提出费用索赔。试计算索赔费用。

【解】 (1)加工所需已购原材料的损失。

①已购原材料见表 3-20。

表 3-20 已购原材料

序号	名称	数量	单位	单价/元	合计/元
1	76×44×1.6 管	490	支	402	196 980
2	百叶片	1 280	片	62	79 360
3	百叶框	120	支	54	6 480
4	50 中空压条	160	支	45	7 200
5	50 中空压线	250	支	38	9 500
6	30 连接角	30	支	202	6 060
7	22×15 管	40	支	32	1 280
合 计				306 860	

②五金配件定金。公司于 2012 年 3 月 28 日签署五金配件订购合同，同时支付订金 33 750.00 元(详见定金收据)。但由于发包人取消工作内容，导致公司违约造成双倍赔偿供货商定金，共计 67 500.00 元。

③钢化中空玻璃定金。公司于 2012 年 6 月 1 日签署钢化中空玻璃订购协议并支付定金 50 000 元。

综上所述，原材料直接损失费用共计：

306 860＋67 500＋50 000＝424 360(元)

(2)人工费。

①分包商窝工费用。此部分工程原定计划于 2012 年 2 月 15 日开工至 2012 年 2 月 28 日完工。前期一楼外架一直不能拆除，加之发包人装修地坪标高迟迟未定，致使公司一直无法按进度计划正常施工，后期具备施工条件后，接到通知后停工，造成公司 30 余人的施工队一半人长期窝工，窝工工期见表 3-21。

表 3-21　窝工工期

项目	计划工期/天	计划每日人数	计划工日合计	实际工期	备注
普工	14	1	14	160	
技工	14	30	420	2 400	

根据表 3-20 计算人工费，结果见表 3-22。

表 3-22　人工费

工种	数量	单位	单价/元	合价/元	备注
普工	160	工日	60	9 600	
技工	2 400	工日	70	168 000	
人工费用合计				177 600	

②分包商现场管理人员费用。由于不能按施工进度计划按时施工，致使工期延长 4 个月，造成分包商现场管理费用加大，工程成本增加，见表 3-23。

表 3-23　分包商现场管理人员费用

项目	人数	计划工期/月	实际工期/月	延长工期/月	月薪/元	工资支出/元
管理人员工资	4	2	6	4	3 000	48 000
管理人员福利开支	4	2	6	4	300	4 800
通信费	4	2	6	4	200	3 200
合　计						56 000

③项目部管理费用。公司项目部在编管理人员共计 62 人，由于工期延长了 153 天，共计增加管理费用见表 3-24。

表 3-24　项目部增加管理费用

项目	人数	计划工期/天	实际工期/天	延长工期/天	日工资/元	工资支出/元
管理人员工资	62	15	168	153	100	948 600
伙食费	62	15	168	153	10	94 860
通信费	62	15	168	153	6.7	63 556.2
社保、福利	62	15	168	153	23	218 178
住房补贴	62	15	168	153	10	94 860
合　计						1 420 054.2

根据上表，项目部共计增加管理费用 1 420 054.2 元，综合考虑在此期间有其他分项工程施工，该部分按总额的 10%计取，共计应算增加管理费用 142 005.42 元。

根据上述各项人工费分析，共计增加人工费用：

177 600＋56 000＋142 005.42＝375 605.42(元)

(3)施工机械费用。

①施工机具闲置费用。由于暂停该部分工程施工，造成施工机具闲置，发生闲置费用及折旧费用，见表3-25。

表3-25　施工机具闲置费用

机具名称	数量	单位	单价/台班	闲置天数	金额/元
型材方向切割机	2	台	50	153	15 300
型材双向切割机	2	台	25	153	7 650
钻床	1	台	1.7	153	260.1
电锤	6	把	0.3	153	275.4
合　计			23 485.5		

②施工机具维修费用。由于暂停该部分工程施工，造成施工现场机具维修费用，发生维修费用见表3-26。

表3-26　施工机具维修费用

工具名称	数量	单位	维修费单价/元	金额/元
型材方向切割机	2	台	100	200
型材双向切割机	2	台	100	200
钻床	1	台	20	20
电锤	6	把	50	300
手枪钻	10	把	30	300
接电箱	1	只	0	0
砂轮机	1	台	0	0
射钉枪	10	把	30	300
合　计			1 320	

③低值易耗品摊销费用见表3-27。

表3-27　低值易耗品摊销费

项目	数量	单价/元	金额/元
切割机刀片	4	250	1 000
钻头	40	2	80
合　计		1 080	

综上各项，施工机械费用共计：

23 485.5+1 320+1 080=25 885.5(元)

(4)管理费用。

①总包管理费用。根据与发包人签订的合同，工程量清单单价分析表中约定，总包商管理费用按合同清单工程直接费的11.55%计取的原则，共计：

(424 360+375 605.42+25 885.5)×11.55%=95 385.78(元)

②分包商向公司索赔管理费用。由于不能按施工进度计划按时施工，致使工期延长4个月，造成分包商内部管理费用加大，工程成本增加，见表3-28。

表3-28 分包商内部管理费

项目	月管理费/元	时间/月	金额/元
分包商公司管理费	1 000	4	4 000
合计		4 000	

管理费用共计：

95 385.78+4 000=99 385.78(元)

(5)保险费用。

①总包商保险延期费用。由于延误工期153天造成我公司购买的团体意外伤害保险延期，造成增加费用：

130 000÷365×153=54 493.15(元)

②分包商保险延期费用见表3-29。

表3-29 分包商保险延期费

项目	人数	时间/月	单价/元	金额/元
团队意外伤害险	30	3	80	7 200
合 计			7 200	

保险费用共计：

7 200+54 493.15=61 693.15(元)

(6)银行资金利息。由于不能按施工进度计划按时施工，致使工期延长5个月，造成公司资金长期被占用，见表3-30。

表3-30 银行资金利息

项目	资金总额/元	月利率/%	时间/月	金额/元
资金利息	987 501.6	0.7	5	34 562.56
合 计			34 562.56	

(7)间接损失。

①总包商间接损失。由于发包人取消了该部分施工内容，公司原投标报价时计算的预期利润无法得以实现，我方与发包人签订的合同中合同直接费金额为548 356.18元(详见合

同直接费用表)，该部分预期利润按 7%计取，共计 548 356.18×7%=38 384.93(元)。

②分包商间接损失。根据分包商上报索赔报告，其预期利润损失为 56 661 元。

间接费用共计：

38 384.93+56 661=95 045.93(元)

(8)税金。前项各款总和为 1 116 538.34 元，税率按国家税率 3.43%计取，共计 38 297.27 元。

根据上述费用分析，由于发包人取消××项目一期 A 工程Ⓓ～Ⓐ/①～㉔轴的±0.00 至 6.00 正立面的铝合金门窗施工，共计造成公司及分包商费用总和为 1 154 835.61 元。

3.5.2 工期索赔的计算

在工程施工中，常常会发生一些未能预见的干扰事件使施工不能顺利进行，使预定的施工计划受到干扰，结果造成工期延长。

工期索赔就是取得发包人对于合理延长工期的合法性的确认。施工过程中，许多原因都可能导致工期拖延，但只有在某些情况下才能进行工期索赔，详见表 3-31。

表 3-31 工期拖延与索赔处理

种类	责任方	处理方式
可原谅不补偿延期	责任不在任何一方，如不可抗力、恶性自然灾害	工期索赔
可原谅应补偿延期	发包人违约非关键线路上工期延期	费用索赔
	发包人违约导致总工期延期	工期及费用索赔
不可原谅延期	承包人违约导致整个工程延期	承包人承担一切损失责任

1. 工期延误的分类和识别

工程施工过程中发生的工期延误，按分类标准的不同有以下几类。

(1)按工程延误原因分类。

1)因发包人及工程师原因引起的延误。发包人及工程师原因引起的延误一般可分为两种情况，第一种是发包人或工程师自身责任原因引起的延误；第二种是合同变更原因引起的延误。具体包括：

①发包人拖延交付合格的施工现场。在工程项目前期准备阶段，由于发包人没有及时完成征地、拆迁、安置等方面的有关前期工作，或未能及时取得有关部门批准的开工许可或准建手续等，造成现场交付时间推迟，承包人不能及时进驻现场施工，从而导致工程拖期。

②发包人拖延交付图纸。发包人未能按合同规定的时间和数量向承包人提供施工图纸，尤其是目前国内较多的边设计、边施工的项目，从而引起工期索赔。

③发包人或工程师拖延审批图纸、施工方案、计划等。

④发包人拖延支付预付款或工程款。

⑤发包人指定的分包商违约或延误。

⑥发包人未能及时提供合同规定的材料或设备。

⑦发包人拖延关键线路上工序的验收时间，造成承包人下道工序施工延误。

⑧发包人或工程师发布指令延误，或发布的指令打乱了承包人的施工计划。

⑨发包人提供的设计数据或工程数据延误。

⑩因发包人原因暂停施工导致的延误。

⑪发包人设计变更或要求修改图纸，导致工程量增加。

⑫发包人对工程质量的要求超出原合同的规定。

⑬发包人要求增加额外工程。

⑭发包人的其他变更指令导致工期延长等。

2)因承包人原因引起的延误。因承包人原因引起的延误一般是指其内部计划不周、组织协调不力、指挥管理不当等引起的，具体包括：

①施工组织不当，如出现窝工或停工待料现象。

②质量不符合合同要求而造成的返工。

③资源配置不足，如劳动力不足、机械设备不足或不配套、技术力量薄弱、管理水平低、缺乏流动资金等造成的延误。

④开工延误。

⑤劳动生产率低。

⑥承包人雇佣的分包商或供应商引起的延误等。

显然上述延误难以得到发包人的谅解，也不可能得到发包人或工程师给予延长工期的补偿。承包人若想避免或减少工程延误的罚款及由此产生的损失，只有通过加强内部管理，或增加投入，或采取加速施工的措施来解决。

3)不可控制因素导致的延误。

①人力不可抗拒的自然灾害导致的延误。

②特殊风险如战争、叛乱、核装置污染等造成的延误。

③不利的施工条件或外界障碍引起的延误等。

(2)按工程延误的可能结果划分。

1)可索赔延误。可索赔延误是指非承包人原因引起的工程延误，包括发包人或工程师的原因和双方不可控制的因素引起的索赔，并且该延误工序或作业一般应在关键线路上。这类延误属于可索赔延误，承包人可提出补偿要求，发包人应给予相应的合理补偿。

根据补偿内容的不同，可索赔延误可进一步分为以下三种情况。

①只可索赔工期的延误。这类延误是由发承包双方都不可预料、无法控制的原因造成的延误，如不可抗力、异常恶劣气候条件、特殊社会事件等原因引起的延误。对于这类延误，一般合同规定，发包人只给予承包人延长工期，不给予费用损失的补偿。

②可索赔工期和费用的延误。这类延误主要是由于发包人或工程师的原因而直接造成工期延误并导致经济损失。一般而言，造成这类延误的活动应在关键线路上。

在这种情况下，承包人不仅有权向发包人索赔工期补偿，而且还有权要求发包人补偿因延误而发生的、与延误时间相关的费用损失。

③只可索赔费用的延误。这类延误是指由于发包人或工程师的原因引起的延误，但发生延误的活动对总工期没有影响，而承包人却由于该项延误负担了额外的费用损失。在这种情况下，承包人不能要求延长工期，但可要求发包人补偿费用损失，前提是承包人必须能证明其受到了损失或发生了额外费用，如因延误造成的人工费增加、材料费增加、劳动生产率降低等。

在正常情况下，对于可索赔延误，承包人首先应得到工期延长的补偿。但在工程实践中，由于发包人对工期要求的特殊性，对于即使因发包人原因造成的延误，发包人也不批准任何工期的延长，即发包人愿意承担工期延误的责任，却不希望延长总工期。发包人这种做法实质上是要求承包人加速施工。由于加速施工所采取的各种措施而多支出的费用，也是承包人提出费用补偿的依据。

2)不可索赔延误。不可索赔延误是指因承包人原因引起的延误，在这种情况下，承包人不应向发包人提出任何索赔，发包人也不会给予工期或费用的补偿。

2. 工期索赔的方法

(1)网络分析法。网络分析法通过分析延误发生前后的网络计划，对比两种工期计算结果，计算索赔值。

分析的基本思路为：假设工程施工一直按原网络计划确定的施工顺序和工期进行。现发生了一个或多个延误，使网络中的某个或某些活动受到影响，如延长持续时间，或活动之间逻辑关系变化，或增加新的活动。将这些活动受影响后的持续时间代入网络中，重新进行网络分析，得到一新工期。则新工期与原工期之差即为延误对总工期的影响，即为工期索赔值。通常，如果延误在关键线路上，则该延误引起的持续时间的延长即为总工期的延长值。如果该延误在非关键线路上，受影响后仍在非关键线路上，则该延误对工期无影响，故不能提出工期索赔。

这种考虑延误影响后的网络计划又作为新的实施计划，如果有新的延误发生，则在此基础上可进行新一轮分析，提出新的工期索赔。

这样，工程实施过程中的进度计划是动态的，会不断地被调整，而延误引起的工期索赔也可以随之同步进行。

网络分析方法是一种科学的、合理的分析方法，适用于各种延误的索赔。但它以采用计算机网络分析技术进行工期计划和控制作为前提条件，因为复杂的工程，其网络活动可能有几百个，甚至几千个，个人分析和计算几乎是不可能的。

(2)比例分析法。网络分析法虽然是最科学、最合理的，但在实际工程中，干扰事件常常仅影响某些单项工程、单位工程或分部分项工程的工期，分析它们对总工期的影响，可以采用更为简单的比例分析法，即以某个技术经济指标作为比较基础，计算出工期索赔值。该方法主要应用于工程量有增加时工期索赔的计算，计算公式为：

工期索赔值=(额外增加的工程量的价值/原合同总价)×原合同总工期

【例 3-41】 某工程原合同规定分两阶段进行施工，土建工程 21 个月，安装工程 12 个月。假定以一定量的劳动力需要量为相对单位，则合同规定的土建工程量可折算为 310 个相对单位，安装工程量折算为 70 个相对单位。合同规定，在工程量增减 10%的范围内，作为承包人的工期风险，不能要求工期补偿。在工程施工过程中，土建和安装的工程量都有较大幅度的增加。实际土建工程量增加到 430 个相对单位，实际安装工程量增加到 117 个相对单位。求承包人可以提出的工期索赔额。

【解】 承包人提出的工期索赔为：

不索赔的土建工程量的上限为：310×1.1=341(个相对单位)

不索赔的安装工程量的上限为：70×1.1=77(个相对单位)

由于工程量增加而造成的工期延长：

土建工程工期延长=21×[(430/341)-1]=5.5(个月)

安装工程工期延长＝12×[(117/77)－1]＝6.2(个月)

总工期索赔为：5.5＋6.2＝11.7(个月)

3. 在工期索赔中应注意的问题

(1)划清施工进度拖延的责任。因承包人的原因造成施工进度滞后，属于不可原谅的延期；只有承包人不应承担任何责任的延误，才是可原谅的延期。有时工程延期的原因中可能包含有双方责任，此时监理人应进行详细分析，分清责任比例，只有可原谅延期部分才能批准顺延合同工期。可原谅延期又可细分为可原谅并给予补偿费用的延期和可原谅但不给予补偿费用的延期；后者是指非承包人责任的影响并未导致施工成本的额外支出，大多属于发包人应承担风险责任事件的影响，如异常恶劣的气候条件影响的停工等。

(2)被延误的工作应是处于施工进度计划关键线路上的施工内容。只有位于关键线路上工作内容的滞后，才会影响到竣工日期。但有时也应注意，既要看被延误的工作是否在批准进度计划的关键路线上，又要详细分析这一延误对后续工作的可能影响。因为若对非关键路线工作的影响时间较长，超过了该工作可用于自由支配的时间，也会导致进度计划中非关键路线转化为关键路线，其滞后将影响总工期的拖延。此时，应充分考虑该工作的自由时间，给予相应的工期顺延，并要求承包人修改施工进度计划。

【例 3-42】 我公司与发包人签署施工总承包合同，合同额 31 698 万元，合同工期 810 天；其中合同约定钢结构供应及安装工程暂估 2 750 万元，但实际施工中，工作量增加到 6 500 万元，故我公司因此提出工期索赔，采用比例分析法，即

钢结构供应及安装工程量增加延长工期＝(6 500－2 750)/31 698×810

＝96(天)

【例 3-43】 施工总承包合同的合同工期为 545 天(开工日期 2009 年 7 月 20 日至竣工日期 2011 年 1 月 15 日)。建设单位提出压缩工期、提前完工的要求，下达 2010 年 2 月 10 日完成主体结构施工，2010 年 10 月 1 日具备搬家条件的工期目标。我公司从 2009 年 7 月 20 日开始施工，到 2010 年 10 月 21 日一次性顺利通过五方(建设单位、代建单位、设计单位、监理单位、承包人)联合验收，并于 2010 年 10 月 23 日整体工程全部竣工交付建设单位，工程实际施工的工期为 453 天。我公司在施工过程中及时报送、收集、保留相关索赔文件和证据，并对它们进行汇总、分析、重组，因此获得抢工费用 267 万元。

【例 3-44】 ××工程第一标段建筑安装工程施工总承包合同文件中标通知书中标工期为 520 日历天，计划开工日期 2010 年 8 月 25 日，计划竣工日期为 2012 年 1 月 26 日；由于发包人甲指出分包工作面移交滞后属于由于发包人或工程师原因造成的延误，故可进行索赔，索赔工期为 8 月 25 日—11 月 17 日，共 85 日历天。一直至 2010 年 11 月 17 日，我公司才正式进场施工，据此我公司提出工期索赔。

将发包人甲指出分包工作面移交情况与投标时总进度计划进行对比，分别计算出实际的延迟时间。

【例 3-45】 某建筑公司(承包人)于某年 4 月 20 日与某厂(发包人)签订了修建建筑面积为 3 000 m^2 工业厂房(带地下室)的施工合同。承包人编制的施工方案和进度计划已获监理工程师批准。该工程的基坑开挖土方为 4 500 m^3，假设直接费单价为 4.2 元/m^2，综合费率为直接费的 20%。该基坑施工方案规定：土方工程采用租赁一台斗容量为 1 m^3 的反铲挖掘机施工(租赁费 450 元/台班)。甲、乙双方合同约定 5 月 11 日开工，5 月 20 日完工。在实际施工中发生了如下几项事件：

1. 因租赁的挖掘机大修，晚开工 2 天，造成人员窝工 10 个工日。

2. 施工过程中，因遇软土层，接到监理工程师 5 月 15 日停工的指令，进行地质复查，配合用工 15 个工日。

3. 5 月 19 日接到监理工程师于 5 月 20 日复工令，同时，提出基坑开挖深度加深 2 m 的设计变更通知单，由此增加土方开挖量 900 m^3。

4. 5 月 20 日—5 月 22 日，因下大雨迫使基坑开挖暂停，造成人员窝工 10 个工日。

5. 5 月 23 日用 30 个工日修复冲坏的永久道路，5 月 24 日恢复挖掘工作，最终基坑于 5 月 30 日挖坑完毕。

【问题】

1. 建筑公司对上述哪些事件可以向厂方要求索赔，哪些事件不可以要求索赔，并说明原因。

2. 每项事件工期索赔各是多少天？总计工期索赔是多少天？

3. 假设人工费单价为 23 元/工日，因增加用工所需的管理费为增加人工费的 30%，则合理的费用索赔总额是多少？

【解】 问题 1：

事件 1：索赔不成立。因此事件发生原因属承包人自身责任。

事件 2：索赔成立。因该施工地质条件的变化是一个有经验的承包人所无法合理预见的。

事件 3：索赔成立。这是因设计变更引发的索赔。

事件 4：索赔成立。这是因特殊反常的恶劣天气造成工程延误。

事件 5：索赔成立。因恶劣的自然条件或不可抗力引起的工程损坏及修复应由发包人承担责任。

问题 2：

事件 2：索赔工期 5 天(5 月 15 日—5 月 19 日)。

事件 3：索赔工期 2 天。

因增加工程量引起的工期延长，按批准的施工进度计划计算。原计划每天完成工程量：

$$4\,500 \div 10 = 450(m^3)$$

现增加工程量 900 m^3，因此应增加工期为 900÷450=2(天)

事件 4：索赔工期 3 天(5 月 20 日—5 月 22 日)。

因自然灾害造成的工期延误责任由发包人承担。

事件 5：索赔工期 1 天，5 月 23 日。

共计索赔工期为 5+2+3+1=11(天)

问题 3：

事件 2：人工费：15 工日×23 元/工日×(1+30%)=448.5(元)

机械费：450 元/台班×5 天=2 250(元)

事件 3：(900 m^3×4.2 元/m^3)×(1+20%)=4 536(元)

事件 5：人工费：30 工日×23 元/工日×(1+30%)=897(元)

机械费：450 元/台班×1 天=450(元)

可索赔费用总额为：448.5+2 250+4 536+897+450=8 581.5(元)

【例 3-46】 某建设工程是外资贷款项目，发包人与承包人按照 FIDIC《土木工程施工合同条件》签订了施工合同。施工合同《专用条件》规定：钢材、木材、水泥由发包人供货到现场仓库，其他材料由承包人自行采购。

当工程施工至第五层框架柱钢筋绑扎时，因发包人提供的钢筋未到，使该项作业从 10 月 3 日至 10 月 16 日停工(该项作业的总时差为零)。

10 月 7 日至 10 月 9 日因停电、停水使第三层的砌砖停工(该项作业的总时差为 4 天)。

10 月 l4 日至 10 月 17 日因砂浆搅拌机发生故障使第一层抹灰迟开工(该项作业的总时差为 4 天)。

为此，承包人于 10 月 20 日向工程师提交了一份索赔意向书，并于 10 月 25 日送交了一份工期、费用索赔计算书和索赔依据的详细材料，其计算书的主要内容如下：

1. 工期索赔：

(1)框架柱扎筋 10 月 3 日至 10 月 16 日停工，计 14 天。

(2)砌砖 10 月 7 日至 10 月 9 日停工，计 3 天。

(3)抹灰 10 月 14 日至 10 月 17 日迟开工，计 4 天。

总计请求顺延工期：21 天

2. 费用索赔：

(1)窝工机械设备费：

一台塔式起重机 14×860=12 040(元)

一台混凝土搅拌机 14×340=4 760(元)

一台砂浆搅拌机 7×120=840(元)

小计：17 640 元

(2)窝工人工费：

扎筋 35 人×60×14=29 400(元)

砌砖 30 人×60×3=5 400(元)

抹灰 35 人×60×4=8 400(元)

小计：43 200 元

(3)保函费延期补偿：(1 500×10%×6%/365)×21=5 178.08(元)

(4)管理费增加：(17 640+43 200+5 178.08)×15%=9 902.71(元)

(5)利润损失：(17 640+43 200+5 178.08+9 902.71)×5%=3 796.04(元)

经济索赔合计：79 716.83 元

【问题】

1. 承包人提出的工期索赔是否正确？应予批准的工期索赔为多少天？

2. 假定经双方协商一致，窝工机械设备费索赔按台班单价 60%计；考虑对窝工人工应合理安排工人从事其他作业后的降效损失，窝工人工费索赔按每工日 35.00 元计，保函费计算方式合理；管理费、利润损失不予补偿。试确定经济索赔额。

【解】 问题 1：

承包人提出的工期索赔不正确。

(1)框架柱绑扎钢筋停工 14 天，应予工期补偿。这是由于发包人原因造成的，且该项作业位于关键路线上。

(2)砌砖停工，不予工期补偿。因为该项停工虽属于发包人原因造成的，但该项作业不在关键路线上，且未超过工作总时差。

(3)抹灰停工，不予工期补偿，因为该项停工属于承包人自身原因造成的。

同意工期补偿：14+0+0=14(天)

问题2：

经济索赔审定：

(1)窝工机械费：

塔式起重机1台：14×860.00×60%=7 224.00(元)

混凝土搅拌机1台：14×340.00×60%=2 856.00(元)

砂浆搅拌机1台：3×120.00×60%=216.00(元)

小计：7 224.00+2 856.00+216.00=10 296.00(元)

(2)窝工人工费：

扎筋窝工：35×35.00×14=17 150.00(元)

砌砖窝工：30×35.00×3=3 150.00(元)

小计：17 150.00+3 150.00=20 300.00(元)

(3)保函费补偿：

1 500×10%×6%÷365×14=3 452.05(元)

经济补偿合计：10 296.00+20 300.00+3 452.05=34 048.05(元)

【例3-47】 某工程项目采用了固定单价施工合同。工程招标文件参考资料中提供的供砂地点距工地4 km。但是开工后，检查该砂质量不符合要求，承包人只得从另一距工地20 km的供砂地点采购。且在一个关键工作面上又发生了4项临时停工事件：

事件1：5月20日至5月26日承包人的施工设备出现了从未出现过的故障；

事件2：应于5月24日交给承包人的后续图纸直到6月10日才交给承包人；

事件3：6月7日到6月12日施工现场下了罕见的特大暴雨；

事件4：6月11日到6月14日该地区的供电全面中断。

问题：

1. 承包人的索赔要求成立的条件是什么？

2. 由于供砂距离增大，必然引起费用的增加，承包人经过仔细认真计算后，在发包人指令下达的第3天，向发包人的造价工程师提交了将原用砂单价每吨提高5元人民币的索赔要求。该索赔要求是否成立？为什么？

3. 若承包人对因发包人原因造成窝工损失进行索赔时，要求设备窝工损失按台班价格计算，人工的窝工损失按同工资标准计算是否合理？如不合理应怎样计算？

4. 承包人按规定的索赔程序针对上述4项临时停工事件向发包人提出了索赔，试说明每项事件工期和费用索赔能否成立？为什么？

5. 试计算承包人应得到的工期和费用索赔是多少(如果费用索赔成立，则发包人按2万元人民币/天补偿给承包人)？

6. 在发包人支付给承包人的工程进度款中是否应扣除因设备故障引起的竣工拖期违约损失赔偿金？为什么？

【解】 问题1：

承包人的索赔要求成立必须同时具备以下四个条件：

(1)与合同相比较，已造成了实际的额外费用和(或)工期损失；

(2)造成费用增加和(或)工期损失的原因不是由于承包人的过失；

(3)造成的费用增加或工期损失不是应由承包人承担的风险；

(4)承包人在事件发生后的规定时间内提出了索赔的书面意向通知和索赔报告。

问题 2：

因供砂距离增大提出的索赔不能被批准，原因是：

(1)承包人应对自己就招标文件的解释负责；

(2)承包人应对自己报价的正确性与完备性负责；

(3)作为一个有经验的承包人可以通过现场踏勘确认招标文件参考资料中提供的用砂质量是否合格，若承包人没有通过现场踏勘发现用砂质量问题，其相关风险应由承包人承担。

问题 3：

不合理。因窝工闲置的设备按折旧费或停滞台班费或租赁费计算，不包括运转费部分；人工费损失应考虑这部分工作的工人调做其他工作时，工效降低的损失费用；一般用工日单价乘以一个测算的降效系数计算这一部分损失，而且只按成本费用计算，不包括利润。

问题 4：

事件 1：工期和费用索赔均不成立，因为设备故障属于承包人应承担的风险。

事件 2：工期和费用索赔均成立，因为延误图纸属于发包人应承担的风险。

事件 3：特大暴雨属于双方共同的风险，工期索赔成立，设备和人工的窝工费用索赔不成立。

事件 4：工期和费用索赔均成立，因为停电属于发包人应承担的风险。

问题 5：

事件 2：5 月 27 日至 6 月 9 日，工期索赔 14 天，费用索赔 14 天×2 万/天=28(万元)

事件 3：6 月 10 日至 6 月 12 日，工期索赔 3 天

事件 4：6 月 13 日至 6 月 14 日，工期索赔 2 天，费用索赔 2 天×2 万/天=4(万元)

合计：工期索赔 19 天，费用索赔 32 万元。

问题 6：

发包人不应在支付给承包人的工程进度款中扣除竣工拖期违约损失赔偿金。因为设备故障引起的工程进度拖延不等于竣工工期的延误。如果承包人能够通过施工方案的调整将延误的工期补回，不会造成工期延误。如果承包人不能通过施工方案的调整将延误的工期补回，将会造成工期延误。所以，工期提前奖励或拖期罚款应在竣工时处理。

小　结

工程签证：一般情况下是在工程承包范围以外发生的工作内容，双方针对该工作内容办理的认证文件。如基础施工时地下意外出现的流沙、墓穴、工事等地下障碍物，必须进行处理，若进行处理就必然发生费用，因此双方应根据实际处理的情况及发生的费用办理工程签证。即工程签证就是施工过程中发现、发生图纸或合同以外的。

工程变更：是对原设计图纸进行的修正、设计补充或变更，由设计院提出并经建设单

位认可后发至承包人及其他相关单位；或由建设单位提出由设计院签字认可，再由建设单位下发。即工程变更就是设计院或发包人对会审后的图纸进行的个别修改。

工程洽商：在合同履行的过程中出现许多诸如施工过程中施工工艺、工期、材料、造价及其他合同涉及的内容办理的关于技术及经济洽商文件。工程洽商一般是承包人提出由建设单位认可(也有建设单位提出，由承包人认可的)。工程洽商必须经双方认可后方能生效。即工程洽商就是对工程变更和签证、材料、合同外人工等的价格洽谈；其他的有关施工、技术等问题的谈判。

工程量确认单：是建设单位及监理单位对承包人的已完成工作量(含月度、年度、阶段或全部)的确认文件，以及建设单位及监理单位对工程变更、工程洽商所引起的工程量的确认文件。即工程量确认单是对已完的约定工程量的签认。

一个容易理解的也是实际运用中的程序性答案：工程签证、工程变更、工程洽商、工程量确认单四个之间的关系是：

(1)工程在施工过程中发生了图纸上的修改时发包人方会给你工程变更通知单，或者是需要向发包人方索取。

(2)在施工过程中发包人就工作内容的增减，实质影响到原合同，双方就有新的谈判，于是就有工程洽商，洽商是新合同，或可以是原合同的附件，

(3)接受发包人提供的工程变更、工程洽商后，开始施工，承包人施工后的工作量需要承包人及时向发包人单位递竣工程量确认单，以便监理、发包人签字确认，以保证承包人的结算。

有时在中期计量过程中承包人也向发包人单位递交竣工程量确认单，以便计量和工程款的支付。

(4)在施工完变动的部分内容后，要以经济签证的形式向发包人申请支付这部分增加或变动的工程款，一份完整的工程签证的资料是：

A 工程签证单 B 工程量确认单＋工程变更单

或者

工程量确认单＋工程洽商(“＋”号后为可选项，只要有工程量确认单就可以结算或审计)

差别：单纯从建设方这个角度看，联系单有相当于通知的功能，一旦有费用的发生，不论是工程联系单的激活，或是现场比较地下障碍，或者管理原因，承包人都应申报“工程量签证单”。工程量签证单都是承包人向工程师申报，经审批同意后，对工程签证的工程量进行确认，这一块在发包人内部，流程通常由合同成本部主办，审核结果报公司领导签字确认后，以公司确认的形式，向承包人确认已签证工程的价款额。

复习思考题

1. 什么是工程签证？
2. 索赔程序包括哪些内容？
3. 施工过程中发生的签证主要有哪些？
4. 工程签证常发生的情形包括哪些内容？
5. “四步法”分析程序包括哪些内容？

6. 承包人填写工程签证内容的优先次序是什么？

评价表

序号	具体指标	分值	自评	小组互评	教师评价	小计
1	掌握工程变更的处理程序	20				
2	掌握设计变更的签发原则	20				
3	工程签证方法	20				
4	掌握费用及工期索赔及其计算	20				
5	掌握工程索赔的处理程序	20				
		100				

4 竣工结算与审查

内容提要

工程竣工结算是指承包人按照合同规定的内容全部完成所承包的工程，经质量验收合格并符合合同要求后，向发包人进行的最终工程价款结算。施工企业按照合同规定的内容全部完成所承包的工程，经质量验收合格，并符合合同要求之后，对照原设计施工图，根据增减变化内容，按照规定的编制程序，编制调整预算，完成工程结算书的编制。工程完工后，发承包双方必须在合同约定时间内按照约定格式与规定内容办理工程竣工结算。发包人在收到承包人提出的工程竣工结算书后，由发包人或其委托的具有相应资质的工程造价咨询人对其进行审查，并按合同约定的时间提出审查意见，作为办理竣工结算的依据。本部分内容主要包括工程竣工结算概述、竣工结算编制前期工作准备、竣工结算的编制、工程竣工结算审查、对工程结算编制实例进行了讲解。

知识目标

1. 掌握工程竣工结算的编制原则。
2. 熟悉工程竣工结算审查实施办法。
3. 掌握工程竣工结算价款支付流程。
4. 掌握工程竣工结算审查期限。
5. 掌握工程结算的编制程序，按照相应的编制程序编制结算书。

能力目标

1. 能够按照计价规范、计算规范及项目施工合同要求，整理竣工结算资料。
2. 能够按照工程结算的编制程序进行工程的编制，掌握工程结算的编制方法。
3. 能够按照工程结算的编制方法，采用合适的方法编制结算书。

学习建议

1. 竣工结算办理完毕，应向主管领导建议，将竣工结算书及时报送工程所在地工程造价管理机构备案。
2. 注意安全文明施工费、规费和税金等应按规定计价，不得作为竞争性费用。
3. 多熟悉工程竣工结算资料及注意整理和结算有关的资料。
4. 识读相应的地方或国家标准规范。

4.1　工程竣工结算概述

按照建设工程价款结算暂行办法的规定，工程完工后，发承包双方应按照约定的合同价款与合同价款调整内容以及索赔事项，进行工程竣工结算。

4.1.1　工程竣工结算的概念

工程竣工结算是指承包人按照合同规定的内容全部完成所承包的工程，经质量验收合格并符合合同要求后，向发包人进行的最终工程价款结算。按照竣工结算工程范围的大小，工程竣工结算可分为单位工程竣工结算、单项工程竣工结算和建设项目竣工总结算，其中单位工程竣工结算和单项工程竣工结算也可以看作是分阶段结算。建设工程竣工结算的编制可以由承包人直接编制，也可以委托具备相应资质的工程造价咨询人进行编制。单位工程竣工结算由发包人审查。单项工程竣工结算或建设项目竣工总结算，发包人可以直接审查，也可以委托具有相应资质的工程造价咨询单位进行审查。政府投资项目，由同级财政部门审查。单项工程竣工结算或建设项目竣工总结算经发承包人签字盖章后有效，双方以此作为结清工程价款的依据。

4.1.2　工程竣工结算的依据

结合《清单计价规范》和《建设项目工程结算编审规程》的规定，工程竣工结算的主要依据有：

(1)国家有关法律、法规、规章制度和相关的司法解释。

(2)国务院建设行政主管部门以及各省、自治区、直辖市和有关部门发布的工程造价计价标准、计价办法、有关规定及相关解释。

(3)《清单计价规范》。

(4)施工承发包合同、专业分包合同及补充合同，有关材料、设备采购合同。

(5)招投标文件，包括招标答疑文件、投标承诺、中标报价书及其组成内容。

(6)工程竣工图纸、施工图、施工图会审记录，经批准的施工组织设计，以及设计变更、工程洽商和相关会议纪要。

(7)经批准的开、竣工报告或停、复工报告。

(8)建设工程工程量清单计价规范或工程预算定额、费用定额及价格信息、调价规定等。

(9)工程预算书。

(10)双方确认追加(减)的工程价款。

(11)双方确认的索赔、现场签证事项及价款。

(12)双方确认的工程量。

(13)影响工程造价的相关资料。

(14)结算编制委托合同。

(15)其他依据。

4.1.3 工程竣工结算的程序

(1)合同工程完工后，承包人应在提交竣工验收申请前编制完成竣工结算文件，并在提交竣工验收申请的同时向发包人提交竣工结算文件。承包人未在规定的时间内提交竣工结算文件，经发包人催促后14天内仍未提交或没有明确答复，发包人有权根据已有资料编制竣工结算文件，作为办理竣工结算和支付结算款的依据，承包人应予以认可。

(2)发包人应在收到承包人提交的竣工结算文件后的28天内审核完毕。发包人经核实，认为承包人还应进一步补充资料和修改结算文件，应在上述时限内向承包人提出核实意见，承包人在收到核实意见后的28天内按照发包人提出的合理要求补充资料，修改竣工结算文件，并再次提交给发包人复核后批准。

(3)发包人应在收到承包人再次提交的竣工结算文件后的28天内予以复核，并将复核结果通知承包人。

1)发包人、承包人对复核结果无异议的，应在7天内在竣工结算文件上签字确认，竣工结算办理完毕。

2)发包人或承包人对复核结果认为有误的，无异议部分按照上述1)规定办理不完全竣工结算；有异议部分由发包人及承包人协商解决，协商不成的，按照合同约定的争议解决方式处理。

(4)发包人在收到承包人竣工结算文件后的28天内，不审核竣工结算或未提出审核意见的，视为承包人提交的竣工结算文件已被发包人认可，竣工结算办理完毕。承包人在收到发包人提出的核实意见后的28天内，不确认也未提出异议的，视为发包人提出的核实意见已被承包人认可，竣工结算办理完毕。

(5)发包人委托工程造价咨询人审核竣工结算的，工程造价咨询人应在28天内审核完毕，审核结论与承包人竣工结算文件不一致的，应提交给承包人复核，承包人应在14天内将同意审核结论或不同意见的说明提交工程造价咨询人。工程造价咨询人收到承包人提出的异议后，应再次复核，复核无异议的，按上述第(3)条1)规定办理，复核后仍有异议的，按上述第(3)条2)规定办理。承包人逾期未提出书面异议的，视为工程造价咨询人审核的竣工结算文件已经承包人认可。

(6)对发包人或发包人委托的工程造价咨询人指派的专业人员与承包人指派的专业人员经审核后无异议的竣工结算文件，除非发包人能提出具体、详细的不同意见，发包人应在竣工结算文件上签名确认，拒不签认的，承包人可不交付竣工工程。承包人并有权拒绝与发包人或其上级部门委托的工程造价咨询人重新核对竣工结算文件。承包人未及时提交竣工结算文件的，发包人要求交付竣工工程，承包人应当交付；发包人不要求交付竣工工程，承包人承担照管所建工程的责任。

(7)发包人及承包人或一方对工程造价咨询人出具的竣工结算文件有异议时，可向当地工程造价管理机构投诉，申请对其进行执业质量鉴定。

(8)工程造价管理机构受理投诉后，应当组织专家对投诉的竣工结算文件进行质量鉴定，并做出鉴定意见。

(9)竣工结算办理完毕，发包人应将竣工结算书报送工程所在地(或有该工程管辖权的行业主管部门)工程造价管理机构备案，竣工结算书作为工程竣工验收备案、交付使用的必备文件。

4.1.4 工程竣工结算价款支付流程

根据《建设工程价款结算暂行办法》的具体规定，办理竣工结算及竣工结算价款支付的基本流程如图 4-1 所示。

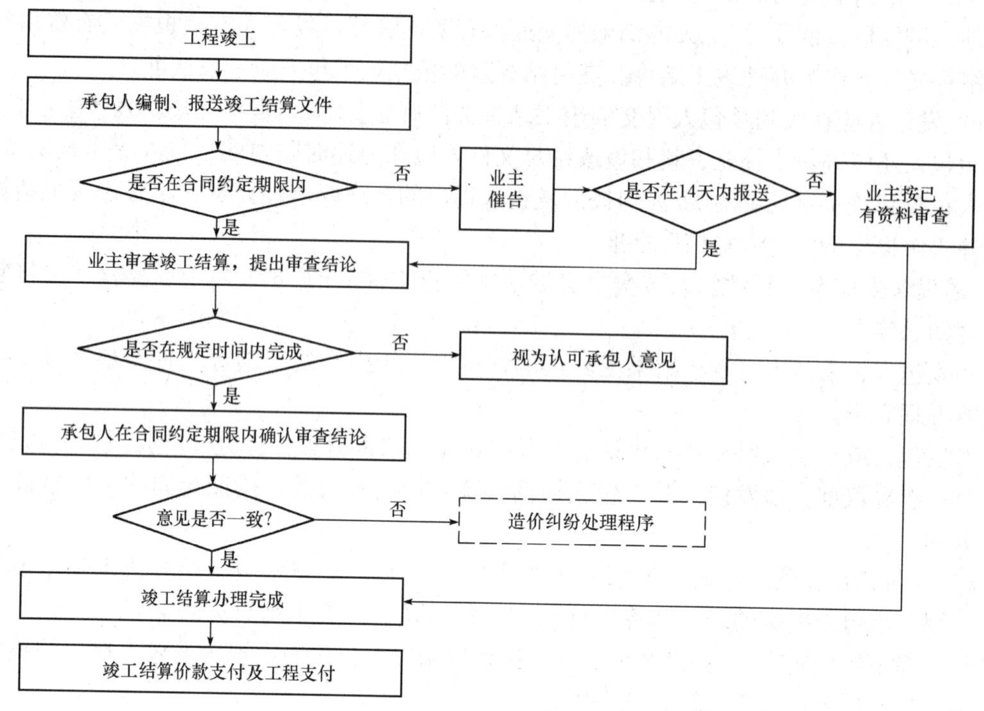

图 4-1　工程竣工结算价款支付基本流程

上述竣工结算支付流程中包括以下四个关键环节。

1. 承包人递交竣工结算书

承包人应该在合同规定的时间内编制完成竣工结算书，并在提交竣工验收报告的同时递交给发包人。承包人未能在合同约定时间内递交竣工结算书，经发包人催促后 14 天内仍未提供或没有明确答复的，发包人可以根据已有资料办理结算，责任由承包人自负，且发包人要求交付竣工工程的，承包人应当交付。

2. 发包人进行核对

承发包双方在办理竣工结算过程中，有关期限的确定应具体在合同中予以明确，在合同没有明确约定时，依据有关规定进行办理。其中，发包人应按以下规定时限(表 4-1)进行核对(审查)并提出审查意见。

表 4-1　建设工程不同资金规模的竣工结算审查时限

序号	工程竣工结算报告金额	审查时间
1	500 万元以下	从接到竣工结算报告和完整的竣工结算资料之日起 20 天
2	500 万～2 000 万元	从接到竣工结算报告和完整的竣工结算资料之日起 30 天
3	2 000 万～5 000 万元	从接到竣工结算报告和完整的竣工结算资料之日起 45 天
4	5 000 万元以上	从接到竣工结算报告和完整的竣工结算资料之日起 60 天

建设项目竣工总结算在最后一个单项工程竣工结算审查确认后 15 天内汇总，送发包人后 30 天内审查完成。

3. 工程竣工结算价款的支付

根据确认的结算报告，承包人向发包人申请支付工程竣工结算款。发包人应在收到申请后 15 天内支付结算款，到期没有支付的应承担违约责任。承包人可以催告发包人支付结算价款，如达成延期支付协议，承包人应按同期银行贷款利率支付拖欠工程价款的利息。如未达成延期支付协议，承包人可以与发包人协商将该工程折价，或申请人民法院将该工程依法拍卖，承包人就该工程折价或者拍卖的价款优先受偿。

4. 工程竣工结算争议处理

如果当事人一方对竣工结算报告有异议的，可对工程结算中有异议的部分，向有关部门申请咨询后协商处理，若不能达成一致的，双方可按合同约定的争议或纠纷解决程序办理。发包人对工程质量有异议，已竣工验收或已竣工未验收但实际投入使用的工程，其质量争议按该工程保修合同执行；已竣工未验收且未实际投入使用的工程以及停工、停建工程的质量争议，应当就有争议部分的竣工结算暂缓办理。双方可就有争议的工程委托有资质的检测鉴定机构进行检测，根据检测结果确定解决方案，或按工程质量监督机构的处理决定执行，其余部分的竣工结算依照约定办理。当事人对工程造价发生合同纠纷时，可通过下列办法解决：①双方协商确定；②按合同条款约定的办法提请调解；③向有关仲裁机构申请仲裁或向人民法院起诉。

4.1.5 竣工结算价的编制方法与内容

1. 竣工结算价的编制方法

依据《清单计价规范》的规定，发承包双方应依据国家有关法律、法规和标准的规定，按照合同约定确定最终工程造价。因此，工程竣工结算价的编制应是建立在施工合同的基础上，不同合同类型采用的编制方法应不同，常用的合同类型有单价合同、总价合同和成本加酬金合同三种方式。其中，总价合同和单价合同在工程量清单计价模式下经常使用，其竣工结算价的编制方法有两种。

(1)总价合同方式。采用总价合同的，应在合同价基础上对设计变更、工程洽商、暂估价以及工程索赔、工期奖罚等合同约定可以调整的内容进行调整。其竣工结算价的计算公式为：

竣工结算价＝合同价±设计变更洽商±现场签证±暂估价调整±工程索赔±奖罚费用±价格调整

(2)单价合同方式。采用单价合同的，除对设计变更、工程洽商、暂估价以及工程索赔、工期奖罚等合同约定可以调整的内容进行调整外，还应对合同内的工程量进行调整。其竣工结算价的计算公式为：

竣工结算价＝调整后合同价±设计变更洽商±现场签证±暂估价调整±工程索赔±奖罚费用±价格调整

合同内的分部分项工程量清单及措施项目工程量清单中的工程量应按招标图纸进行重新计算，在此基础上根据合同约定调整原合同价格，并计取规费和税金；单价合同中的其他项目调整同总价合同。

2. 竣工结算价编制的内容

根据《清单计价规范》关于竣工结算的规定，采用工程量清单招标方式的工程，竣工结算价的编制内容如图 4-2 所示。

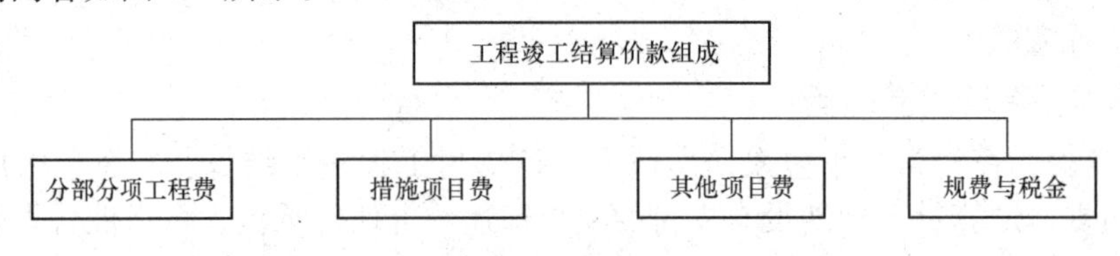

图 4-2　工程竣工结算价款的内容组成

具体包括：

(1)复核、计算分部分项工程的工程量，确定结算单价，计算分部分项工程结算价款。

(2)复核、计算措施项目工程量，确定结算单价，计算可计量工程量的措施项目结算价款，并汇总以总额计算的其他措施项目费，形成措施项目结算价款。

(3)计算、确定其他项目的结算价款。

(4)汇总上述结算价款，按合同约定的计算基数与费率计算、调整规费；同理计算与调整税金。

(5)汇总上述各种结算金额，形成工程竣工结算价。

4.2　竣工结算编制前期工作准备

4.2.1　收集竣工结算原始资料

1. 收集资料的清单

依据《清单计价规范》的规定，主要需要收集以下原始资料：

(1)工程交易类资料。主要包括施工合同、招标文件、投标文件等。

(2)工程计量规范。《清单计价规范》及项目所在省市的补充技术规范等。

(3)工程竣工图纸及质量验收文件等资料。

(4)工程价款中期计量支付文件。工程量计量支付证书及其附件、工程变更资料、索赔与现场签证资料、各种价格(款)调整资料等。

(5)其他资料等。

2. 资料收集的基本要求

由于竣工结算编制过程中，需要根据合同约定对于施工过程中发生的各种价款调整进行全面、准确的确定，如实反映建设期间合同价款在结算时的变化情况，因此，对于工程实施过程中的各种"量差"与"价差"的确定必须依据各种竣工结算原始资料进行。为此，收集竣工结算各种原始资料必须满足以下基本要求：

(1)竣工结算资料应分类组卷、装订成册，其具体分类标准可参考《建设工程管理规范》及地区性规定。

(2)竣工结算资料应规范、完整、真实、手续齐备、签署项完整。

(3)各种竣工结算资料的内容统一、不发生矛盾。

4.2.2 整理资料、熟悉资料内容

根据收集或移交的竣工结算相关资料，由具体的竣工结算编制小组人员按照结算编制的目的或范围完成对资料的分类、归纳与整理。如可以按照竣工结算费用类别对资料进行分类，也可以按照技术、经济等资料类型予以分类整理。

在此基础上，应对全部竣工结算相关资料内容初步熟悉，了解该工程的竣工结算编制的主要内容与重点、难点等。从工程结算依据所需资料的角度以及工程所处阶段来阐述对资料管理的要求。

1. 招投标阶段的资料

招投标阶段的资料，一方面涉及施工单位与建设单位；另一方面施工单位的物资采购、劳务分包、专业分包招标同样会涉及这些资料，主要包括以下资料：

(1)招标文件：招标文件、招标图纸、补充文件、答疑文件。

(2)投标前发包人提供的参考资料和现场资料。

(3)投标文件：商务标、技术标等。

(4)投标保证金收据。

(5)中标通知书。

2. 签约阶段的资料

签约阶段的资料主要涉及以下几个方面：

(1)合同评审(相关部门及相关领导签字)。

(2)合同审批(相关部门及相关领导签字)。

(3)合同签订(胶装或骑缝章齐全)。

(4)合同备案(官方审批及纠纷预防)。

3. 施工准备阶段的资料

(1)项目目标管理责任书的签订与风险抵押金的交纳。

(2)建立项目部收发文本(重要证据)。施工合同中一般都有关于交接、上报和审批时效的条款。为了确保各项工作的可追溯性，在项目部成立之初就建立项目部收发文本非常重要。收发文本的关键内容如下：

1)收发文本的时间。

2)收发文本的名称、编号及关键内容。

3)收发文本的单位。

4)收发人的签字。

这四项缺少任何一项，收发文本(表 4-2)就失去了存在的意义。

表 4-2　公司项目经理部收发文本

序号	日期	收文/发文	文件名称、编号及关键内容	收文/发文本的单位	收发人签字	备注
1						
2						
3						
4						
5						

(3)项目部人员变更资料及要求。如实际负责施工的项目部人员与投标时拟派项目部人员不一致，尤其是在施工合同中还再次注明了姓名和岗位或在招标管理部门已被锁定在该项目的人员与实际在该岗位的人员不一致时，如通过与发包人沟通可以变更，必须先向发包人递交正式的项目经理或项目管理人员变更申请，只有在得到发包人同意变更的书面回复(该书面回复需盖发包人公章)后，该人员的变更才具法律效力。

注意：发包人同意变更的书面回复原件必须交公司项目管理部，以便原拟派人员的解锁及将同意变更回复与合同正本原件一并保存。

对于其他未在施工合同中注明姓名和岗位或未被招标管理部门锁定在该项目的人员，则可考虑在施工组织设计直接变更成实际在各岗位的人员，只要施工组织设计能通过监理或发包人审批，具体采用《工程技术文件报审表》(表 4-3)来履行审批程序，该类人员的变更就具有法律效力。

表 4-3　工程技术文件报审表

<table>
<tr><td colspan="2">工程名称</td><td colspan="2"></td><td>编　　号</td><td></td></tr>
<tr><td colspan="2">地　　点</td><td colspan="2"></td><td>日　　期</td><td></td></tr>
<tr><td colspan="6">现报上关于＿＿＿＿＿＿＿＿＿＿＿＿工程技术管理文件，请予以审定。</td></tr>
<tr><td>序号</td><td colspan="2">类别</td><td>编制人</td><td>册数</td><td>页数</td></tr>
<tr><td>1</td><td colspan="2"></td><td></td><td></td><td></td></tr>
<tr><td>2</td><td colspan="2"></td><td></td><td></td><td></td></tr>
<tr><td>3</td><td colspan="2"></td><td></td><td></td><td></td></tr>
<tr><td>4</td><td colspan="2"></td><td></td><td></td><td></td></tr>
<tr><td colspan="6">编制单位名称：
技术负责人(签字)：　　　　　　申报人(签字)：</td></tr>
<tr><td colspan="6">承包单位审核意见：
同意＿＿＿＿＿＿＿＿＿＿＿＿，报项目监理部审核。
有/无　附页
承包单位名称：　　　　　　审核人(签字)：　　　　　　日期：</td></tr>
<tr><td colspan="6">监理单位审核意见：
经审核，本方案符合规范和图纸要求，同意按此方案指导本工程工作。
审定结论：　同意　　修改后再报　　重新编制
监理单位名称：　　　　　　总监理工程师(签字)：　　　　　　日期：</td></tr>
<tr><td colspan="6">注：本表由承包人填报，发包人、监理单位、承包人各存一份。</td></tr>
</table>

(4)合同交底资料。对施工合同、物资采购合同、劳务分包合同、专业分包合同等合同均应进行合同交底。合同交底分为一级交底和二级交底，交底应做好交底记录。合同交底属商业秘密，应严格做好保密工作，任何人不得泄露。

(5)“五看四比”摸清情况。

1)“五看”(要做到看加分析，并形成分析结果)：看招标文件(含补充文件、答疑文件、招标图纸等)；看投标文件(重点是投标报价及单价分析)；看合同(项目部合同交底的依据)；看施工图；看现场。

2)“四比”(形成对比表)：招标文件与合同条款对比；中标工程量(即合同工程量)及所包含的工作内容与施工图工程量及所包含的工作内容对比；施工图与现场对比(图纸会审问题来源之一)；中标报价与市场价(即成本价)对比；通过对比发现工程的盈利点、漏洞、洽商点及盈亏平衡点等。

(6)图纸会审记录(来源：“五看四比”)。图纸会审记录(表 4-4)是对已正式签署的设计文件进行交底、审查和会审，对提出的问题予以记录的文件。项目经理部收到工程图纸后，应组织有关人员进行审查，将设计疑问及图纸存在的问题，按专业整理、汇总后报建设单位，由建设单位提交设计单位，进行图纸会审和设计交底准备。图纸会审由建设单位组织，监理、施工单位负责人及有关人员参加。设计单位对设计疑问及图纸存在的问题进行交底，施工单位负责将设计交底内容按专业汇总、整理，形成图纸会审记录。由建设、设计、监理、施工单位的项目相关负责人签认并加盖各参加单位的公章，形成正式图纸会审记录。

表 4-4　图纸会审记录

<table>
<tr><td colspan="7">图纸会审记录(表 C2-2)</td><td colspan="2">编　　号</td><td></td></tr>
<tr><td colspan="3">工程名称</td><td colspan="4"></td><td colspan="2">日　　期</td><td>年　月　日</td></tr>
<tr><td colspan="3">地　　点</td><td colspan="4"></td><td colspan="2">专业名称</td><td></td></tr>
<tr><td colspan="2">序号</td><td colspan="2">图号</td><td colspan="4">图纸问题</td><td colspan="2">会审意见</td></tr>
<tr><td colspan="2"></td><td colspan="2"></td><td colspan="4"></td><td colspan="2"></td></tr>
<tr><td rowspan="2">签字栏</td><td colspan="3">建设单位</td><td colspan="2">监理单位</td><td colspan="3">设计单位</td><td>施工单位</td></tr>
<tr><td colspan="3">(法定代表人或合同上的发包人代表签字，并加盖公章)</td><td>(总监签字，并加盖公章)</td><td colspan="4">(必须有设计单位项目主持人签字，可加专业工程师签字，并加盖公章)</td><td>(必须有项目经理签字，可加项目总工签字，并加盖公章)</td></tr>
<tr><td colspan="10">注：本表由承包人填报，发包人、监理单位、承包人各存一份。</td></tr>
</table>

图纸会审记录属于正式设计文件，实际性质就是整个工程的第一份设计变更，此时项目可能还没开工或刚刚开工，发包人、设计、监理、造价咨询等单位对工程的各项具体内容及其与中标报价的关系还不是很清楚，如果此时施工单位的“五看四比”工作做得细致到位，完全有可能将图纸会审记录做成一份扭转项目盈亏或使项目有更多盈利的超大设计变更。

(7)施工组织设计编制与报审。根据实际情况编制施工组织设计的过程，实际就是一个在开工前对工程项目在书面上完整做一遍的过程，也是在开工前让项目部所有管理人员熟悉工程、统一思想、知道工程管理思路、管理目标以及具体应该如何做的过程，所以说在施工准备阶段及工程开工前根据实际情况编制施工组织设计的工作非常重要。

施工阶段的施组与投标阶段的施组有本质的不同。投标阶段的施组与实际工程中的施组肯定存在差异，施工阶段的施组是工程施工管理实施的指导文件。也就是说，施工阶段的施组一旦经监理或建设单位审批通过，实际施工时就必须按该施组执行。

(8)测量控制点书面及现场移交、现场原貌测量资料。测量控制点是施工放线的最基础依据，现场原貌测量则是争取土方增量签证或洽商的最基础依据。

现场原貌测量记录见表 4-5。

表 4-5　现场原貌测量记录表

<table>
<tr><td colspan="3">工程定位测量记录(表 C4-1)</td><td>编　　号</td><td></td></tr>
<tr><td>工程名称</td><td colspan="2"></td><td>委托单位</td><td></td></tr>
<tr><td>图纸编号</td><td colspan="2"></td><td>施测日期</td><td></td></tr>
<tr><td>平面坐标依据</td><td colspan="2"></td><td>复测日期</td><td></td></tr>
<tr><td>高程依据</td><td colspan="2"></td><td>使用仪器</td><td></td></tr>
<tr><td>允许偏差</td><td colspan="2"></td><td>仪器校验日期</td><td></td></tr>
<tr><td colspan="5">定委抄测示意图</td></tr>
<tr><td colspan="5">复测结果</td></tr>
<tr><td rowspan="2">建设(监理)单位</td><td>施工(测量)单位</td><td></td><td>测量人员</td><td></td></tr>
<tr><td>技术负责人</td><td>测量负责人</td><td>复测人</td><td>施测人</td></tr>
<tr><td></td><td></td><td></td><td></td><td></td></tr>
</table>

(9)主要人员及首批材料、机械设备进场资料。如现场人员的证件及资格证书资料，进场材料的“三证”，进场机械设备的合格证、检验证，特种机械设备操作人员的上岗证等，以备动工报审、材料进场报验、机械设备进场报验等使用。

(10)收集发包人关于该工程的报审批复文件等资料。以备动工报审、向政府主管部门报批、政府主管部门检查等时出示。

(11)工程动工报审。施工单位根据现场实际情况达到开工条件时，应向项目监理申报《工程动工报审表》，由监理工程师审核，总监理工程师签署审批结论，并报建设单位。通过审批的工程动工报审表是建设单位与施工单位共同履行基本建设程序的证明文件，是施工单位承建单位工程施工工期的证明文件。工程动工报审表见表4-6。

表4-6　工程动工报审表

<table>
<tr><td>工程名称</td><td></td><td>编　号</td><td></td></tr>
<tr><td>地　　点</td><td></td><td>日　期</td><td></td></tr>
<tr><td colspan="4">致：＿＿＿＿＿＿(监理单位)
根据合同约定，建设单位已取得主管单位审批的开工证，我方也完成了开工前的各项准备工作，计划于　　年　　月　　日开工，请审批。
已完成报审的条件有：
1. 行政主管部门批示文件(复印件)
2. 施工组织设计(含主要管理人员和特殊工种资格证明)
3. 施工测量放线成果
4. 主要人员、材料、设备、进场
5. 施工现场道路、水、电、通信等已达到开工条件
承包人名称：　　　　　　　　项目经理(签字)</td></tr>
<tr><td colspan="4">审查意见：
监理工程师(签字)：　　　　日期：</td></tr>
<tr><td colspan="4">审批结论：　　(　)同意　　　　(　)不同意
监理单位名称：　　　　总监理工程师(签字)：　　　　日期：</td></tr>
<tr><td colspan="4">注：本表由承包人填报，发包人、监理单位、承包人各存一份。</td></tr>
</table>

4. 施工阶段的资料

施工阶段的资料即施工阶段的“三控三管一协调”的资料。

(1)安全与环境管理资料。

(2)成本控制资料。主要包括以下资料：

1)“五看四比”形成的成本预测及计划资料。

2)施工过程中的成本核算与分析资料。

3)财务记账资料(成本核算与分析的基本依据)。

(3)质量控制资料。通常所说报监理的资料(B类、C类)的绝大部分都属质量控制的相关资料，如原材料、构配件、成品、半成品和设备的出厂合格证明及进场检(试)验报告，隐蔽工程验收记录，交接检查记录，检验批、分项、分部、单位工程报验及验收，施工试验记录和见证检测报告等。这方面资料由资料规程和监理单位来规范。

(4)进度控制资料。主要包括以下资料：《施工进度计划报审表》(表4-7)、《工程延期申请表》(表 4-8)及《工程延期审批表》(表 4-9)。

表 4-7　施工进度计划报审表

<table>
<tr><td>工程名称</td><td></td><td>编　号</td><td></td></tr>
<tr><td>地　　点</td><td></td><td>日　期</td><td></td></tr>
<tr><td colspan="4">致：______________(监理单位)：

现报上____年__季__月工程施工进度计划请予以审查和批准。

附件：施工进度计划(说明、图表、工程量、资源配置)________份

承包单位名称：　　　　　　　　　　技术负责人(签字)</td></tr>
<tr><td colspan="4">审查意见：

监理单位名称：　　　　　　　　　　监理工程师(签字)：　　　　　　　　日期：</td></tr>
<tr><td colspan="4">审批结论：同意　　修改后再报　　　重新编制

监理单位名称：　　　　　　　　　　总监理工程师(签字)：　　　　　　　日期：</td></tr>
<tr><td colspan="4">注：本表由承包人填报，发包人、监理单位、承包人各存一份。</td></tr>
</table>

(5)合同管理资料。主要包括以下资料：

1)合同(含主合同、内部承包合同、分包合同、劳务合同、采购合同、租赁合同、补充协议等)。

2)分包、采购、劳务合同及报价资料。

3)分包、采购、劳务单位的相关证件验证及带红章复印件(营业执照、资质、税务登记、组织机构代码证等)。

表 4-8　工期延期申请表

工程名称		编　号	
地　　点		日　期	
致：________（监理单位）： 根据合同条款________条约定，由于______________________________的原因，申请工程延期，请批准。 工程延期的依据及工期计算： 合同竣工期： 申请延长竣工期： 附：证明材料 承包人名称：　　　　　　　　　　项目经理(签字)：			
注：本表由承包人填报，发包人、监理单位、承包人各存一份。			

表 4-9　工期延期审批表

工程名称		编　号	
地　　点		日　期	
致：________（施工单位）： 根据施工合同条款________条约定，我方对你方提出的第(______)号关于______________________工程延期申请，要求延长工期____________日历天，经过我方审核评估： □同意工期延长____________日历天，竣工日期(包括已指令的延长工期)从原来的____年____月____日延长到____年____月____日。请你方执行。 □不同意延长工期，请按约定竣工日期组织施工。 说明： 监理单位名称：　　　　　　　　　　总监理工程师(签字)：			
注：本表由监理单位签发，发包人、监理单位、承包人各存一份。			

4)过程计量计价资料(含设计变更、工程洽商记录、已完工程量确认单、收货单、认价单等)。设计变更见表 4-10，工程洽商记录见表 4-11。

表 4-10　设计变更通知单

设计变更通知单(表 C-5)		编号	
工程名称		专业名称	
设计单位名称		日　期	
序号	图号	变更内容	
建设单位	监理单位	设计单位	施工单位
(法定代表人或合同上的发包人代表签字，并加盖公章)	(总监签字，并加盖公章)	(必须有设计单位项目主持人签字，可加专业工程师签字，并加盖公章)	(必须有项目经理签字，可加项目总工签字，并加盖公章)
注：1. 本表由建设单位、监理单位、施工单位各存一份。 2. 涉及图纸修改的，应注明应修改图纸的图号。 3. 不可将不同专业的设计变更办理在同一份变更上。			

表 4-11　工程洽商记录

工程洽商记录(表 C-5)		编　　号	
工程名称	(合同工程名称)		
施工单位		日　　期	
洽商内容：			
建设单位	监理单位	设计单位	施工单位
(法定代表人或合同上的发包人代表签字，并加盖公章)	(总监签字，并加盖公章)	(必须有设计单位项目主持人签字，可加专业工程师签字，并加盖公章)	(必须有项目经理签字，可加项目总工签字，并加盖公章)
注：由洽商方提出填写并注明原图纸号，施工单位、监理单位、建设单位保存。			

5)工程款的收支资料、对内对外人材机费用及专业分包工程款的结算资料。

6)履约担保、支付担保、预付款担保、工程保修担保等资料(保证金的退还、银行保函冻结资金的解冻)。

7)索赔资料(证据、报告、结果等)。

8)诉讼时效资料(能反映事件发生时间点的证明资料，收发文、快递、电子邮件等)。

(6)组织与协调资料。主要包括以下资料：

1)工程往来文件、通知。主要包括工作联系单，发包人或者工程师发布的各种书面通知、指令和确认书，以及承包人的书面要求、请求、通知书(须有签收记录才有效；不签收的可用快递发给收件人，但要在快递单上注明文件名称)，监理通知单。一定要建立严格的收发文签字制度(索赔及诉讼的有力证据)。

2)会议纪要(签到表、盖章或签字确认)。

3)施工日志(工期索赔和费用索赔的重要依据，也是项目部进行项目经济活动分析基础数据的重要来源)。

施工日志要按时、真实(分两种情况；一是与其他资料要逻辑合理，不能自相矛盾；二是反映施工的真实情况，便于施工单位内部自查和分析用)、详细记录，中途发生人员变动，应当办理交接手续，保持施工日记的连续性、完整性。施工日志是施工单位进行工期索赔和费用索赔的重要依据，也是项目部进行项目经济活动分析基础数据的重要来源。

4)与公司、政府相关部门，工程所在地周边居民和单位之间的请示、报告、批复、往来文件、通知等。

(7)信息管理资料。主要包括以下资料：

1)人、材、机的信息(供应状况、货源、信息价、市场价等)。

2)相关单位及人员的联系方式及信息。

3)分包、采购、劳务单位的相关信息及动态(营业执照、资质、税务登记、组织机构代码证等的真实有效性，有无诉讼、通报，有无变更等)。

4)政府法律法规及相关文件。

5)自然和社会条件信息。

5. 竣工验收及结算阶段的资料

(1)竣工图。竣工图一定要与实际情况相符，要保证图纸质量，做到规格统一，图面整结、字迹清楚，不得用圆珠笔或其他易于褪色的墨色水绘制，竣工图要承担施工的技术负责人审核签认。

(2)工程验收。工程通过竣工验收以后，必须形成填写规范、签字盖章齐全有效的《单位(子单位)工程质量竣工验收记录》(表4-12)。

《单位(子单位)工程质量竣工验收记录》是施工单位(或承包人)已履行除保修义务以外所有合同义务的最重要的证明文件，也是标志保修期正式开始和办理竣工结算的最重要的证明文件，同时，在企业资质就位、对外投标时还是证明企业业绩的重要文件，所以，项目管理人员应对《单位(子单位)工程质量竣工验收记录》予以高度重视。

特别提醒：因“四方验收单”也是项目的重要证明文件，“四方验收单”中施工单位栏的签字必须由项目经理本人亲笔签名，不允许代签。

表 4-12　单位(子单位)工程质量竣工验收记录

<table>
<tr><td>工程名称</td><td colspan="2"></td><td>结构类型</td><td colspan="2"></td><td>层数/建筑面积</td><td></td></tr>
<tr><td>施工单位</td><td colspan="2"></td><td>技术负责人</td><td colspan="2"></td><td>开工日期</td><td></td></tr>
<tr><td>项目经理</td><td colspan="2"></td><td>项目技术负责人</td><td colspan="2"></td><td>竣工日期</td><td></td></tr>
<tr><td>序号</td><td colspan="2">项目</td><td colspan="3">验收记录</td><td colspan="2">验收结论</td></tr>
<tr><td>1</td><td colspan="2">分部工程</td><td colspan="3">共　　分部，经查　　分部
符合标准及设计要求　　分部</td><td colspan="2"></td></tr>
<tr><td>2</td><td colspan="2">质量控制资料核查</td><td colspan="3">共　　项，经审查符合要求　项经
核定符合要求　　项</td><td colspan="2"></td></tr>
<tr><td>3</td><td colspan="2">安全和主要使用功能核查及抽查结果</td><td colspan="3">共核查　　项，符合要求　　项，
共抽查　　项，符合要求　　项，
经返工处理符合要求，　　项</td><td colspan="2"></td></tr>
<tr><td>4</td><td colspan="2">观感质量验收</td><td colspan="3">共抽查　　项，符合要求　　项，
不符合要求　　项</td><td colspan="2"></td></tr>
<tr><td>5</td><td colspan="2">综合验收结论</td><td colspan="3"></td><td colspan="2"></td></tr>
<tr><td rowspan="2">参加验收单位</td><td colspan="2">建设单位</td><td colspan="2">监理单位</td><td colspan="2">施工单位</td><td>设计单位</td></tr>
<tr><td colspan="2">（公章）

单位(项目负责人)：
年　月　日</td><td colspan="2">（公章）

总监理工程师：
年　月　日</td><td colspan="2">（公章）

单位负责人：
年　月　日</td><td>（公章）

单位(项目)负责人：
年　月　日</td></tr>
</table>

(3)竣工移交证书。竣工移交证书是证明工程通过竣工验收之后管理权及管理责任移交的有效证明。竣工移交证书见表 4-13。

表 4-13　竣工移交证书

<table>
<tr><td>工程名称</td><td></td><td>编　　号</td><td></td></tr>
<tr><td>地　　点</td><td></td><td>移交日期</td><td></td></tr>
<tr><td colspan="4">致________________：
　　兹证明承包单位________________________________
施工的____
工程，已按合同的要求完成，并验收合格，即日起该工程移交建设单位管理，并进入保修期。

附件：单位(子单位)工程质量竣工验收记录表

总监理工程师(签字)：　　　　监理单位(章)：　　　　日期：

建设单位代表(签字)：　　　　建设单位(章)：　　　　日期：</td></tr>
<tr><td colspan="4">注：本表由施工单位填报，施工单位、监理单位、建设单位、接收单位各存一份。</td></tr>
</table>

1)注意事项：

第一，“经监理、发包人确认的已完工程量清单”主要用于单价合同和按实际发生结算的工程结算，对总价合同的结算，一般不需要。但在实际项目管理工作中，对总价合同的工程，项目部在工程竣工时最好也准备一份“经监理、发包人确认的已完工程量清单”，以防在工程结算出现争议时无据可查，但千万要注意各工程量之间的逻辑关系，即经监理、发包人确认的已完工程量结算工程量。

结算工程量＝合同工程量＋工程洽商、设计变更及现场签证工程量

第二，如工程规模较小，上述资料中的合同部分、洽商部分、设计变更部分、现场签证部分可不单独结算，一般合订于“工程结算书”中，不一定都要单独成册。

2)结算审定后应形成的资料：

①工程结算审核确认单(表 4-14)或工程竣工结算审核结果定案表(表 4-15)。

表 4-14　工程结算审核确认单

<table>
<tr><td>项目名称</td><td colspan="3"></td></tr>
<tr><td>施工单位</td><td colspan="3"></td></tr>
<tr><td>合同金额/元</td><td colspan="3"></td></tr>
<tr><td>原报结算金额/元</td><td colspan="3"></td></tr>
<tr><td>审核结算金额/元</td><td colspan="3"></td></tr>
<tr><td>审减金额/元</td><td colspan="3"></td></tr>
<tr><td colspan="4">审核说明</td></tr>
<tr><td>建设单位(公章)</td><td>监理单位(公章)</td><td>施工单位(公章)</td><td>审核单位(公章)</td></tr>
<tr><td>年　月　日</td><td>年　月　日</td><td>年　月　日</td><td>年　月　日</td></tr>
</table>

表 4-15　工程竣工结算审核结果定案表

审核单位：

<table>
<tr><td>序号</td><td>工程名称</td><td>送审金额/元</td><td>审定金额/元</td><td>审减金额/元</td><td>审减率/%</td></tr>
<tr><td>1</td><td>(合同工程名称)</td><td></td><td></td><td></td><td></td></tr>
<tr><td>2</td><td>(合同工程名称)</td><td></td><td></td><td></td><td></td></tr>
<tr><td></td><td></td><td></td><td></td><td></td><td></td></tr>
<tr><td colspan="2">建设单位意见</td><td colspan="2">施工单位意见</td><td colspan="2">审核单位意见</td></tr>
<tr><td colspan="2">主管或经办人签字
建设单位(盖公章)
年　月　日</td><td colspan="2">主管或经办人签字
施工单位(盖公章)
年　月　日</td><td colspan="2">主管或经办人签字
审核单位(盖公章)
年　月　日</td></tr>
<tr><td colspan="3">审核人(盖执业资格证章)：</td><td colspan="3">复审核人(盖执业资格证章)：</td></tr>
</table>

②审定后的结算书。

6. 保修阶段的资料

(1)保修合同或协议(保修期限、保修责任、保修期开始时间等)。有关保修的条款，如在主合同中有关保修的条款已有详细约定，可不再另行与发包人签订工程质量保修书。

(2)保修记录。记录自交钥匙后所有工程实体质量问题的保修，保修记录反映项目工程质量，为工程质量管理重点提供数据支持，是提高工程预控能力和保修及时处理能力的有效工具。

(3)客户满意度调查表。鉴于在质量管理体系认证、考核及部分工程评优过程中都要求提供《客户满意度调查表》(表 4-16)，附上《客户满意度调查表》需要加盖发包人单位公章，所以为便于操作，要求各项目部在竣工验收时随竣工验收单一起发出和收回。

表 4-16 发包人评价意见表(客户满意度调查表)

<table>
<tr><td rowspan="8">工程概况</td><td>施工单位</td><td colspan="5"></td></tr>
<tr><td>工程名称</td><td colspan="2">(合同工程名称)</td><td colspan="2">工程造价</td><td>万元</td></tr>
<tr><td rowspan="2">工程地点</td><td colspan="2" rowspan="2"></td><td colspan="2">开工时间</td><td>年 月 日</td></tr>
<tr><td colspan="2">竣工时间</td><td>年 月 日</td></tr>
<tr><td>工程内容</td><td colspan="5"></td></tr>
<tr><td>工程总面积</td><td colspan="5">平方米，其中：绿地面积 平方米，其他面积 平方米</td></tr>
<tr><td>项目经理</td><td></td><td colspan="2">技术负责人</td><td colspan="2"></td></tr>
<tr><td>总监理工程师</td><td></td><td colspan="2">安全负责人</td><td colspan="2"></td></tr>
<tr><td rowspan="3">工程评价</td><td>施工操作</td><td>□规范 □不规范</td><td colspan="2">安全生产</td><td colspan="2">□无事故 □有事故</td></tr>
<tr><td>后期服务保障制度</td><td>□健全 □不健全</td><td colspan="2">合同履约情况</td><td colspan="2">□满 意 □不满意</td></tr>
<tr><td colspan="6">安全防护与文明施工方案与实施情况 □优 □一般 □差
进度计划与落实情况 □优 □一般 □差
质量控制措施与实施情况 □优 □一般 □差
施工组织及内部配合与协调 □优 □一般 □差
与发包人、设计、监理单位及其他承包人的配合和协调 □优 □一般 □差
其他意见和建议：

发包人项目负责人： 联系电话： 单位名称：(公章)

年 月 日</td></tr>
</table>

(4)工程回访记录等。包含对工程使用过程及对保修过程的服务有何意见和要求。

7. 工程移交与尾款结清阶段的资料

(1)工程移交证书或保修期满证书。工程移交证书或保修期满证书及《单位(子单位)工程质量竣工验收记录》是施工单位(或承包人)已履行全部合同义务的最重要的证明文件。

工程移交证书见表 4-17，工程保修期责任终止证书见表 4-18。

表 4-17　工程移交证书

<table>
<tr><td>工程名称</td><td></td><td>编　　号</td><td></td></tr>
<tr><td>地　　点</td><td></td><td>移交日期</td><td>年　月　日</td></tr>
<tr><td colspan="4">兹证明：
承包单位________施工的(合同工程名称)，已按施工合同要求完成，经验收合格，并按合同约定履行了______义务，即日起(或自____年__月__日起)该工程移交给接收单位管理。

附件：单位(子单位)工程质量竣工验收记录表</td></tr>
<tr><td colspan="2">施工单位(公章)</td><td colspan="2">建设单位(公章)</td></tr>
<tr><td colspan="2">日期：　　年　月　日</td><td colspan="2">日期：　　年　月　日</td></tr>
<tr><td colspan="2">接收单位(公章)</td><td colspan="2"></td></tr>
<tr><td colspan="2">日期：　　年　月　日</td><td colspan="2">日期：　　年　月　日</td></tr>
<tr><td colspan="4">注：本表由施工单位填报，施工单位、建设单位、接收单位各存一份。</td></tr>
</table>

表 4-18　工程保修期责任终止证书

<table>
<tr><td>工程名称</td><td colspan="2"></td></tr>
<tr><td>地　　点</td><td colspan="2"></td></tr>
<tr><td colspan="3">兹证明：
承包单位______施工的(合同工程名称)，已按合同要求完成，经验收合格，并按合同约定履行了保修义务，自___年____月____日起________对(合同工程名称)的保修责任终止。

附件：单位(子单位)工程质量竣工验收记录表</td></tr>
<tr><td colspan="2">施工单位(公章)</td><td>发包单位(公章)</td></tr>
<tr><td colspan="2">日期：　　年　月　日</td><td>日期：　　年　月　日</td></tr>
<tr><td colspan="3">注：本表由施工单位填报，施工单位、发包单位各存一份。</td></tr>
</table>

(2)尾款结清确认及承诺书。尾款结清确认及承诺书是一种用于与专业/劳务分包及采购租赁商结清尾款后，进一步明确双方权利和义务，防止后患的书面文件。根据内容不同可分为以下两个版本：

1)专业/劳务分包版。

2)采购租赁版。

4.2.3　召开竣工结算编制预备会议

组织召开承包人内部包括施工、技术、材料、生产计划、财务和造价等人员参加的竣工结算编制预备会议，对竣工结算内容和结算资料进行多方核对与充实完善，核对的重点应关注与合同价比较发生了价款调整的资料内容(工程造价咨询人进行此项工作需得到委托方的配合，必要时可提请委托方邀请发包人、监理人等参加会议，做好核对工作)。例如：①核对施工图要求与施工实际有无不相符的项目；②核对漏项工程(或删除工程)是否存在应增加(或扣减)结算价款的；③核对因设计变更引起的工程变更记录与增减账是否相符；④核对特殊工程项目与特殊材料单价有无应调未调的；⑤核对施工过程中相关索赔费用、现场签证费用的资料是否有遗漏；⑥核对其他有关结算造价确定的事实、根据、证明材料等是否统一等。

4.2.4 收集有关补充资料

通过上述工作步骤可以详细了解与竣工结算造价确定有关的基础资料，而补充资料的收集主要包括建设期内影响合同价格与结算造价的法律和政策性文件，以及竣工结算编制所必须遵循的有关工作依据性文件资料。主要包括如下：①《建设工程价款结算暂行办法》；②《清单计价规范》；③《施工合同(示范文本)》；④《建设项目工程结算编审规程》；⑤《建设工程造价咨询业务操作指导规程》；⑥《建设项目全过程造价咨询规程》等。

其中，上述①～③作为国家、行业法规是竣工结算编制过程中必须遵守的基本准则，属于制度层面；④～⑥则主要是行业协会发布的业务指导规程，对于竣工结算编制的过程、工作程序及成果形式等进行规范，主要反映的是技术层面。

4.3 竣工结算的编制

4.3.1 分部分项工程的结算价款计算

按照工程量清单计价原理，分部分项工程费＝∑分部分项工程量×综合单价。因此，分部分项工程结算价款的计算需要首先确定结算工程量与结算单价。我国《清单计价规范》规定，分部分项工程费应依据双方确认的工程量、合同约定的综合单价计算。如发生调整的，以发承包双方确认调整的综合单价计算。

1. 分部分项工程结算工程量的确定

(1)确定分部分项工程结算工程量的主要依据：①《清单计价规范》、施工合同；②发包人在招标文件中提供的工程量；③竣(施)工图纸、质量验收文件；④经双方确认的中期计量支付文件及其附件中工程量计算表等。

(2)确定分部分项工程结算工程量的基本步骤。

1)依据施工合同及招标范围，核对已完成的质量验收合格的竣工分部分项工程项目。

2)按照合同约定的计量规则(如《清单计价规范》)，对照发包人提供的工程量、竣(施)工图纸及中期计量支付文件中的工程量计算表，复核、计算各分部分项工程的结算工程量，对于计量错误进行调整。

3)按照合同约定的计量规则(如《清单计价规范》)或双方会商确定的方式，对照设计变更工程的设计文件、竣工图纸及中期计量支付文件的工程量计算表，复核、计算变更工程、漏项工程的结算工程量，对于计量错误进行调整。

4)通过上述步骤，完成分部分项工程的结算工程量的确定，对于删除的工程，不予计量。

2. 分部分项工程结算单价的确定

(1)分部分项工程结算单价确定的主要依据：①《清单计价规范》、施工合同；②标价工程量清单中分部分项工程的报价表；③经双方确认的分部分项工程的工程量；④各种合同约定的可予以调整综合单价的证明材料等。

(2)分部分项工程结算单价确定的主要内容。依据《清单计价规范》的规定，竣工结算时，分部分项工程的综合单价存在两种情况，即标价工程量清单中的综合单价作为结算单价与调整的综合单价作为结算单价。

1)依据经过复核确定的分部分项工程量，若其结算工程量与已标价工程量清单中的工程量变化幅度在合同约定幅度(一般规定为10%)以内的，其结算单价仍按报价的综合单价计算。

2)依据经过复核确定的分部分项工程量，对于结算工程量与已标价工程量清单中的工程量变化幅度在合同约定幅度(一般规定为10%)以外的，且其影响分部分项工程费超过0.1%时，其结算单价按发承包双方确认的综合单价计算。

3)对于因分部分项工程量清单漏项或非承包人原因引起的工程变更，造成增加新的工程量清单项目，其对应的结算单价按发承包双方共同认可的变更工程综合单价计算。

4)市场价格变化超过合同约定的幅度时，需调整的人工单价或材料单价按发承包双方确认的结果作为结算单价。

上述各种分部分项工程的结算单价可重点依据中期计量支付文件及价格调整文件确定。

3. 分部分项工程结算价款汇总计算

根据确定的分部分项工程结算工程量与结算单价，可计算出分部分项工程结算价款。其计算公式为：

$$分部分项工程费=\sum 分部分项工程量\times 综合单价$$

对工程量清单中各完工的分部分项工程结算价款汇总，即得出一个单位工程的分部分项工程结算价款。

4.3.2 措施项目的结算价款计算

在《清单计价规范》中，措施项目被具体分为两类：一类是可以计算工程量的项目；另一类是不能计算工程量的，则以“项”为计量单位。

《清单计价规范》规定：措施项目费应依据合同约定的项目和金额计算；如发生调整的，以发承包双方确认调整的金额计算，其中，安全文明施工费应按规定计算(即安全文明施工费应按国家或省级、行业建设主管部门的规定计价，不得作为竞争费用)。

1. 以“项”为单位的措施项目结算金额确定

由于此类措施项目费用与工程量的变化关系不大，因此，在编制竣工结算时，一般直接以合同价中的本部分金额结算。

2. 可计算工程量的措施项目结算价款确定

本部分措施项目结算价款基本原理与分部分项工程结算价款确定基本一致，其主要依据及计算内容，见表4-19。

表 4-19　可计算工程量的措施项目结算价款计算的主要依据及计算内容

主要依据	主要计算内容
《清单计价规范》及地方性补充规范、施工合同、已标价工程量清单中的措施项目清单、中期计量支付文件及其附件、工程变更资料有关措施项目材料、施工方案等	(1)对照招标人提供的措施项目工程量、施工方案及中期支付文件中措施项目工程量，依据合同约定的计量规则进行措施项目工程量的复核、计算，调整计量错误。 (2)对于变更工程的措施项目，对照中期支付文件及其工程量计算表、工程变更设计文件及验收文件等，依据合同约定的计量规则复核、计算其工程量，调整计量错误。 (3)核对措施项目结算工程量，对照合同约定的工程量偏差范围，对于不符合调整单价约定的，以报价的综合单价作为该措施项目的结算单价；对于措施项目工程量变化符合综合单价调整的，以双方确认的调整单价作为结算单价。 (4)变更工程引起的措施项目单价以双方确认的单价作为结算单价。 (5)依据各项措施项目的结算工程量、结算单价计算措施项目结算价款并汇总

3. 措施项目结算价款汇总

通过对以“项”为单位的措施项目金额与可计算工程量的措施项目价款汇总计算，即可得出单位工程的措施项目结算价款。

4.3.3　其他项目费的结算金额计算

根据《清单计价规范》的规定，其他项目费用在竣工结算时的计算涉及：计日工、暂估价、总承包服务费、索赔费用、现场签证费用及暂列金额。其中，暂列金额主要用于工程价款的调整与索赔、现场签证金额计算，如有余额则归发包人。

上述各项费用的结算金额计算方法及主要依据，见表 4-20。

表 4-20　其他项目费的结算金额计算方法及主要依据

<table>
<tr><th>计算内容</th><th>计算方法</th><th colspan="2">主要依据</th></tr>
<tr><td>计日工</td><td>按发包人实际签证确认的事项计算、汇总金额</td><td>计日工实际签证确认资料</td><td rowspan="5">《清单计价规范》、施工合同、招标文件、投标文件及中期计量支付文件及附件</td></tr>
<tr><td>暂估价</td><td>暂估价中的材料单价按发承包双方最终确认价在综合单价中调整；专业工程暂估价按中标价或发承包人与分包人最终确认价计算</td><td>当地造价管理部门发布的造价信息、市场价格信息、合同约定的专业工程计价规定、材料采购原始凭证、专业分包合同</td></tr>
<tr><td>总承包服务费</td><td>依据合同约定的计算基数与费率计算</td><td>合同约定的计取方式(基数、费率)</td></tr>
<tr><td>索赔费用</td><td>按发承包双方确认的索赔事项和金额计算、汇总</td><td>各种费用索赔资料及申请(核准)表</td></tr>
<tr><td>现场签证费用</td><td>按发承包双方签证资料确认的金额计算</td><td>各种现场签证单</td></tr>
</table>

通过上述内容计算、汇总，形成竣工结算的其他项目费汇总金额。

4.3.4　规费与税金的结算金额计算

1. 规费与税金的组成

根据《清单计价规范》的规定，规费与税金的费用构成，见表 4-21。

表 4-21 规费与税金的费用构成

费用项	具体费用构成
规费	(1)工程排污费；(2)社会保险费：包括养老保险费、失业保险费、医疗保险费、工伤保险费、生育保险费；(3)住房公积金
税金	(1)营业税；(2)城市维护建设税；(3)教育费附加；(4)地方教育附加

2. 规费与税金计算的主要依据

规费与税金计算的主要依据，见表 4-22。

表 4-22 规费与税金计算的主要依据

计算内容	主要依据
规费	施工承包合同文本；已标价工程量清单；国家或省级、行业建设主管部门的规定的计取标准等
税金	

3. 规费与税金的计算

在竣工结算中规费、税金的计取原则应按国家或省级、行业建设主管部门规定的计取标准计算，不作为竞争性费用。其计算应根据合同条款规定的计算基数与费率进行计算。

在具体项目的竣工结算编制过程中，需要依据项目所在省市的具体规章，按其规定基数与费率计算，对于编制结算时由于计算基数发生变化的，应相应调整规费与税金的结算金额。

4.3.5 竣工结算价的汇总

根据上述 4.3.1～4.3.4 内容中各项结算价款(金额)的汇总额，可计算出一个单位工程的竣工结算总价款，即竣工结算价＝分部分项工程结算价款＋措施项目结算价款＋其他项目费用结算金额＋规费＋税金。

一个单项工程的竣工结算价由各单位工程竣工结算价汇总而成，相应的，工程项目的竣工结算价由各单项工程竣工结算价款汇总而成。

4.3.6 竣工结算书的编制

根据竣工结算价计算过程中形成的结果，编制、填写竣工结算书的各种组成文件。

1. 竣工结算书的组成内容

竣工结算书主要组成部分及其说明，见表 4-23。

表 4-23 竣工结算书的组成及其说明

竣工结算书组成	具体说明
封面	包括工程名称、编制单位和印章、日期
签署页	包括工程名称、编制人、审核人、审定人姓名和执业(从业)印章、单位负责人印章(或签字)等
编制说明	包括工程概况、编制范围、编制依据、编制方法、有关材料、设备、参数和费用说明、其他有关问题的说明等
工程竣工结算相关表式	(1)工程结算汇总表；(2)单项工程结算汇总表；(3)单位工程结算汇总表；(4)分部分项(措施项目、其他项目、规费税金)结算汇总表等

2. 工程结算成果文件的形式

(1)工程结算书封面，包括工程名称、编制单位和印章、日期等。

(2)签署页，包括工程名称、编制人、审核人、审定人姓名和执业(从业)印章、单位负责人印章(或签字)等。

(3)目录。

(4)工程结算编制说明。

(5)工程结算相关表式。

(6)必要的附件。

3. 工程结算相关表式

(1)工程结算汇总表。

(2)单项工程结算汇总表。

(3)单位工程结算汇总表。

(4)分部分项清单计价表。

(5)措施项目清单与计价表。

(6)其他项目清单与计价汇总表。

(7)规费、税金项目清单与计价表。

(8)必要的相关表格。

4.3.7 竣工结算编制的有关要求

工程竣工结算编制是竣工阶段承包人结清工程合同价款之前的重要工作，无论是承包人自行编制，还是委托工程造价咨询人进行编制，一般应满足如下基本要求。

(1)工程竣工结算应以施工发承包合同为基础，按合同约定的工程价款调整方式对原合同价款进行调整。

(2)工程竣工结算应核查设计变更、工程洽商等工程资料的合法性、有效性、真实性和完整性。对有疑义的工程实体项目，应视现场条件和实际需要核查隐蔽工程。

(3)建设项目由多个单项工程或单位工程构成的，应按建设项目划分标准的规定，将各单项工程或单位工程竣工结算汇总，编制相应的工程竣工结算书，并撰写编制说明。

(4)实行分阶段结算的工程，应将各阶段工程结算汇总，编制工程竣工结算书，并撰写编制说明。

(5)实行专业分包结算的工程，应将各专业分包结算汇总在相应的单项工程或单位工程竣工结算内，并撰写编制说明。

(6)工程竣工结算编制应采用书面形式，有电子文本要求的应一并报送与书面形式内容一致的电子版本。

(7)工程竣工结算应严格按工程竣工结算编制程序进行编制，做到程序化、规范化。竣工结算资料必须完整。

4.3.8 工程结算编制实例

1. 工程概况

沈阳×××轮胎厂胶囊制作车间土建工程，建设地点在沈阳市××区××经济开发区沈阳××工业园内，由沈××建设集团有限公司承建，施工承包方式为包工包料。

2. 施工范围

具体施工范围如下：(1)基础开挖及回填；(2)基础及地梁；(3)主体及墙体砌筑，墙体檐口高度为 4.65 m，屋脊高度为 5.43 m；(4)内外墙抹灰；(5)窗户安装(采用双层双玻塑钢窗)；(6)散水坡及门口坡道制作；(7)室内地面浇筑；(8)基础采用人工挖土；(9)地面层为金钢砂地面，非锡钛合金；(10)基础施工实际未放坡、未留工作面。

3. 工程签证

施工过程中发生了工程签证，具体内容如下：

(1)基础开挖后，发现下面有暖气管道，正好在最东侧基础下方，造成无法施工，只能将最东侧基础往西侧移动 2 m，重新挖基础，原有开挖的基础重新回填。基础开挖的深度为 1.3 m，宽度为 1.2 m，长度为 6 m。

(2)由于施工现场无场地进行现场混凝土搅拌，不能现场进行混凝土浇筑及抹灰，因此在施工单位临建处进行混凝土搅拌，产生运距，运距从实验室西侧至施工单位暂设处，距离约为 1.2 m。

(3)基础开挖时，下面有排水管线，大量污水流出，施工单位用水泵进行降水(水泵由甲方提供)，施工单位人员现场看护，降水共六天六夜。

(4)由于基础坑内有排水管线漏水，造成 12 处塌方，共 51 m^3。

4. 工程图纸

工程图纸如图 4-3～图 4-5 所示。

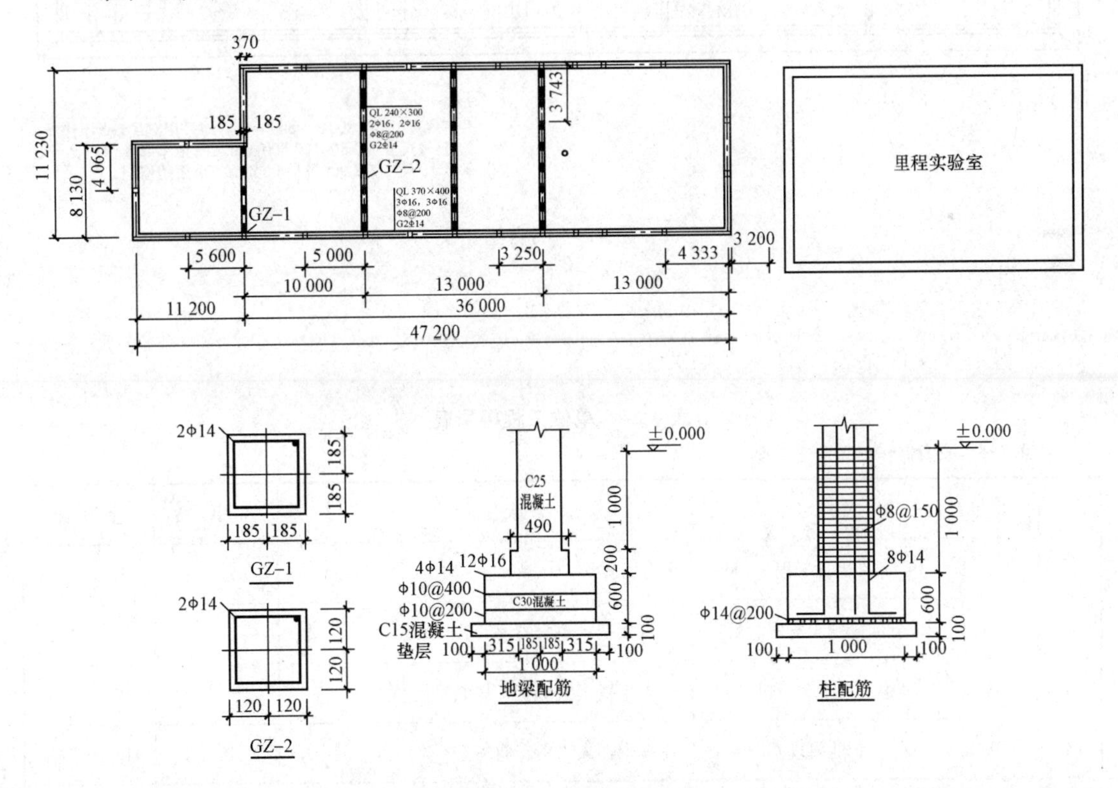

图 4-3　保全室结构图

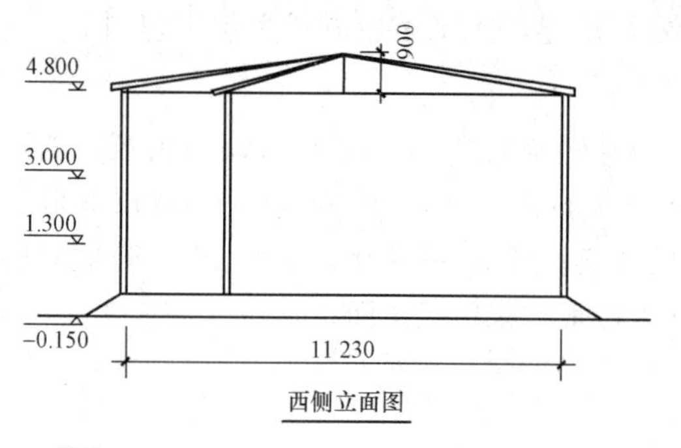

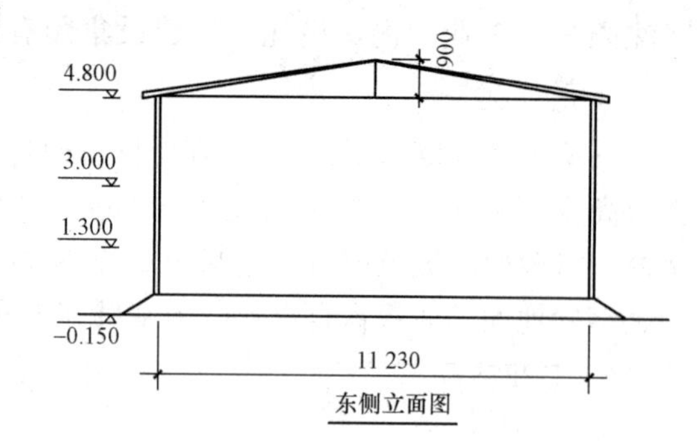

说明：
1.本工程屋面采用钢结构屋面，屋脊与中轴线一致。
2.屋面中间加设保温棉，厚度70 mm，双层错缝搭接。
3.屋面檐口与砖墙搭接处的缝隙，用发泡密实后，抹灰刮白。

图 4-4　东西侧立面图

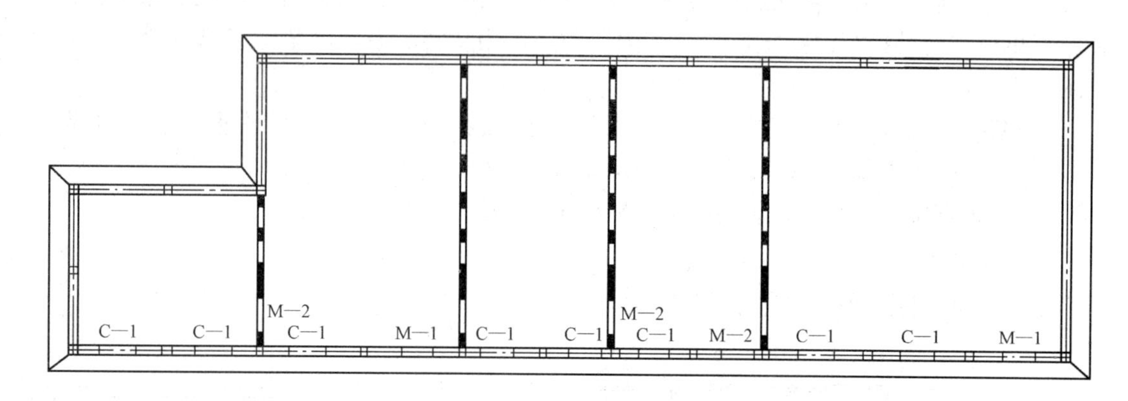

说明：
1.窗户尺寸为1 800×1 800 mm，均采用双层玻塑钢窗；
2.M—1尺寸为2 800×2 500 mm，采用车库卷帘门；
3.M—2尺寸为2 000×1 000 mm，采用防盗门。

图 4-5　门窗图

5. 工程结算文件

工程结算文件见表 4-24～表 4-26。

表 4-24　单位工程费用表

项目名称：胶囊制作车间土建工程

行号	序号	费用名称	取费说明	费率/%	金额/元
		建筑工程			438 878.44
1	A	分部分项工程费合计	直接费＋主材费		356 316.37
2	A1	其中：人工费＋机械费	人工费＋机械费－燃料动力价差		77 514.57
3	B	企业管理费	其中：人工费＋机械费	18.2	14 107.65
4	C	利润	其中：人工费＋机械费	23.4	18 138.41

续表

行号	序号	费用名称	取费说明	费率/%	金额/元
5	D	措施项目费	安全文明施工措施费＋夜间施工增加费＋二次搬运费＋已完工程及设备保护费＋冬雨季施工费＋市政工程干扰费＋其他措施项目费		12 568.99
6	D1	安全文明施工措施费	其中：人工费＋机械费	15.9	12 324.82
7	D2	夜间施工增加费			
8	D3	二次搬运费			
9	D4	已完工程及设备保护费			
10	D5	冬雨期施工费	其中：人工费＋机械费	0.315	244.17
11	D6	市政工程干扰费	其中：人工费＋机械费	0	
12	D7	其他措施项目费			
13	E	其他项目费			
14	F	税费前工程造价合计	分部分项工程费合计＋企业管理费＋利润＋措施项目费＋其他项目费		401 131.42
15	G	规费	工程排污费＋社会保险费＋危险作业意外伤害保险		1 414.11
16	G1	工程排污费			
17	G2	社会保险费	养老保险		1 395.26
18	G21	养老保险	其中：人工费＋机械费	1.8	1 395.26
19	G4	危险作业意外伤害保险	措施项目费	0.15	18.85
20	H	人工动态系数调整	人工费＋机械人工费	31	21 585.86
21	I	税金	税费前工程造价合计＋规费＋人工动态系数调整	3.477	14 747.05
22	K	工程总造价	税费前工程造价合计＋规费＋税金＋人工动态系数调整		438 878.44
		土石方工程			37 652.21
23	A	分部分项工程费合计	直接费＋主材费		24 999.22
24	A1	其中：人工费＋机械费	人工费＋机械费－燃料动力价差		24 952.49
25	B	企业管理费	其中：人工费＋机械费	6.37	1 589.47
26	C	利润	其中：人工费＋机械费	8.19	2 043.61

续表

行号	序号	费用名称	取费说明	费率/%	金额/元
27	D	措施项目费	安全文明施工措施费＋夜间施工增加费＋二次搬运费＋已完工程及设备保护费＋冬雨季施工费＋市政工程干扰费＋其他措施项目费		1 416.06
28	D1	安全文明施工措施费	其中：人工费＋机械费	5.565	1 388.61
29	D2	夜间施工增加费			
30	D3	二次搬运费			
31	D4	已完工程及设备保护费			
32	D5	冬雨期施工费	其中：人工费＋机械费	0.11	27.45
33	D6	市政工程干扰费	其中：人工费＋机械费	0	
34	D7	其他措施项目费			
35	E	其他项目费			
36	F	税费前工程造价合计	分部分项工程费合计＋企业管理费＋利润＋措施项目费＋其他项目费		30 048.36
37	G	规费	工程排污费＋社会保障费＋住房公积金＋危险作业意外伤害保险		159.32
38	G1	工程排污费			
39	G2	社会保险费	养老保险		157.2
40	G21	养老保险	其中：人工费＋机械费	0.63	157.2
41	G3	住房公积金	其中：人工费＋机械费	0	
42	G4	危险作业意外伤害保险	措施项目费	0.15	2.12
43	H	人工动态系数调整	人工费＋机械人工费	31	6 179.35
44	I	税金	税费前工程造价合计＋规费＋人工动态系数调整	3.477	1 265.18
45	K	工程总造价	税费前工程造价合计＋规费＋税金＋人工动态系数调整		37 652.21
		工程造价			476 530.65
含税工程总造价：肆拾柒万陆仟伍佰叁拾元陆角伍分					

表 4-25　单位工程概预算表

项目名称：胶囊制作车间土建工程

序号	编码	子目名称	工程量		价值/元		其中/元	
			单位	数量	单价	合价	人工费	材料费
		图纸部分						
1	1—1	土方工程　人工平整场地	100 m^2	7.7	146.92	1 131.28	1 131.28	
2	1—14	土方工程　人工挖沟槽基坑　挖沟槽　一、二类土　深度 2 m 以内	100 m^3	6.15	1 573.62	9 677.76	9 677.76	
3	1—101	人工土石方运输　人工装土 100 m^3	100 m^3	4.41	728.96	3 214.71	3 214.71	
4	1—189	机械土方　小型翻斗运土方　运距 1 km 以内	100 m^3	4.41	925.69	4 082.29		
5	1—299	土石方回填　回填土　夯填	100 m^3	1.74	1 588.75	2 764.43	2 385.92	
6	1—300	土石方回填　原土打夯(基底)	100 m^2	2.73	81.52	222.55	180.86	
7	1—300	原土打夯(地面)	100 m^2	4.64	81.52	378.42	307.53	
8	3—1	砖基础	10 m^3	6.25	2 607	16 293.75	3 177.5	13 116.25
9	3—127	现场搅拌砌筑砂浆　水泥砂浆　砂浆强度等级 M10	m^3	14.75	262.16	3 866.86	253.7	3 337.93
10	3—10	砖砌体　实心砖墙　混水砖墙 1 砖	10 m^3	4.32	2 835.39	12 248.88	2 899.37	9 349.52
11	3—127	现场搅拌砌筑砂浆　水泥砂浆　砂浆强度等级 M10	m^3	9.72	262.16	2 548.2	167.18	2 199.64
12	3—11	砖砌体　实心砖墙　混水砖墙 1 砖半	10 m^3	14.97	2 796.64	4 1851.72	9 762.57	32 089.15
13	3—127	现场搅拌砌筑砂浆　水泥砂浆　砂浆强度等级 M10	m^3	35.92	262.16	9 415.74	617.76	8 127.79
14	4—26	现浇混凝土柱　现浇混凝土　构造柱　现场混凝土 C25	10 m^3	2.7	3 824.06	10 321.14	2 476.49	7 544.92
15	4—31	现浇混凝土梁　现浇混凝土　基础梁　商品混凝土 C25	10 m^3	9.28	3 904.66	36 239.15	1 494.71	34 744.44
16	4—38	现浇混凝土梁　现浇混凝土　圈梁　现场混凝土	10 m^3	1.9	3 846.4	7 296.62	1 784.26	5 310.12
17	4—40	现浇混凝土梁　现浇混凝土　过梁　现场混凝土	10 m^3	0.12	3 950.81	478.05	123.26	341.89
18	4—93	现浇混凝土其他构件　混凝土散水　现场混凝土	100 m^2	0.93	5 817.46	5 399.77	2 061.6	3 217.37
19	4—95	现浇混凝土其他构件　水泥砂浆防滑坡道　现场混凝土	100 m^2	0.06	12 560.01	703.36	296.05	405.03
20	4—265	现浇混凝土钢筋　光圆钢筋 Φ6.5	t	0.37	5 243.94	1 950.75	383.37	1 546.91
21	4—267	现浇混凝土钢筋　光圆钢筋 Φ10	t	0.02	4 657.22	69.86	7.45	61.62
22	4—282	现浇混凝土钢筋　螺纹钢筋 Φ12	t	2.62	4 560.81	11 949.32	1 285.06	1 0445.15
23	4—283	现浇混凝土钢筋　螺纹钢筋 Φ14	t	4.9	4 474.16	21 923.38	2 015.13	19 504.7
24	4—284	现浇混凝土钢筋　螺纹钢筋 Φ16	t	4.7	4 309.14	20 252.96	1 746.61	18 114.74
25	4—295	现浇混凝土钢筋　箍筋 Φ6.5	t	0.54	5 531.79	2 987.17	710.21	2 245.51

续表

序号	编码	子目名称	工程量		价值/元		其中/元	
			单位	数量	单价	合价	人工费	材料费
26	4—296	现浇混凝土钢筋　箍筋 Φ8	t	1.27	5 056.6	6 421.88	1 079.82	5 237.48
27	4—297	现浇混凝土钢筋　箍筋 Φ10	t	2.32	4 779.79	11 089.11	1 402.05	9 531.02
28	9—7	楼地面工程　垫层　砂石垫层　天然级配砂	10 m^3	9.28	1 346.46	12 500.53	2 915.18	9 524.64
29	9—22	楼地面工程　垫层　商品混凝土地面 C30	10 m^3	9.28	4 289.48	39 823.53	1 624.51	38 199.02
30	AB—1	金刚砂地面面层	m^2	464.2	19.5	9 051.9		9 051.9
31	9—41	水泥砂浆面层　水泥砂浆踢脚线　踢脚板底 20 mm	100 m		330.8			
32	10—20 换	外墙面一般抹灰　墙面墙裙抹水泥砂浆　20 mm　砖墙	100 m^2	4.9	961.99	4 713.75	4 404.51	97.02
33	10—20 换	内墙面一般抹灰　墙面墙裙抹水泥砂浆　20 mm　砖墙	100 m^2	7.51	961.99	7 224.54	6 750.59	148.7
34	10—21 换	外墙面一般抹灰　墙面墙裙抹水泥砂浆　20 mm　混凝土墙	100 m^2	1.23	1 112.54	1 368.42	1 193.52	121.63
35	10—21 换	内墙面一般抹灰　墙面墙裙抹水泥砂浆　20 mm　混凝土墙	100 m^2	0.87	1 112.54	967.91	844.2	86.03
36	10—104	抹灰工程　现场搅拌抹灰砂浆　水泥砂浆　1∶2.5	m^3	0.8	296	236.92	14.59	211.22
37	10—104	抹灰工程　现场搅拌抹灰砂浆　水泥砂浆　1∶2.5	m^3	5.18	296	1 533.84	94.47	1 367.45
38	10—104	抹灰工程　现场搅拌抹灰砂浆　水泥砂浆　1∶2.5	m^3	3.38	296	1 000.78	61.64	892.21
39	10—105	内现场搅拌抹灰砂浆　水泥砂浆　1∶3	m^3	1.21	260.66	315.22	22.05	276.39
40	10—105	抹灰工程　现场搅拌抹灰砂浆　水泥砂浆　1∶3	m^3	12.17	260.66	3 171.24	221.79	2 780.59
41	10—105	抹灰工程　现场搅拌抹灰砂浆　水泥砂浆　1∶3	m^3	7.94	260.66	2 069.12	144.71	1 814.23
42	12—51	混凝土、钢筋混凝土模板及支架　现浇混凝土模板　构造柱　复合模板　木支撑	100 m^2	1.52	4 063.77	6 176.93	2 663.95	3 210.53
43	12—62	混凝土、钢筋混凝土模板及支架　现浇混凝土模板　基础梁　复合模板　木支撑	100 m^2	1.81	4 125.16	7 466.54	2 715.45	4 447.68
44	12—68	混凝土、钢筋混凝土模板及支架　现浇混凝土模板　过梁　复合木模板　木支撑	100 m^2	0.13	5 587.11	698.39	321.82	349.75
45	12—73	混凝土、钢筋混凝土模板及支架　现浇混凝土模板　圈梁　直形竹胶板　木支撑	100 m^2	1.2	3 412.97	4 095.56	1 880.74	2 074.55

续表

序号	编码	子目名称	工程量		价值/元		其中/元	
			单位	数量	单价	合价	人工费	材料费
46	12—207	建筑物 20 m 以内垂直运输 混合结构	100 m^2	5.17	726.86	3 758.59		
47	12—286	脚手架 综合脚手架 钢管脚手架(高度 15m 以内)	100 m^2	5.17	1 481.83	7 662.54	2 369.92	4 490.13
48	借 4—266 换	双层玻塑钢窗	m^2	51.84	260	13 478.4	1 305.33	12 173.07
49	借 5—215	外乳胶漆二遍 抹灰面	100 m^2		519.44			
50	借 5—215	内乳胶漆二遍 抹灰面	100 m^2		519.44			
51	借 5—293 换	混凝土刮石膏腻子二遍	100 m^2		515.87			
52	借 5—293 换	内墙面刮石膏腻子二遍	100 m^2		503.55			
		分部小计				372 093.76	80 191.18	277 787.92
		签证部分						
53	1—14	土方工程 人工挖沟槽基坑 挖沟槽 一、二类土 深度 2 m 以内	100 m^3	0.09	1 573.62	147.29	147.29	
54	1—299	土石方回填 回填土 夯填	100 m^3	0.09	1 588.75	148.71	128.35	
55	04030	机动翻斗车 装载质量(t)1 小	台班	29	163.45	4 740.05		
56	AB—2	(水泵降水)水泵甲供给 人工费每天安一个工日计算	工日	18	53	954	954	
57	1—51	土方工程 挖淤泥流砂(14 处)	100 m^3	0.51	4 682.18	2 387.91	2 387.91	
58	1—101	人工土石方运输 人工装土 100 m^3	100 m^3	0.51	728.96	371.77	371.77	
59	1—189	机械土方 小型鳖斗运土方 运距 1 km 以内	100 m^3	0.51	925.69	472.1		
		分部小计				9 221.83	3 989.32	
		合计				381 315.59	84 180.5	277 787.92

表 4-26　单位工程人材机价差表

工程名称：胶囊制作车间土建工程　　　　　　　　　　　　专业：土建工

序号	材料名	单位	材料量	预算价	市场价	价差	价差合计
1	地面商品混凝土 C30	m^3	93.77	200	392	192	18 003.53
2	钢管	kg	392.79	3.9	4.05	0.15	58.92
3	钢筋	t	4.61	3 550	4 000	450	2 073.29
4	机制砖(红砖)240×115×53	千块	0.2	290	400	110	22.48
5	机制砖(红砖)	千块	136.12	290	400	110	14 972.74
6	砾(碎)石	m^3	0.63	55	80	25	15.67
7	砾石	m^3	40.97	55	80	25	1 024.32
8	模板木材	m^3	0.82	1 200	1 700	500	411.1
9	木脚手板	m^3	0.57	1 200	1 700	500	284.4
10	热轧带肋钢筋(螺纹钢筋)	t	2.67	3 590	3 850	260	694.82
11	热轧带肋钢筋(螺纹钢筋)	t	5	3 590	3 850	260	1 299.48
12	热轧带肋钢筋(螺纹钢筋)	t	4.79	3 530	3 730	200	958.8
13	砂	m^3	21.76	50	83	33	718.02
14	商品混凝土 C25	m^3	93.27	300	371	71	6 622.46
15	石油沥青	kg	88.87	3.8	5	1.2	106.64
16	水	m^3	201.52	2.6	4	1.4	282.12
17	水泥	kg	54 562.13	0.3	0.43	0.13	7 147.64
18	天然级配石	m^3	113.64	45	83	38	4 318.18
19	支撑方木	m^3	2.13	1 200	1 700	500	1 066.8
20	中砂(干净)	m^3	62.46	50	83	33	2 061.11
21	竹胶板	m^2	94.22	30	45	15	1 413.27
22	砾石	m^3	6.7	55	80	25	167.59
23	汽油	kg	9.32	5.86	9.56	3.7	34.48
24	柴油	kg	265.22	5.81	8.28	2.47	655.08
25	电	kW·h	2 474.04	0.74	0.89	0.15	371.11
	小计						64 784.05
	合计						64 784.05

4.4 工程竣工结算审查

4.4.1 工程竣工结算审查概述

1. 工程竣工结算审查的概念

根据《建设工程价款结算暂行办法》，竣工结算书编制完成后，须提交发包人由其审查（政府投资项目，由同级财政部门审查）确认才能有效。发包人在收到承包人提出的工程竣工结算书后，由发包人或其委托的具有相应资质的工程造价咨询人对其进行审查，并按合同约定的时间提出审查意见，作为办理竣工结算的依据。

竣工结算审查的目的在于保证竣工结算的合法性和合理性，正确反映工程所需的费用，只有经审核的竣工结算才具有合法性，才能得到正式确认，从而成为发包人与承包人支付结算款项的有效经济凭证。

2. 工程竣工结算审查的依据与内容

(1)工程竣工结算审查的依据。工程竣工结算审查需严格遵守国家、行业主管部门及其项目所在省市的有关法规、规范，具体结合发承包合同及施工过程中双方确认的有关文件进行，其主要依据如下：

1)法律法规：主要有《建设工程价款结算暂行办法》《最高人民法院关于审理建设工程施工合同纠纷案件适用法律问题的解释》《中华人民共和国审计法》《中华人民共和国建筑法》《中华人民共和国合同法》《中华人民共和国招标投标法》及其他适用法规等。

2)技术规范：主要是依据《清单计价规范》。

3)合同范本：《施工合同(示范文本)》。

4)施工承包合同文件。

5)项目所在省市制定的有关竣工结算审查的办法、细则等。

若由工程造价咨询人接受委托进行竣工结算审查时，还应依据咨询服务委托合同及行业主管部门制定的有关标准、办法与规程进行。

(2)工程竣工结算审查的内容。竣工结算审查的基本目的在于通过审查承包人报送的竣工结算文件(竣工结算书及竣工结算资料)，合理确定发承包双方的竣工结算价并以其作为竣工结算支付的依据。

竣工结算审查的内容一般包括以下三个方面：

1)竣工结算资料审查。主要是审查承包人报送的竣工结算文件的组成是否完整、规范。

2)竣工结算编制依据审查。主要是确定竣工结算编制依据是否合法、有效、适用。

3)竣工结算内容审查。主要是审查确定竣工结算价的组成、竣工结算价是否正确合理，通过全面审查对竣工结算价进行增减调整，并说明原因。

4.4.2 竣工结算审查前期工作准备

1. 熟悉结算审查标的及审查目的

竣工结算审查小组(或接受委托的工程造价咨询人)应首先熟悉竣工结算审查的范围与具体内

容，明确审查目的，主要需熟悉以下具体内容：①工程项目的性质(如是否政府投资项目)、工程建设实施概况；②施工发包方式及合同类型、结算计价方式；③竣工结算审查范围等。

当工程造价咨询人接受委托进行审查时，除应了解上述内容外，还需要熟悉委托咨询服务合同书的条款(咨询合同标的、范围、期限、方式、目标要求、资料提供、协作事项、收费标准、违约责任等)，了解竣工结算审查委托单位的审查目的，不同的结算审查委托单位有不同的审查目的，如发包人委托进行的竣工结算审查主要目的在于合理确定工程造价以作为结算支付的依据；而政府投资项目中同级财政部门委托进行的竣工结算审查主要目的则在于合理确定造价，提高财政资金的使用效益，通过严格把关对建设资金结算进行核准。

2. 接收送审的竣工结算资料

完整竣工结算资料的是结算审查的重要条件，竣工结算审查小组(或工程造价咨询人)获取完整的竣工结算资料是准备阶段的基础性工作，主要需完成以下工作内容。

(1)竣工结算审查小组应编制详细的竣工结算资料清单，与承包人送审的竣工结算资料进行核对，对于缺失项应要求对方补充(若由工程造价咨询人具体负责审查时，应向委托方开列出资料清单，由对方组织、提供)。竣工结算的一般资料范围见表4-27。竣工结算审查小组(或工程造价咨询人)开列的资料清单可结合具体结算审查范围、内容及要求进行选择。

表4-27　建设工程竣工结算资料清单

序号	资料名称
1	竣工结算审查委托合同书
2	施工合同文件和有关协议
3	招投标文件和中标通知书(如为招标项目)
4	工程结算书(工程量甲乙双方的认可，甲乙双方负责人签字，编制人签名，并注明造价员、造价工程师证号)
5	各级批文复印件，如可研报告和批复、申请立项书和批复，设计、规划、土地、计划等部门审批
6	经评审查批准的施工竣工图(严格按照国家、行业规范与标准绘制)和有关签证资料
7	开工许可证、竣工验收合格证、工程竣工验收单及质量等级评定书、竣工报告
8	工程招投标过程与施工过程中往来文件、图纸及图纸会审记录
9	施工组织设计或施工方案(应明确具体的施工现场情况和施工工艺)及其报审表
10	工程索赔相关资料
11	变更通知单、工程停工报告、监理指令
12	施工记录、原始票据、形象进度及现场照片
13	有关定额(清单)、费用调整的文件规定
14	隐蔽工程施工记录、验收文件
15	各种设备材料合格证，出厂试验报告，材料设备供应情况及加工订货合同(或确认价)
16	工地运输距离及地形比例表，材料二次运输路径示意图(运输记录)
17	设计变更签证表(工程内容清楚表述)
18	工程现场签证单(工程内容清楚表述)
19	工程量计算表，工地运输工程量计算表
20	工程领料单和退料单
21	建设单位供料明细表，需要核实的单位采购的材料凭证
22	国家、省市(自治区)有关单位颁发的有关规定、通知、细则和规定等
23	国家、省市(自治区)有关单位颁发的现行定额或补充定额及现行相关取费标准或费用定额
24	现行地区材料预算价格，项目所在地工资标准及机械台班费用标准
25	施工单位取费资质证明文件
26	与结算审查相关各单位联系人姓名、地址、电话
27	其他有关资料

(2)若由工程造价咨询人进行竣工结算审查时，需要与委托方进行结算资料移交，并办理移交登记手续或回执。

3. 熟悉竣工结算资料

竣工结算审查小组(或工程造价咨询人)全面熟悉已经获得的竣工结算资料，主要目的在于对发承包双方的交易及其工程实施状况的整体把握，并对影响结算造价较大的因素形成初步判断，尚未涉及资料的详细审查。在此，需要重点关注以下资料内容：①施工合同文件和有关协议；②工程结算书；③已标价的工程量清单；④经审查批准的施工竣工图；⑤施工组织设计或施工方案；⑥各种变更通知单及签证；⑦工程索赔相关资料；⑧隐蔽工程施工记录及验收文件等。

4. 现场勘验

现场勘验即在熟悉竣工结算资料并初步掌握工程结算审查重点与难点的基础上，实地勘验工程现场，并形成现场勘验的记录文件。需要了解的基本情况主要有：①竣工结算审查工程的实施概况(如工程现场条件、施工范围及内容、合同段界面、建设标准等)；②竣工结算审查的项目是否符合结算基本条件；③结算工程量与工程实体形象对比、变更工程的实地对比查验、隐蔽工程的具体工程内容调查、占总造价比例较大的工程实体概况了解等。

现场勘验在整个竣工结算审查期间如有必要可重复进行。现场勘验应该有竣工结算审查委托方或发包人、承包人及监理人等多方共同参与，竣工结算审查小组应至少派出两名专业人员参加。最终形成的记录文件应由参与各方会签确认。

5. 补充资料收集与整理

结合承包人送审的竣工结算资料及现场勘验的记录文件等，竣工结算审查小组(或工程造价咨询人)应进行补充资料的收集、整理与熟悉。此类资料主要包括以下两类。

(1)需要补正的有关资料。即应由自行整理或由承包人送审的资料不够全面或部分资料存在内容缺失、错误的，应提请有关方限期补正。

(2)收集结算审查必需的依据性资料、文件。即竣工结算审查小组组织人员具体收集建设工程竣工结算审查所需的一般性文件、规程、办法等，以及项目所在地有关部门发布的地方性规章，作为结算审查实施环节的工作依据(特别要关注依据性资料的时效性)。如：①国家或项目所在省、自治区、直辖市价格部门或统计部门提供的价格指数，市场价格信息调查资料等；②《清单计价规范》；③《施工合同(示范文本)》；④《建设项目工程价款结算暂行办法》；⑤地方性规章；⑥《建设项目结算编审规程》；⑦《建设项目全过程造价咨询规程》；⑧《建设工程造价咨询业务操作指导规程》；⑨其他有关竣工结算编制依据的相关资料，可参见《建设项目结算编审规程》。

4.4.3 竣工结算审查的实施

1. 竣工结算资料审查

对竣工结算资料进行审查是竣工结算审查实施环节的基础性工作，结算资料不充分、不完备必然导致结算内容的要求难以得到有效支持。此处所指的结算资料，主要指承包人(或其委托的工程造价咨询单位)编报的结算文件及相关资料。对其提供的竣工结算资料的审查主要是形式审查，即可通过核对表法审查其资料是否完整。建设工程竣工结算的资料审查记录表可参考表4-28进行编制。

表 4-28 建设工程竣工结算审查资料审查记录表

序号	资料名称	资料要求	是否完备		备注
			是	否	
1	竣工结算书	原件：竣工结算书应有书面与电子文件，各项签署完整，各计算表格齐备			
2	与工程结算有关的合同	原件：合同要素齐全，包括签订日期、法人印鉴、公章、经办人签字等			
3	工程签证单（包括工程变更、图纸会审、隐蔽工程签证等）	原件：签证手续齐全，签证内容一事一签			
4	索赔相关资料（包括索赔意向报告、索赔处理文件、索赔证明材料等）	原件：签证手续齐全			
5	材料价格确认表（包括序号、名称、规格、型号、所用位置、报批价格、审批价格等）	原件：手续要齐全（日期、项目监理人、施工单位、发包人代表等），多页则需编号			
6	计日工有关报表与凭证	原件：手续齐全（施工、监理等签字）			
7	全套竣工图纸	图纸必须复核，盖有竣工图章，人员签字齐全			
8	竣工验收资料	若采购合同则需有甲方验收单或交货单，如交接后则有交接单			
9	期中结算相关资料	监理、财务等签字			
10	招标文件、投标文件、中标通知书等	原件			
11	专业分包合同等	原件			
12	地质勘查报告	原件			
13	批复的工程投资文件（包括立项文件、政府批文、领导批示、建设单位申请、重要事项会议纪要、开工报告）	原件或复印件			

2. 竣工结算编制依据审查

竣工结算编制依据选择的合法、合理直接关系到结算文件编制的合理性与准确性，一般通过审查竣工结算书的“编制说明”可对其编制依据进行审查。其审查的内容及具体要求，见表 4-29。

表 4-29 竣工结算编制依据审查的内容及具体要求

序号	审查内容	审查的具体要求
1	合法性审查	（1）建设工程竣工结算编制的依据必须是经过国家和行业主管部门批准，符合国家的编制规定，未经批准的不能采用 （2）建设工程竣工结算编制依据必须符合发承包合同的各组成文件，不得与其相互矛盾 （3）在施工过程中的各种合法的签证及其他有关凭证或证明文件等可作为竣工结算编制的依据
2	时效性审查	各种建设工程竣工结算编制依据均应该严格遵守国家及行业主管部门的现行规定，注意有无调整和新的规定，审查竣工结算编制依据是否仍具有法律效力
3	适用范围审查	各种编制依据的范围进行适用性审查，如不同投资规模、不同工程性质、专业工程是否具有相应的依据；工程所在地的特殊规定、材料价格信息等应具体采用

3. 竣工结算内容审查

建设项目工程竣工结算内容审查主要是对分部分项工程费(需审查分部分项工程结算工程量与分部分项工程结算单价后确定)、措施项目费、其他项目费、规费及税金等相关的竣工结算费用进行全面审查，从而对竣工工程的结算价款的确定进行全面的合理性审核。

(1)审查分部分项工程费。由于分部分项工程费＝$\sum$分部分项工程量×(相应的)结算单价。因此，分部分项工程费的审查必须在完成对分部分项工程量及其相应的结算单价的审查之后才能够就结算的分部分项工程费的合理性得出审查结论。分部分项工程费计算，见表4-30。

表4-30　分部分项工程和单价措施项目清单与计价表

工程名称：　　　　　　　　　　　　　　标段：　　　　　　　　　　　　　　第　页共　页

序号	项目编码	项目名称	项目特征描述	计量单位	工程量	金额/元		
						综合单价	合价	其中
								暂估价
本页小计								
合　计								
注：为计取规费等使用，可在表中增设其中："定额人工费"。								

1)分部分项工程量的审查。本部分主要是对竣工结算工程的分部分项工程量的计量条件、计量内容、计算结果等进行审查，从而与竣工结算书中的相应工程量进行对比，以确定应予结算计量的分部分项工程量。

①分部分项工程量审查的主要依据。建设工程项目竣工结算的分部分项工程量审查的主要依据及审查对象，见表4-31。

表4-31　分部分项工程量的竣工结算审查对象及其依据

审查目的	主要审查对象	主要审查依据
确定分部分项工程量	竣工结算书、施工图纸、竣工图纸，监理工程师的工程验收单；经确认的中期结算书的工程计量文件；已标价的工程量清单等	工程施工承包合同文件；投标报价文件；《清单计价规范》；《施工合同(示范文本)》；地方性计量或计价规则等

②分部分项工程量审查的要点。建设工程项目竣工结算审查对分部分项工程量审查的要点如下：

第一，审查竣工结算工程是否符合结算计量的基本条件。即审查竣工结算工程是否为施工承包合同范围内的工程，且是否已经竣工并经监理人验收合格。只有符合上述条件的工程才能计量其工程量，否则应对该部分工程量予以核减，如设计变更增加工程量却未经约定和签证的不能计入，施工方高估冒算和非建设方原因增加的工程量不能认可。

第二，审查竣工结算工程工程量计量的资料是否充分。即审查结算工程的施工图纸、竣工图纸、监理人验收单、施工方编制的中期结算书、竣工结算书相关表格等是否齐备，且各资料间能否相互佐证、一致。

第三，审查施工方编报的竣工结算书中清单项目的设置、编号是否与清单规范及招标文件中相应内容统一。

第四，审查竣工结算工程量的计量是否符合合同约定的计量规则(如《清单计价规范》)。即审查工程量计量的范围、单位、公式、计算等是否正确。

第五，审查清单项目缺项而又属于合同范围内的工程量计量是否符合合同约定，各种计量文件是否经发承包方及监理方确认。

通过上述要点的全面审查，对结算工程的各分部分项工程量高估冒算的进行核减、对漏算的进行核增，并说明原因，形成工程量审查的阶段性文件，完成工程量审查记录。

2)分部分项工程结算单价审查。本部分主要对照承包人投标报价文件中所报综合单价并结合项目施工过程中的各种单价调整确认文件进行结算单价的合理性审查，审查的重点是需要进行调整的单价的审查。

①结算单价审查依据。分部分项工程的结算单价审查的主要对象及其依据，见表4-32。

表4-32　分部分项工的结算单价审查对象及其依据

审查内容	主要审查对象	主要审查依据
确定分部分项工程的结算单价	竣工结算书；结算工程具体综合单价调整的各种会商与确认文件；结算工程具体综合单价调整的合理性的证明文件；承包人的投标报价文件；已标价工程量清单等	工程施工承包合同有关单价约定条款；投标报价文件；《清单计价规范》；国家及地方性计价(调价)办法、造价管理部分发布的价格信息

②结算单价审查的基本原则。

第一，对于未变更单价的审查：主要审查结算单价是否与承包人投标报价文件中所填报的单价相符，对于工程项目内容没有发生变化的仍应套用原单价。

第二，对于变更单价的审查应遵循以下原则：A合同中已有适于变更工程、新增工程单价的，按已有的单价结算；B合同中有类似变更工程、新增工程单价的，可以参照类似单价作为结算依据；C合同中无适用或类似变更工程、新增工程单价的，经承包人或监理人提出适当价格，经发包人确认后作为结算依据；D对于结算工程量与已标价工程量清单中的工程量变化幅度在合同约定幅度(一般规定为10%)以外，且其影响分部分项工程费超过0.1%时，其结算单价按承包人依据综合单价调整程序提出并经发包人确认的综合单价计算。

③结算单价审查的要点。

第一，对于未变更单价的审查主要是通过比对承包人投标报价单上所填报的单价与结算单价的一致性，对于其不一致的地方应予以纠正。

第二，对于变更或调整单价的审查是此项审查工作的重点。应严格遵循施工合同条款有关规定、《施工合同(示范文本)》、《清单计价规范》等有关原则，依据发承包双方协调的确认结果，重点审查其单价变更原因、调整单价依据、双方会商确认的书面文件的相互一致性，对合理的单价变更或调整进行审查。只有通过上述合理性审查的综合单价才能够作为结算单价被采用。

通过上述具体细节的审查，形成有关竣工结算单价审查的审查记录，对不合理的结算单价进行调整并注明原因。

在完成分部分项工程结算工程量与结算单价审查的基础上，可以汇总计算出合理的分部分项工程费，与承包方编报的竣工结算分部分项工程费进行比对，对其不合理的部分进行调整，并形成分部分项工程费的审查记录。

(2)审查措施项目费。措施项目以是否可计算工程量具体分两类：一类是可以计算工程量的措施项目，其清单格式见表4-30；另一类是不能计算工程量的，则以“项”为计量单位，其清单格式见表4-33。

表4-33　总价措施项目清单与计价表

工程名称：　　　　　　　　　　　　　　标段：　　　　　　　　　　　　　　第　页共　页

序号	项目编码	项目名称	计算基础	费率(%)	金额(元)	调整费率(%)	调整后金额(元)	备注
		安全文明施工费						
		夜间施工增加费						
		二次搬运费						
		冬雨季施工增加费						
		已完工程及设备保护费						
合　计								

注：1. “计算基础”中安全文明施工费可为“定额基价”“定额人工费”或“定额人工费＋定额机械费”，其他项目可为“定额人工费”或“定额人工费＋定额机械费”

2. 按施工方案计算的措施费，若无“计算基础”和“费率”的数值，也可只填“金额”数值，但应在备注栏说明施工方案出处或计算方法。

编制人(造价人员)：　　　　　　　　　　　　复核人(造价工程师)：

其中，对于适合以综合单价计价的措施项目的措施项目费进行结算审查，其审查内容、要点、依据等可以参考前述有关分部分项工程费审查的相关步骤。而对于以“项”为计量单位的措施项目的措施项目费因其主要是按照有关规定的计算基础与费率计取，从而主要审查其计算基础及费率的确定依据是否合理、合法，计算结果是否准确等。在此基础上应形成措施项目费审查结论，完成措施项目费的审查记录。

其中，需要特别注意的是，措施项目清单中的安全文明施工费应审查其计取是否按照国家或省级、行业建设主管部门的规定计价，不得作为竞争性费用。

(3)审查其他项目费。其他费用主要包括计日工、暂估价、总承包服务费、索赔费用、现场签证费用、暂列金额等费用。因此，竣工结算审查其他项目费时主要在于审查上述费用确定的合理性。

1)其他项目费的审查依据。其他项目费的主要审查对象及其依据，见表 4-34。

表 4-34　其他项目费的竣工结算审查对象及其依据

审查内容	主要审查对象	主要审查依据
其他项目费	竣工结算书；施/竣工图纸；竣工验收单；期中支付凭证；监理人核发的各种计量证书；已标价工程量清单；计日工签证及承包人编报经监理审核的有关资料；材料暂估价及专业工程暂估价有关单价或金额调整确认文件；工程索赔相关证明资料；各种现场签证单等	施工合同文件有关取费、变更、签证、索赔、调价相关条款；投标报价文件；《清单计价规范》；《施工合同(示范文本)》；国家及地方性计价(调价)办法，如《建筑安装工程费用组成》等

2)其他项目费的主要审查内容。

①计日工费用审查。主要通过审查工程施工过程中经发包人确认的签证数量及承包人投标报价文件中所报的计日工综合单价，核查计日工费用汇总额的合理性。对于错误或不准确部分予以调整。

②暂估价审查。首先审查暂估价清单表中所列的材料、专业工程是否是经招标采购；其次，对于招标采购的材料或专业工程，应审查核对其中标价；招标采购的材料其单价应按中标价在综合单价中调整，招标采购的专业工程则以中标价计算；另外，对于非招标方式采购的材料或专业工程，以发承包双方最终确认的价格在综合单价中调整或计算。

③总承包服务费审查。通过审查合同条款中的有关约定，或双方的调整确认文件，计算其金额。

④索赔费用审查。此项费用审查是竣工结算审查过程中的重点与难点。

第一，审查索赔的基本要求：A 所提出索赔必须以合同为依据；B 提出索赔必须有发承包双方认可的签字；C 提出索赔方必须有实际损失；D 索赔费用计取符合国际或国内标准。

第二，审查索赔费用的要点。工程索赔费用的审查，包括对索赔资料完备性、索赔处理程序、责任归集、索赔费用计算等进行全面审查，以核定索赔费用的真实性、合法性与准确性。其审查要点主要有：

其一，审查索赔事件发生证明材料的完整性与充分性。即审核索赔方提交的记录和证明材料是否真实、完整，必要时可要求承包人提交全部原始记录副本或现场踏勘取证。

其二，审查索赔程序的合法性。即审核索赔事件的处理是否按照合同文本约定的具体程序进行。

其三，审查索赔提出及处理的时效性。只有在发承包双方签订的工程施工合同文本中具体约定的时限内提出索赔或进行处理的，才可能索赔成立；否则，将使索赔方自动失去合法权益的追偿。

其四，审查索赔事件的责任归集的合理性。即根据合同条件及其风险分担方案审查索赔事件发生后的责任划分是否符合合同条件及建设工程实施惯例。

其五，审查索赔费用计算的依据是否合理、计算结果是否准确。

最终形成对该项目工程结算的索赔费用审核结论，进行费用核定并形成工程索赔费用结算审查记录。

⑤现场签证费用审查：主要审查在合同约定时间内经发承包人双方确认的现场签证数量核对现场签证费用。对于没有签证或手续不全的，应将其费用项核减。

⑥暂列金额审查：主要是对暂列金额差额或余额进行审查，即合同价款中的暂列金额在用于各项价款调整、索赔与现场签证后，若有余额，则余额归发包人，若出现差额，则由发包人补足并反映在相应的工程竣工结算价款中。

通过上述各种其他项目费的具体组成内容的审查，形成相应的审查结论并完成其他项目费审查记录。

(4)规费与税金的审查。因规费和税金应按国家或省级、行业建设主管部门的规定计算，不得作为竞争性费用，从而其审查主要是核对各项规费、税金的计取原则是否符合国家或省级、行业建设主管部门对规费和税金的计取和计算标准的有关规定，结果是否正确。对于规费和税金的计取与计算不正确、不合理的地方，在竣工结算中应予以纠正，并形成相关审查结论，完成审查记录。

4. 编制竣工结算审查书

编制竣工结算审查书主要是在前一工作步骤的各种竣工结算审查记录的基础上进行竣工结算审查书(初稿)的编制，若由工程造价咨询人负责竣工结算审查实施，则应结合工程造价咨询服务的有关规程，在小组内部及公司进行多层次的审核，发包人自行审查时也可参照执行。

(1)主要工作依据。工程造价咨询人在编制竣工结算审查书时，需要参照的主要工作依据，见表4-35。

表4-35　竣工结算审查书编制的主要工作依据

工作内容	主要依据
竣工结算审查书编制	竣工结算分部分项工程费审查记录；竣工结算措施项目费审查记录；竣工结算其他项目费审查记录；竣工结算规费与税金审查记录；竣工结算编制(咨询)服务委托合同；《建设项目结算编审规程》；《清单计价规范》等

(2)竣工结算审查书的编制内容。根据竣工结算审查实施的阶段形成的各种结算审查记录，竣工结算审查小组经过各项费用汇总，编制竣工结算审查书初稿。其主要内容，见表4-36。

表4-36　编制竣工结算审查书主要内容

序号	组成内容	具体要求或详细内容
1	竣工结算审查书封面	包括工程名称、审查单位名称、审查单位工程造价咨询单位执业章、日期等
2	签署页	包括工程名称、审查编制人、审定人姓名和执业(从业)印章、单位负责人印章(或签字)
3	竣工结算审查报告	主要包括概述、审查范围、审查原则、审查依据、审查方法、审查程序、审查结果、主要问题、有关建议等
4	竣工结算审查相关表式	主要包括竣工结算审定签署表；竣工结算审查汇总对比表；单项工程竣工结算审查汇总对比表；单位工程竣工结算审查汇总对比表；分部分项工程竣工结算审查对比表；其他相关表格
5	有关附件	

(3)竣工结算审查书的内部审核。按照工程造价咨询人内部生产管理办法及工程造价咨询业务操作指导规程等要求，项目组完成竣工结算审查书编制后，需要对其进行“两校三审”，即编制人自查、复核人复查、小组审核、部门审核、公司审核等以保证咨询服务成果的质量。其中，只有按上述次序顺利通过审核，才能够提交上一级审核，若审核未能通过则应继续完善成果文件再次提请审核，直到最终成果在公司内得以完全审核通过为止。

(4)竣工结算审查书的成果形式。竣工结算审查书是工程造价咨询人完成咨询服务，最终向委托方提交的主要成果文件，其成果形式的有关格式标准，可参见本节案例部分。

4.4.4 竣工结算审查收尾

1. 主要工作内容

本阶段是竣工结算审查的最后阶段，主要的工作内容包括竣工结算审查方复核、检查竣工结算审查书的有关结论及其内容，出具正式的审查结论供承包人确认，作为双方完成竣工结算办理的直接依据。具体工作内容如下：

(1)竣工结算审查小组完成对竣工结算审查书各组成文件的复核、检查，并对其中存在问题的内容予以调整，完善竣工结算审查书。若直接实施审查的为发包人委托的工程造价咨询人，则应依据咨询服务委托合同完成相关的成果文件完善工作。

(2)发包人确认竣工结算审查书，并正式向承包人出具竣工结算审查结论。

(3)承包人在合同约定时间内研究发包人的竣工结算审查结论及其具体内容，决定是否接受其审查结论。

(4)双方签字确认、竣工结算办理完成，或承包人不接受发包人的审查结论，进入造价纠纷处理程序。

2. 有关规定

依据《建设项目工程价款结算暂行办法》《清单计价规范》等文件，工程竣工结算的审查须遵守以下几项具体规定。

(1)竣工结算审查的时间。

1)发包人出具竣工结算审查结论的时限应依据发承包双方合同约定的时间完成，若无具体约定的则应依据表 4-1 中具体时间完成。其中，若发包人委托工程造价咨询人进行竣工结算审查的，也必须在上述时间范围内完成，否则可依据《最高人民法院关于审理建设工程施工合同纠纷案件适用法律问题的解释》规定办理，承包人递交的竣工结算可视为已被认可。

2)承包人在接到发包人的审查结论后，在合同约定时限内，不确认也未提出异议的，视为发包人提出的审查意见已被认可，竣工结算办理完毕。

(2)竣工结算审查完成的标志。依据《清单计价规范》的规定，发承包双方签字确认标志着竣工结算审查的完成，其确认的结果作为双方办理工程价款结算的依据。此后，禁止发包人又要求承包人与另一个或多个工程造价咨询人重复核对(审查)竣工结算。

4.4.5 竣工结算审查的有关要求

竣工结算审查对于发承包双方最终结清工程价款、顺利办理项目移交具有重要的影响，发包人或接受委托的工程造价咨询人在进行竣工结算审查时应遵循以下基本要求。

(1)严禁采用抽样审查、重点审查、分析对比审查和经验审查的方法，避免审查疏漏现象发生。

(2)应审查竣工结算文件和与竣工结算有关资料的完整性和符合性。

(3)按施工发承包合同约定的计价标准或计价方法进行审查。

(4)对合同未作约定或约定不明的，可参照签订合同时当地建设行政主管部门发布的计价标准进行审查。

(5)对工程竣工结算内多计、重列的项目应予以扣减，对少计、漏项的项目应予以调增。

(6)对工程竣工结算与设计图纸或事实不符的内容，应在掌握工程事实和真实情况的基础上进行调整(若工程造价咨询人受托进行审查时，在工程竣工结算审查中发现的工程竣工结算与设计图纸或事实不符的内容应约请各方履行完善的确认手续)。

(7)对由总承包人分包的工程竣工结算，其内容与总承包合同主要条款不相符的，应按总承包合同约定的原则进行审查。

(8)工程竣工结算审查文件应采用书面形式，有电子文本要求的应采用与书面形式内容一致的电子版本。

(9)工程竣工结算审查的编制人、校对人和审核人不得由同一人担任。

4.4.6 最终结清

(1)发承包双方应在合同中约定最终结清款的支付时限。承包人应按照合同约定的期限向发包人提交最终结清支付申请。发包人对最终结清支付申请有异议的，有权要求承包人进行修正和提供补充资料。承包人修正后，应再次向发包人提交修正后的最终结清支付申请。

(2)发包人应在收到最终结清支付申请后的14天内予以核实，向承包人签发最终结清证书。

(3)发包人应在签发最终结清支付证书后的14天内，按照最终结清支付证书列明的金额向承包人支付最终结清款。

(4)若发包人未在约定的时间内核实，又未提出具体意见的，视为承包人提交的最终结清支付申请已被发包人认可。

(5)发包人未按期最终结清支付的，承包人可催告发包人支付，并有权获得延迟支付的利息。

(6)承包人对发包人支付的最终结清款有异议的，按照合同约定的争议解决方式处理。

4.4.7 合同解除的价款结算与支付

(1)发承包双方协商一致解除合同的，按照达成的协议办理结算和支付工程款。

(2)由于不可抗力解除合同的，发包人应向承包人支付合同解除之日前已完成工程但尚未支付的工程款，并退回质量保证金。另外，发包人还应支付下列款项。

1)已实施或部分实施的措施项目应付款项。

2)承包人为合同工程合理订购且已交付的材料和工程设备货款。发包人一经支付此项货款，该材料和工程设备即成为发包人的财产。

3)承包人为完成合同工程而预期开支的任何合理款项，且该项款项未包括在本款其他各项支付之内。

4)由于不可抗力规定的任何工作应支付的款项。

5)承包人撤离现场所需的合理款项，包括雇员遣送费和临时工程拆除、施工设备运离现场的款项。发承包双方办理结算工程款时，应扣除合同解除之日前发包人向承包人收回的任何款项。当发包人应扣除的款项超过了应支付的款项，则承包人应在合同解除后的56天内将其差额退还给发包人。

(3)因承包人违约解除合同的，发包人应暂停向承包人支付任何款项。发包人应在合同解除后28天内核实合同解除时承包人已完成的全部工程款以及已运至现场的材料和工程设备货款，并扣除误期赔偿费(如有)和发包人已支付给承包人的各项款项，同时将结果通知承包人。发承包双方应在28天内予以确认或提出意见，并办理结算工程款。如果发包人应扣除的款项超过了应支付的款项，则承包人应在合同解除后的56天内将其差额退还给发包人。

(4)因发包人违约解除合同的，发包人除应按照相关规定向承包人支付各项款项外，还应支付给承包人由于解除合同而引起的损失或损害的款项。该笔款项由承包人提出，发包人核实后与承包人协商确定后的7天内向承包人签发支付证书。协商不能达成一致的，按照合同约定的争议解决方式处理。

4.4.8　工程计价争议处理

1. 监理或造价工程师暂定

(1)若发包人和承包人之间就工程质量、进度、价款支付与扣除、工期延期、索赔、价款调整等发生任何法律上、经济上或技术上的争议，首先应根据已签约合同的规定，提交合同约定职责范围内的总监理工程师或造价工程师解决，并抄给另一方。总监理工程师或造价工程师在收到此提交件后14天之内应将暂定结果通知发包人和承包人。发包人及承包人对暂定结果认可的，应以书面形式予以确认，暂定结果成为最终决定。

(2)发包人及承包人在收到总监理工程师或造价工程师的暂定结果通知之后的14天内，未对暂定结果予以确认也未提出不同意见的，视为发包人及承包人已认可该暂定结果。

(3)发包人及承包人或一方不同意暂定结果的，应以书面形式向总监理工程师或造价工程师提出，说明自己认为正确的结果，同时抄送另一方，此时该暂定结果成为争议。在暂定结果不实质影响发包人及承包人当事人履约的前提下，发包人及承包人应实施该结果，直到其被改变为止。

2. 管理机构的解释或认定

(1)计价争议发生后，发包人及承包人可就下列事项以书面形式提请下列机构对争议做出解释或认定：

1)有关工程安全标准等方面的争议应提请建设工程安全监督机构做出；

2)有关工程质量标准等方面的争议应提请建设工程质量监督机构做出；

3)有关工程计价依据等方面的争议应提请建设工程造价管理机构做出。

上述机构应对上述事项就发包人及承包人书面提请的争议问题做出书面解释或认定。

(2)发包人及承包人或一方在收到管理机构书面解释或认定后仍可按照合同约定的争议解决方式提请仲裁或诉讼。除上述管理机构的上级管理部门做出了不同的解释或认定，或在仲裁裁决或法院判决中不予采信的除外，管理机构做出的书面解释或认定是最终结果，对发包人及承包人均有约束力。

3. 友好协商

(1)计价争议发生后，发包人及承包人任何时候都可以进行协商。协商达成一致的，双方应签订书面协议，书面协议对发包人及承包人均有约束力。

(2)如果协商不能达成一致协议，发包人或承包人都可以按合同约定的其他方式解决争议。

4. 调解

(1)发包人及承包人应在合同中约定争议调解人，负责双方在合同履行过程中发生争议的调解。对任何调解人的任命，可以经过双方相互协议终止，但发包人或承包人都不能单独采取行动。除非双方另有协议，在最终结清支付证书生效后，调解人的任期即终止。

(2)如果发包人及承包人发生了争议，任一方可以将该争议以书面形式提交调解人，并将副本送另一方，委托调解人做出调解决定。

发包人及承包人应按照调解人可能提出的要求，立即给调解人提供所需要的资料、现场进入权及相应设施。调解人应被视为不是在进行仲裁人的工作。

(3)调解人应在收到调解委托后28天内，或由调解人建议并经发包人及承包人认可的其他期限内，提出调解决定，发包人及承包人接受调解意见的，经双方签字后作为合同的补充文件，对发包人及承包人具有约束力，双方都应立即遵照执行。

(4)如果任一方对调解人的调解决定有异议，应在收到调解决定后28天内，向另一方发出异议通知，并说明争议的事项和理由。但除非并直到调解决定在友好协商或仲裁裁决中做出修改，或合同已经解除，承包人应继续按照合同实施工程。

(5)如果调解人已就争议事项向发包人及承包人提交了调解决定，而任一方在收到调解人决定后28天内，均未发出表示异议的通知，则调解决定对发包人及承包人均具有约束力。

5. 仲裁、诉讼

(1)如果发包人及承包人的友好协商或调解均未达成一致意见，其中的一方已就此争议事项根据合同约定的仲裁协议申请仲裁，应同时通知另一方。

(2)仲裁可在竣工之前或之后进行，但发包人、承包人、调解人各自的义务不得因在工程实施期间进行仲裁而有所改变。如果仲裁是在仲裁机构要求停止施工的情况下进行，则对合同工程应采取保护措施，由此增加的费用由败诉方承担。

(3)在规定的期限之内，上述有关的暂定或友好协议或调解决定已经有约束力的情况下，如果发承包中一方未能遵守暂定或友好协议或调解决定，则另一方可在不损害他可能具有的任何其他权利的情况下，将未能遵守暂定或不执行友好协议或调解达成书面协议的事项提交仲裁。

(4)发包人、承包人在履行合同时发生争议，双方不愿和解、调解或者和解、调解不成，又没有达成仲裁协议的，可依法向人民法院提起诉讼。

6. 造价鉴定

(1)在合同纠纷案件处理中，需作工程造价鉴定的，应委托具有相应资质的工程造价咨询人进行。

(2)工程造价鉴定应根据合同约定做出，如合同条款约定出现矛盾或约定不明确，应根据《清单计价规范》的规定，结合工程的实际情况做出专业判断，形成鉴定结论。

复习思考题

1. 什么是工程竣工结算？
2. 工程竣工结算的主要依据是什么？
3. 工程竣工结算价款支付流程包括哪些内容？
4. 简述竣工结算的编制方法。
5. 结算内容审查说明应阐述哪些内容？
6. 工程结算的审查依据是什么？

评价表

序号	具体指标	分值	自评	小组互评	教师评价	小计
1	掌握工程竣工结算的编制原则	20				
2	掌握工程竣工结算的编制及审核办法	20				
3	掌握工程结算编制过程	20				
4	掌握工程竣工结算审查期限	20				
5	能够讲述工程成果	20				
		100				

5 竣工决算的编制

内容提要

竣工决算是由发包人编制的反映建设项目实际造价和投资效果的文件，是竣工验收报告的重要组成部分。所有竣工验收的项目应在办理手续之前，对所有建设项目的财产和物资进行认真清理，及时而正确地编报竣工决算，它对于总结分析建设过程的经验教训，提高工程造价管理水平和积累技术经济资料，为有关部门制定类似工程的建设计划与修订概预算定额指标提供资料和经验。本部分内容包括对竣工验收的依据和标准、竣工验收的程序与组织、竣工验收报告的内容、竣工决算的概念、竣工决算的内容，对竣工决算与竣工结算的区别等内容进行了讲解。

知识目标

1. 理解竣工验收的含义，熟悉竣工决算的内容。
2. 掌握竣工验收的内容。
3. 理解竣工决算与竣工结算的区别。
4. 掌握竣工验收报告的内容。
5. 熟悉竣工决算的编制。

能力目标

1. 能够运用竣工验收的依据和标准，解决竣工验收的实际问题。
2. 能够运用背景资料进行竣工决算的编制。

5.1 竣工验收

竣工验收是建设项目建设全过程的最后一个程序，是全面考核建设工作，检查设计、工程质量是否符合要求，审查投资使用是否合理的重要环节，是投资成果转入生产或使用的标志。竣工验收对保证工程质量，促进建设项目及时投产，发挥投资效益，总结经验教训都有重要作用。按国家规定，所有建设项目按批准的设计文件所规定的内容建成，工业项目经负荷运转和试生产考核，能够生产合格产品；非工业项目符合设计要求，能够正常使用，都要及时组织验收。凡是符合验收条件的工程，不及时办理验收手续的，其一切费用不准从基建项目投资中支出。

5.1.1 竣工验收的概念

建设项目竣工验收是指由项目主管部门组织项目验收委员会，发包人、地质勘查单位、设计单位、施工单位和监理单位共五大责任主体参加，以项目批准的设计文件，以及国家或部门颁发的施工质量验收规范和质量检验标准为依据，按照一定的程序和手续，在项目建成并试生产合格后(工业生产性项目)，对工程项目的总体进行检验和认证、综合评价和鉴定的活动。

5.1.2 竣工验收的作用

(1)全面考核建设成果，检查设计、工程质量是否符合要求，确保项目按设计要求的各项技术经济指标正常使用。

(2)通过竣工验收办理固定资产使用手续，可以总结工程建设经验，为提高建设项目的经济效益和管理水平提供重要依据。

(3)建设项目竣工验收是项目建设的最后一个程序，是建设成果转入生产使用的标志，是审查投资使用是否合理的重要环节。

(4)建设项目建成投产交付使用后，能否达到设计指标、取得预期的效益，需要经过国家权威管理部门按照技术规范、技术标准组织验收确认，因此，竣工验收是建设项目转入投产使用的必要环节。

5.1.3 竣工验收的任务

(1)发包人、地质勘查单位、设计单位、施工单位分别对建设项目的决策和论证、勘察和设计以及施工的全过程进行最后的评价，对各自在建设项目进展过程中的经验和教训进行客观的评价。

(2)办理建设项目的验收、移交和保修手续，办理建设项目竣工决算和建设项目档案资料等工作。

5.1.4 竣工验收的内容

凡新建、扩建、改建的基本建设项目和技术改造项目，按批准的设计文件所规定的设计内容和验收标准及时组织验收，并办理固定资产移交手续。

1. 工程资料验收

工程资料验收包括工程技术资料、工程综合资料和工程财务资料。

(1)工程技术资料验收内容。

1)工程地质、水文、气象、地形、地貌、建筑物、构筑物及重要设备安装位置、勘察报告、记录。

2)初步设计、技术设计或扩大初步设计、关键的技术试验、总体规划设计。

3)土质试验报告、基础处理。

4)建筑工程施工记录，单位工程质量检验记录，管线强度，密封性试验报告，设备及管线安装施工记录及质量检查、仪表安装施工记录。

5)设备试车、验收运转、维修记录。

6)产品的技术参数、性能、图纸、工艺说明、工艺规程、技术总结、产品检验、包装、工艺图。

7)设备的图纸、说明书。

8)涉外合同、谈判协议、意向书。

9)各单项工程及全部管网竣工图等的资料。

(2)工程综合资料验收内容：项目建议书及批件；可行性研究报告及批件；项目评估报告；环境影响评估报告书；设计任务书；土地征用申报及批准的文件；承包合同；招标投标文件；施工单位的资质证书；项目的单项验收报告(如环保、劳动安全、消防验收)；验收鉴定书。

(3)工程财务资料验收内容。

1)历年建设资金供应(拨、贷)情况和应用情况。

2)历年批准的年度财务决算。

3)历年年度投资计划、财务收支计划。

4)建设成本资料。

5)支付使用的财务资料。

6)设计概算、预算资料。

7)施工决算资料。

2. 工程内容验收

工程内容验收包括建筑工程验收、安装工程验收。

(1)建筑工程验收内容。建筑工程验收主要是如何运用有关资料进行审查验收，主要包括以下几项：

1)建筑物的位置、标高、轴线是否符合设计要求。

2)对基础工程中的土石方工程、垫层工程、砌筑工程等资料的审查，因为这些工程在“交工验收”时已验收。

3)对结构工程中的砖木结构、砖混结构、内浇外砌结构、钢筋混凝土结构的审查验收。

4)对屋面工程的木基、望板油毡、屋面瓦、保温层、防水层等的审查验收。

5)对门窗工程的审查验收。

6)对装修工程的审查验收(抹灰、油漆等工程)。

(2)安装工程验收内容。安装工程验收分为建筑设备、工艺设备、动力设备、工艺管线(金属结构)等。

1)建筑设备安装工程(指民用建筑物中的上下水管道、暖气、煤气、通风、电气照明等安装工程)。应检查这些设备的规格、型号、数量、质量是否符合设计要求，检查安装采用的材料、材质、种类，检查试压、闭水试验、照明。

2)工艺设备安装工程。包括生产、起重、传动、试验等设备的安装，以及附属管线敷设和油漆、保温等。

检查设备的规格、型号、数量、质量，设备安装的位置、标高、机座尺寸、质量，单机试车、无负荷联动试车、有负荷联动试车，管道的焊接质量、洗清、吹扫、试压、试漏、油漆、保温等，以及各种阀门。

3)动力设备安装工程。指有自备电厂的项目，或变配电室(所)、动力配电线路的验收。

5.1.5 竣工验收的依据和标准

1. 竣工验收的条件

根据国务院《建设工程质量管理条例》规定，竣工验收应当具备以下条件：

(1)完成建设工程设计和合同约定的各项工程内容。

(2)有完整的技术档案和施工管理资料。

(3)有工程使用的主要建筑材料、建筑构配件和设备的进场试验报告。

(4)有勘察、设计、施工、工程监理等单位分别签署的质量合格文件。

(5)发包人已按合同约定支付工程款。

(6)有承包人签署的工程质量保修书。

(7)在建设行政主管部门及工程质量监督机构等有关部门的历次抽查中，责令整改的问题全部整改完毕。

(8)工程项目前期审批手续齐全。

2. 竣工验收的依据

竣工验收的依据可以概括为以下几项内容：

(1)上级主管部门对该项目批准的各种文件。

(2)可行性研究报告、初步设计文件及批复文件。

(3)施工图设计文件及设计变更洽商记录。

(4)国家颁布的各种标准和现行的施工质量验收规范。

(5)工程承包合同文件。

(6)技术设备说明书。

(7)关于工程竣工验收的其他规定。

(8)从国外引进的新技术和成套设备的项目，以及中外合资建设项目，要按照签订的合同和进口国提供的设计文件等进行验收。

(9)利用世界银行等国际金融机构贷款的建设项目，应按世界银行规定，按时编制《项目完成报告》。

3. 竣工验收的标准

根据国家有关规定，建设项目竣工验收、交付生产使用，必须符合以下要求：

(1)生产性项目和辅助、公用设施以及必要的生活设施，已按批准的设计文件要求建成，能满足生产、生活使用需要，经试运行达到设计能力。

(2)主要工艺设备和配套设施经联动负荷试车合格，形成生产能力，能够生产出设计文件所规定的产品。

(3)生产准备工作能适应投产的需要，其中包括生产指挥系统的建立、经过培训的生产操作人员的配备、抢修队伍及装备，生产所需的原材料、燃料和备品备件的储备，经验收检查能够满足连续生产要求。

(4)环境保护设施、劳动安全卫生设施和消防设施、节能降耗设施，已按设计要求与主体工程同时建成使用。

(5)生产性投资项目如工业项目的土建工程、安装工程、人防工程、管道工程、通信工程等工程的施工和竣工验收，必须按照国家和行业施工质量验收规范执行。

5.1.6 竣工验收的程序与组织

建设项目全部建成，经过各单项工程的验收符合设计的要求，并具备竣工图表、竣工决算、工程总结等必要的文件资料，由建设项目主管部门或发包人向负责验收的单位提出竣工验收申请报告。规模较大、较复杂的建设项目应先初步验收，然后进行全项目的竣工验收；规模较小、较简单的项目，可采用一次性竣工验收。

1. 竣工验收的一般程序

建设项目竣工验收可以根据项目的重要性、建设规模和生产工艺技术复杂程度，分为初步验收和竣工验收两个阶段。一般的建设项目可以采取一次性竣工验收的办法。

国家级重点建设项目或行业的重点工程，达到竣工验收标准后，由建设主管部门组织有关部门和建设、勘察、设计、施工、监理等有关单位进行初验，主要检查和评定工程的设计和施工质量，以及环境保护、劳动安全、消防设施等，检查竣工资料和竣工验收文件，为工程竣工验收做好准备。经初步验收确认工程达到竣工验收标准，竣工资料和竣工验收文件齐全、准确，并征求环保、安全、消防、土地、规划和档案等部门对竣工工程的意见，按规定办理有关手续后，向主管部门提出竣工验收申请。就建设项目竣工验收而言，其一般程序如下。

(1)承包人申请交工验收。竣工验收一般为单项工程，但在某些特殊情况下也可以是单位工程的施工内容。单项工程验收又称交工验收。承包人在完成了合同工程或合同约定可分部移交工程的，可申请交工验收。

(2)监理工程师现场初验。施工单位通过竣工预验收，应向监理工程师提交验收申请报告，监理工程师审查后如认为可验收，则由监理工程师组成验收组，对竣工的工程项目进行初验。

(3)正式验收。由发包人或监理工程师组织，有发包人、监理单位、设计单位、施工单位、工程质量监督站等参加的正式验收。国家重点工程的大型建设项目，由国家有关部门邀请有关方面专家参加，组成工程验收委员会，进行验收。

1)发出竣工验收通知书。

2)组织验收工作。

3)签发《竣工验收证明书》并办理移交。在发包人验收完毕并确认工程符合要求以后，向施工单位签发《竣工验收证明书》。

4)进行工程质量评定。验收委员会或验收组，在确认工程符合竣工标准和合同条款规定后，签发竣工验收合格证书。

5)整理各种技术文件材料，办理工程档案资料移交。在进行竣工验收时，由发包人将所有技术文件进行系统整理并分类立卷，交生产单位统一保管，以适应生产、维修的需要。

6)办理固定资产移交手续。工程检查验收完毕后，施工单位要向发包人逐项办理工程移交和其他固定资产移交手续，加强固定资产的管理，并应签发交接验收证书，办理工程结算手续。

7)办理工程决算。整个项目完工验收后，并且办理了工程结算手续，要由发包人编制工程决算，上报有关部门。

8)签署竣工验收鉴定书。竣工验收鉴定书是表示建设项目已经竣工，并交付使用的重要文件，是全部固定资产交付使用和建设项目正式动用的依据，也是承包人对建设项目消除法律责任的证件。竣工验收鉴定书一般包括：工程名称、地点、验收委员会成员、工程总说明、工程据以修建的设计文件、竣工工程是否与设计相符合、全部工程质量鉴定、总的预算造价和实际造价、结论、验收委员会对工程动用时的意见和要求等主要内容。

竣工验收又分为以下几个步骤：

1)召开竣工验收委员会(验收组)会议，听取和审议关于工程初步验收情况的报告。

2)听取工程合同履约情况和在工程建设各个环节执行法律、法规以及工程建设强制性标准的情况汇报。

3)听取和审议关于工程设计、施工情况的总结；关于生产准备和试运行情况的总结、监理工作总结等；引进项目还应有对引进设备、材料的接、检、运等工作的总结。

4)审议、审查竣工资料。

5)实地查验工程质量和建设情况。

6)对审议、审查和检查中发现的问题提出要求，落实整改措施并限期完成。

7)对工程勘察、设计、施工、环保、安全、消防、经济等做出全面评价，形成工程竣工验收意见，签署和颁发竣工验收鉴定书。

2. 竣工验收的组织

建设项目竣工验收的组织，按国家发改委关于《建设项目(工程)竣工验收办法》的规定执行。大中型和限额以上建设项目及技术改造项目，由国家发改委或国家发改委委托项目主管部门、地方政府部门组织验收；小型和限额以下建设项目及技术改造项目，由项目主管部门或地方政府部门组织验收。

根据工程规模大小和复杂程度组成验收委员会或验收组，其人员构成应由银行、物资、环保、劳动、安全、统计、消防、经济及其他有关部门的专家和专业人员组成。发包人、接管单位、施工单位、勘察设计单位也应参加验收工作。验收委员会或验收组的主要工作内容如下：

(1)审查预验收情况报告和移交生产准备情况报告。

(2)审阅工程档案资料，如项目可行性研究报告、设计文件、概预算，有关项目建设的重要会议记录，以及各种合同、协议、工程技术经济档案等。实地查验建设工程和设备安装工程情况。

(3)对主要生产设备和公用设施、环境保护、安全卫生、消防等方面进行复验和技术鉴定，检查试车准备工作，监督检查生产系统的全部带负荷运转，评定工程质量，不合格工程不予验收。

(4)处理交接验收过程中出现的问题，对遗留问题应提出具体解决意见并限期落实完成。

(5)核定移交工程清单，签订交工验收证书。

(6)提出竣工验收工作的总结报告。

5.1.7 竣工验收报告的内容

1. 工程竣工验收报告的主要内容

(1)工程建设概况。包括建设项目及工程概况、建设依据、工程自然条件、建设规模、建设管理情况等。

(2)设计。包括设计概况(设计单位及其分工、设计指导思想等)、设计进度、设计特点、采用的新工艺、新技术、设计效益分析、对设计的评价。

(3)施工。包括施工单位及其分工、施工工期及主要实物工程量、采用的主要施工方案和施工技术、施工质量和工程质量评定、中间交接验收情况和竣工资料汇编、对施工的评价。

(4)试运和生产考核。包括试运组织、方案和试运情况。

(5)生产准备。包括生产准备概况、生产组织机构及人员配备、生产培训制度及规章制度的建立、生产物资准备等。

(6)环境保护。主要包括污染源及其治理措施、环境保护组织及其规章制度的建立等。

(7)劳动生产安全卫生。包括劳动生产安全卫生的概况、劳动生产安全卫生组织及其规章制度的建立等。

(8)消防。包括消防设施的概况、消防组织及其规章制度的建立等。

(9)节能降耗。包括节能降耗的设施及采取措施的概况、节能降耗规章制度的建立等。

(10)投资执行情况。包括概预算执行情况、竣工决算、经济效益分析和评价。

(11)未完工程、遗留问题及其处理和安排意见。

(12)引进建设项目还应包括合同执行情况及外事工作方面的内容。

(13)工程总评语。

竣工验收报告一般由设计、施工、监理等单位提供单项总结或素材，由发包人汇总和编制。竣工验收报告应分章节编写，并附封面。总体来说应该包括项目名称、项目类别、建设性质、项目划分、建设主管部门、发包人等内容。在编写过程中，可以根据项目的规模和复杂程度对其内容进行调整和增减。

2. 竣工验收委员会(验收组)出具竣工验收报告的内容

竣工验收委员会(验收组)出具竣工验收报告的内容包括项目名称、建设地址、项目类别、建设规模和主要工程量、建设性质、施工单位、工程开工竣工时间、工程质量评定、工程总投资等。其中，工程竣工验收意见应侧重于对设计、施工、环境保护、劳动安全卫生、消防等的评价，以及对概预算执行情况、经济效益分析评价和未完工程、遗留问题(工程缺陷，修复、补救措施等)等的处理意见及安排。该报告应由竣工验收委员会(验收组)主任委员、副主任委员、委员共同签署。

5.2 竣工决算

竣工决算是由发包人编制的反映建设项目实际造价和投资效果的文件，是竣工验收报告的重要组成部分。所有竣工验收的项目应在办理手续之前，对所有建设项目的财产和物资进行认真清理，及时而正确地编报竣工决算，它对于总结分析建设过程的经验教训，提高工程造价管理水平和积累技术经济资料，为有关部门制定类似工程的建设计划与修订概预算定额指标提供资料和经验，都具有十分重要的意义。

5.2.1 竣工决算的概念

建设工程竣工决算是指在竣工验收交付使用阶段，由发包人编制的建设项目从筹建到竣工投产或使用全过程的全部实际支出费用的经济文件。它也是发包人反映建设项目实际造价和投资效果的文件，是竣工验收报告的重要组成部分。

根据建设项目规模的大小，可分为大、中型建设项目竣工决算和小型建设项目竣工决算两大类。详见图 5-1。

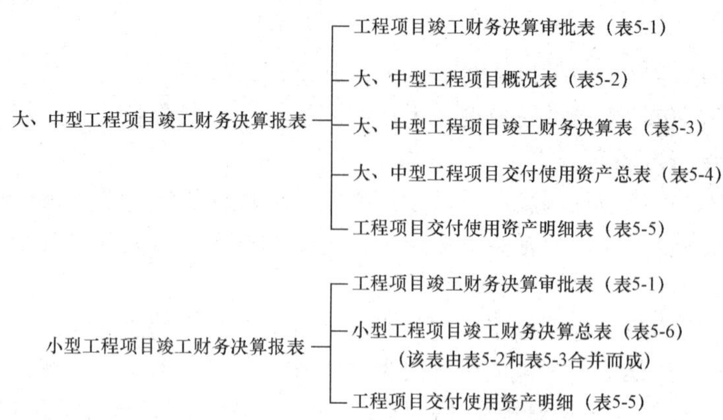

图 5-1　工程项目竣工财务决算报表

5.2.2　竣工决算的内容

1. 竣工决算的内容与编制格式

竣工决算是建设工程从筹建到竣工投产全过程中发生的所有实际支出，包括设备工器具购置费、建筑安装工程费和其他费用等。

竣工决算由竣工财务决算、竣工工程平面示意图、工程造价比较分析共三部分组成。

工程项目的竣工财务决算由竣工财务决算说明书和竣工财务决算报表两部分组成。

竣工决算报告说明书主要反映竣工工程建设成果和经验，是对竣工财务决算报表进行分析和补充说明的文件，是全面考核分析工程投资与造价的书面总结，是竣工决算报告的重要组成部分，其主要内容包括：

(1)建设项目概况及评价。

(2)资金来源及运用等财务分析。

(3)资金节余、基建结余资金等的上交分配情况。

(4)主要技术经济指标的分析、计算情况。

(5)基本建设项目管理及决算中存在的问题及建议。

(6)需说明的其他事项。

(7)上述基本建设项目竣工财务决算报表的填制说明。

1)基本建设项目竣工财务决算审批表(表 5-1)。

①表中“建设性质”按新建、扩建、改建、迁建和恢复建设项目等分类填列。

②表中“主管部门”是指发包人的主管部门。

③有关意见的签署。

a. 所有项目均须先经开户银行签署意见。

b. 中央级小型项目由主管部门签署审批意见，财政监察专员办和地方财政部门不签署意见。

c. 中央级大、中型项目报所在地财政监察专员办签署意见后，再由主管部门签署意见报财政部审批。

d. 地方级项目由同级财政部门签署审批意见，主管部门和财政监察专员办不签署意见。

表 5-1 工程项目竣工财务决算审批表

<table>
<tr><td>项目法人(发包人)</td><td></td><td>建设性质</td><td></td></tr>
<tr><td>工程项目名称</td><td></td><td>主管部门</td><td></td></tr>
<tr><td colspan="4">开户行意见：

盖章
年 月 日</td></tr>
<tr><td colspan="4">专员办(审批)审核意见：

盖章
年 月 日</td></tr>
<tr><td colspan="4">主管部门或地方财政部门审批意见：

盖章
年 月 日</td></tr>
</table>

2)大、中型基本建设项目工程概况表(表 5-2)。本表主要反映竣工的大、中型建设项目的建设工期、新增生产能力、基本建设支出以及主要技术经济指标等内容，为全面考核、分析计划和概算执行情况提供依据。填写时要注意以下几点：

①表中各有关项目的设计、概算、计划等指标，根据批准的设计文件和概算、计划等确定的数字填列。

②表中所列新增生产能力、完成主要工程量、主要材料消耗等指标的实际数，根据发包人统计资料和承包人提供的有关成本核算资料填列。

③表中"主要技术经济指标"根据概算和主管部门规定的内容分别按概算数和实际数填列。填列包括单位面积造价、单位生产能力投资、单位投资增加的生产能力、单位生产成本、投资回收年限等反映投资效果的综合指标。

④表中基建支出是指建设项目从开工起至竣工止发生的全部基本建设支出，包括形成资产价值的交付使用资产，如固定资产、流动资产、无形资产、递延资产，以及不形成资产价值按规定应核销的非经营性项目的待核销基建支出和转出投资。根据财政部门历年批准的"基建投资表"中有关数字填列。

⑤表中"初步设计和概算批准日期"按最后批准日期填列。

⑥表中收尾工程指全部工程项目验收后还遗留的少量尾工，这部分工程的实际成本可

根据具体情况进行估算，并作说明，完工以后不再编制竣工决算。

表 5-2 大、中型工程项目概况表

<table>
<tr><td>工程项目名称</td><td colspan="2"></td><td>建设地址</td><td colspan="4"></td><td rowspan="10">基本建设支出</td><td>项目</td><td>概算/元</td><td>实际/元</td><td>备注</td></tr>
<tr><td rowspan="2">主要设计单位</td><td colspan="2" rowspan="2"></td><td rowspan="2">主要施工企业</td><td colspan="4" rowspan="2"></td><td>建筑安装工程投资</td><td></td><td></td><td></td></tr>
<tr><td>设备、工具、器具</td><td></td><td></td><td></td></tr>
<tr><td rowspan="3">占地面积</td><td>计划</td><td>实际</td><td rowspan="3">总投资（万元）</td><td colspan="2">设计</td><td colspan="2">实际</td><td>待摊投资</td><td></td><td></td><td></td></tr>
<tr><td rowspan="2"></td><td rowspan="2"></td><td rowspan="2"></td><td rowspan="2"></td><td rowspan="2"></td><td rowspan="2"></td><td>其中：建设单位管理费</td><td></td><td></td><td></td></tr>
<tr><td>其他投资</td><td></td><td></td><td></td></tr>
<tr><td rowspan="2">新增生产能力</td><td colspan="3">能力（效益）</td><td colspan="2">设计</td><td colspan="2">实际</td><td>待核销基建支出</td><td></td><td></td><td></td></tr>
<tr><td colspan="3"></td><td colspan="2"></td><td colspan="2"></td><td rowspan="2">非经营项目转出投资</td><td rowspan="2"></td><td rowspan="2"></td><td rowspan="2"></td></tr>
<tr><td rowspan="2">建设起止时间</td><td colspan="2">计划</td><td colspan="5">从　年　月开工至　年　月竣工</td></tr>
<tr><td colspan="2">实际</td><td colspan="5">从　年　月开工至　年　月竣工</td><td>合计</td><td></td><td></td><td></td></tr>
<tr><td>设计概算批准文号</td><td colspan="12"></td></tr>
<tr><td rowspan="3">完成主要工程量</td><td colspan="7">建设规模</td><td colspan="5">设备（台、套、吨）</td></tr>
<tr><td colspan="3">设计</td><td colspan="4">实际</td><td colspan="2">设计</td><td colspan="3">实际</td></tr>
<tr><td colspan="3"></td><td colspan="4"></td><td colspan="2"></td><td colspan="3"></td></tr>
<tr><td rowspan="2">收尾工程</td><td colspan="3">工程项目、内容</td><td colspan="4">已完成投资额</td><td colspan="2">尚需投资额</td><td colspan="3">完成时间</td></tr>
<tr><td colspan="3"></td><td colspan="4"></td><td colspan="2"></td><td colspan="3"></td></tr>
</table>

3)大、中型工程项目竣工决算财务决算表(表 5-3)。本表反映竣工的大、中型建设项目从开工起至竣工止全部资金来源和资金运用情况，是分析考核基建资金和其他资金使用效果，并落实结余的基建资金和物资的依据。填写时要注意以下几点：

①表中“交付使用资产”“预算拨款”“自筹资金拨款”“其他拨款”“项目资本”“基建投资借款”“其他借款”等项目，填列自开工建设至竣工止的累计数，上述指标根据历年批复的年度基本建设财务决算和竣工年度的基本建设财务决算中资金平衡表相应项目的数字进行汇总填列。

②表中其余各项目反映办理竣工验收时的结余数，根据竣工年度财务决算中资金平衡表的有关项目期末数填列。

③资金占用总额应等于资金来源总额。

④补充资料的“基建投资借款期末余额”反映竣工时尚未偿还的基建投资借款数，应根据竣工年度资金平衡表内的“基建投资借款”项目期末数填列；“应收生产单位投资借款期末数”，应根据竣工年度资金平衡表内的“应收生产单位投资借款”项目的期末数填列；“基建结余资金”反映竣工时的结余资金，应根据竣工财务决算表中有关项目计算填列。

⑤基建结余资金的计算：

基建结余资金＝基建拨款＋项目资本＋项目资本公积＋基建投资借款＋企业债券资金＋待冲基建支出－基本建设支出－应收生产单位投资借款

表 5-3　大、中型工程项目竣工财务决算表　　　　单位：元

资金来源	金额	资金占用	金额	补充资料
一、基建拨款		一、基本建设支出		1. 基建投资借款期末余额
1. 预算拨款		1. 交付使用资产		
2. 基建基金拨款		2. 在建工程		
其中：国债专项资拨款		3. 待核销基建支出		
3. 专项建设基拨款		4. 非经营项目转出投资		
4. 进口设备转账拨款		二、应收生产单位投资借款		2. 应收生产单位投资借款期末余额
5. 器材转账拨款		三、拨款所属投资借款		
6. 煤代油专用基金拨款		四、器材		
7. 自筹资金拨款		其中：待处理器材损失		
8. 其他拨款		五、货币资金		
二、项目资本		六、预付及应收款		3. 基建结余资金
1. 国家资本		七、有价证券		
2. 法人资木		八、固定资产		
3. 个人资本		固定资产原值		
三、项目资本公积		减：累计折旧		
四、基建借款		固定资产净值		
其中：国债转贷		固定资产清理		
五、上级拨入投资借款		待处理固定资产损失		
六、企业债券资金				
七、待冲基建支出				
八、应付款				
九、未交款				
1. 未交税金				
2. 未交基建收入				
3. 未交基建包干节余				
4. 其他未交款				
十、上级拨入资金				
十一、留成收入				
合　计		合　计		

4)大、中型工程项目交付使用资产总表(表 5-4)。本表反映大、中型建设项目建成后新增固定资产、流动资产、无形资产、其他资产的价值，作为财产交接、检查投资计划完成情况和分析投资效果的依据。

①表中各栏数字应根据“交付使用资产明细表”中相应项目的数字汇总填列。

②表中第 2 栏、第 6 栏、第 7 栏和第 8 栏的合计数，应分别与竣工财务决算表交付使用的固定资产、流动资产、无形资产和递延资产的数字相符。

表 5-4　大、中型工程项目交付使用资产总表　　元

工程项目名称	总计	固定资产				流动资产	无形资产	其他资产
		建安工程	设备	其他	合计			
1	2	3	4	5	6	7	8	9

交付单位：　　　　负责人：　　　　　　　　　接受单位：　　　　负责人：

盖　　章　　　　　年　月　日　　　　　　　　盖　　章　　　　　年　月　日

5)交付使用资产明细表(表 5-5)。本表反映大、中、小型建设项目竣工交付使用各项资产的详细内容，是具体办理财产交接手续和生产使用单位登记资产明细账、卡的依据，适用于大、中、小型建设项目。编制时固定资产部分，要逐项盘点填列；工具、器具和家具等低值易耗品，可分类填列。

表 5-5　工程项目交付使用资产明细表

单项工程名称	建筑工程			设备、工具、器具、家具						流动资产		无形资产		其他资产	
	结构	面积 m^2	价值/元	名称	规格型号	单位	数量	价值/元	设备安装费	名称	价值/元	名称	价值/元	名称	价值/元

6)小型基本建设项目竣工财务决算总表(表 5-6)。小型基本建设项目竣工财务决算总表主要反映小型基本建设项目的全部工程和财务情况。比照大、中型基本建设项目概况表指标和大、中型基本建设项目竣工财务决算表指标口径填列。

表 5-6　小型工程项目竣工财务决算总表

<table>
<tr><td>建设项目名称</td><td colspan="2"></td><td colspan="2">建设地址</td><td colspan="4"></td></tr>
<tr><td>初步设计概算批准文号</td><td colspan="8"></td></tr>
<tr><td rowspan="3">占地面积</td><td rowspan="2">计划</td><td rowspan="2">实际</td><td rowspan="3">总投资/万元</td><td colspan="2">计划</td><td colspan="2">实际</td></tr>
<tr><td>固定资产</td><td>流动资金</td><td>固定资产</td><td>流动资金</td></tr>
<tr><td></td><td></td><td></td><td></td><td></td><td></td></tr>
<tr><td rowspan="2">新增生产能力</td><td colspan="2">能力(效益)名称</td><td>设计</td><td colspan="4">实际</td></tr>
<tr><td colspan="2"></td><td></td><td colspan="4"></td></tr>
<tr><td rowspan="2">建设起止时间</td><td colspan="2">计划</td><td colspan="5">从　年　月开工
至　年　月竣工</td></tr>
<tr><td colspan="2">实际</td><td colspan="5">从　年　月开工
至　年　月竣工</td></tr>
<tr><td rowspan="7">基建支出</td><td colspan="5">项　目</td><td>概算/元</td><td>实际/元</td></tr>
<tr><td colspan="5">建筑安装工程</td><td></td><td></td></tr>
<tr><td colspan="5">设备、工具、器具</td><td></td><td></td></tr>
<tr><td colspan="5">待摊投资
其中：建设单位管理费</td><td></td><td></td></tr>
<tr><td colspan="5">其他投资</td><td></td><td></td></tr>
<tr><td colspan="5">待核销基建支出</td><td></td><td></td></tr>
<tr><td colspan="5">非经营性项目转出投资</td><td></td><td></td></tr>
<tr><td></td><td colspan="5">合　计</td><td></td><td></td></tr>
</table>

<table>
<tr><td colspan="2">资金来源</td><td colspan="2">资金运用</td></tr>
<tr><td>项目</td><td>金额/元</td><td>项目</td><td>金额/元</td></tr>
<tr><td rowspan="2">一、基建拨款
其中：预算拨款</td><td rowspan="2"></td><td>一、交付使用资产</td><td></td></tr>
<tr><td>二、待核销基建支出</td><td></td></tr>
<tr><td>二、项目资本</td><td></td><td rowspan="2">三、非经营项目转出投资</td><td rowspan="2"></td></tr>
<tr><td>三、项目资本公积金</td><td></td></tr>
<tr><td>四、基建借款</td><td></td><td rowspan="2">四、应收生产单位投资借款</td><td rowspan="2"></td></tr>
<tr><td>五、上级拨入借款</td><td></td></tr>
<tr><td>六、企业债券资金</td><td></td><td>五、拨付所属投资借款</td><td></td></tr>
<tr><td>七、待冲基建支出</td><td></td><td>六、器材</td><td></td></tr>
<tr><td>八、应付款</td><td></td><td>七、货币资金</td><td></td></tr>
<tr><td rowspan="3">九、未付款
其中：未交基建收入
未交包干收入</td><td rowspan="3"></td><td>八、预付及应收款</td><td></td></tr>
<tr><td>九、有价证券</td><td></td></tr>
<tr><td>十、原有固定资产</td><td></td></tr>
<tr><td>十、上级拨入资金</td><td></td><td></td><td></td></tr>
<tr><td>十一、留成收入</td><td></td><td></td><td></td></tr>
<tr><td></td><td></td><td></td><td></td></tr>
<tr><td>合　计</td><td></td><td>合　计</td><td></td></tr>
</table>

(8)编制竣工决算相关的信息。在编制竣工决算表时，除要按照基本建设项目竣工财务决算报表的填制说明外，还要注意下列事项：

1)待摊投资。包括设计费、无形资产、地质勘查费、招投标标底编制费、城市规划管理费、施工许可证工本费、工程质量检测费等。

2)大、中型基本建设项目竣工财务决算表在填写时如果一个建设项目同时存在已竣工和未竣工工程情况，则所有工程的财务状况均要在表 5 3 的相应项目中反映，其余的表主要填写已竣工工程项目的财务决算情况。在一定程度上说，后者是前者的补充。

3)在建筑工程中若购置了器材，归入表 5-3 的“器材”项目，而表 5-4 的“设备”项目和表 5-5 的“设备、工具、器具、家具”的科目列入已竣工工程的设备等项目。

4)“预付及应收款”项目内容是发包人先期垫付应由施工单位承担的费用，如档案保证金(发包人承担的部分)、绿化保证金、散水泥保证金、劳动保险基金和新墙体专项使用费等费用。

5)“货币资金”项目反映的是实际银行存款和库存现金。

6)“待核销基建支出”项目反映非经营性建设项目发生的江河清障、航道清淤、飞播造林、补助群众造林、水土保持、城市绿化、取消项目的可行性研究费、项目报废等不能形成资产部分的投资支出。本项目根据“待核销基建支出”项目的年末余额填列。经营性项目不填该项目。

7)表 5-4 的“其他”项目，应填入待摊投资等费用。

2. 工程造价比较分析

批准的概算是考核建设工程造价的依据。在分析时，可先对比整个项目的总概算，然后将建筑安装工程费、设备工器具费和其他工程费用逐一与竣工决算表中所提供的实际数据和相关资料及批准的概(预)算指标、实际的工程造价进行对比分析，以确定竣工项目总造价是节约还是超支，并在对比的基础上，总结先进经验，找出节约和超支的内容和原因，提出改进措施。在实际工作中，应主要分析以下内容：

(1)主要实物工程量。

(2)主要材料消耗量。

(3)主要设备材料的价格。

(4)大型机械设备、吊装设备的台班量。

(5)采取的计价依据及其取费标准。

(6)采取的施工方案和措施。

(7)考核建筑及安装工程费、措施费、间接费、工程建设其他费等的执行情况。

5.2.3 竣工决算与竣工结算的区别

竣工决算与竣工结算的区别见表 5-7。

表 5-7 竣工决算与竣工结算的区别

<table>
<tr><th>区别</th><th>工程竣工结算</th><th>工程竣工决算</th></tr>
<tr><td>编制对象</td><td>单位工程或单项工程</td><td>建设项目</td></tr>
<tr><td>编制单位</td><td>承包人的预算部门</td><td>项目发包人的财务部门</td></tr>
<tr><td>内容</td><td>建设工程项目竣工验收后甲乙双方办理的最后一次结算。反映的是承包人承包施工的建筑安装工程的全部费用。它最终反映承包人完成的施工产值</td><td>建设工程从筹建开始到竣工交付使用为止的全部建设费用，它反映建设工程的投资效益。其内容：竣工工程平面示意图、竣工财务决算、工程造价比较分析</td></tr>
<tr><td rowspan="3">性质和作用</td><td>1. 承包人与发包人办理工程价款最终结算的依据</td><td rowspan="3">1. 发包人办理交付、验收、动用新增各类资产的依据
2. 竣工验收报告的重要组成部分</td></tr>
<tr><td>2. 双方签订的建筑安装工程承包合同终结的凭证</td></tr>
<tr><td>3. 发包人编制竣工决算的主要资料</td></tr>
</table>

5.2.4 竣工决算的编制

1. 竣工决算的编制依据

(1)批准的设计文件，以及批准的概(预)算或调整概(预)算文件。

(2)设计交底或图纸会审纪要。

(3)招标文件、标底(如果有)及与各有关单位签订的合同文件等。

(4)设计变更、现场施工签证等建设过程中的文件及有关支付凭证。

(5)竣工图及各种竣工验收资料。

(6)设备、材料价格依据。

(7)有关本工程建设的国家、地方等政策文件和相关规定。

(8)有关财务核算制度、办法和其他有关资料、文件等。

2. 竣工决算的编制步骤

(1)收集、整理和分析有关依据资料。

(2)清理各项财务、债务和结余物资。

(3)对照、核实工程变动情况，重新核实各单位工程、单项工程。

(4)编制建设工程竣工决算说明。

(5)认真填报竣工财务决算报表。

(6)做好工程造价对比分析。

(7)上报主管部门审查。

将上述编写的文字说明和填写的表格经核对无误，装订成册，即为建设工程竣工决算文件。建设工程竣工决算的文件，由发包人负责组织人员编写，在竣工建设项目办理验收使用后规定的时间内完成。

5.2.5 新增价值资产的确定

工程项目竣工投入运营后，所花费的总投资应按会计制度和有关税法的规定，形成相应的资产。

1. 资产的分类

建设项目竣工验收合格使用后，工程建设的总投资形成相应的资产。按照新的财务制度和企业会计准则，新增资产按资产性质可分为固定资产、流动资产、无形资产和其他资产四大类。

(1)固定资产。固定资产是指使用期限超过一年，单位价值在规定标准以上(如 1 000 元或 1 500 元或 2 000 元)，并且在使用过程中保持原有物质形态的资产，包括房屋及建筑物、机电设备、运输设备、工具器具等。不同时具备以上两个条件的资产为低值易耗品，应列入流动资产范围内，如企业自身使用的工具、器具、家具等。

(2)流动资产。流动资产是指可以在一年内或超过一年的一个营业周期内变现或者耗用的资产，包括现金及各种存货、银行存款、短期投资、应收及预付款项等。

(3)无形资产。无形资产是指特定主体所控制的，但没有实物形态的资产，对生产经营长期发挥作用且能带来经济利益的资源。主要包括专利权、著作权、非专利技术、商誉等。

(4)其他资产。其他资产是指具有专门用途，但不参加生产经营的经国家批准的特种物质，银行冻结存款和冻结物资、涉及诉讼的财产等。

2. 新增资产价值的确定

(1)新增固定资产价值的确定。新增固定资产价值的计算是以独立发挥生产能力的单项工程为对象，单项工程竣工验收合格，正式移交生产或使用，即应计算新增固定资产价值。一次交付生产或使用的工程，应一次计算新增固定资产价值；分期分批交付生产或使用的工程，应分期分批计算新增固定资产价值。在计算时应注意以下几种情况。

1)对于为了提高产品质量、改善劳动条件、节约材料消耗、保护环境而建设的附属辅助工程，只要全部建成，正式验收交付使用后就要计入新增固定资产价值。

2)对于单项工程中不构成生产系统，但能独立发挥效益的非生产性项目，如住宅、食堂、医务所、托儿所、生活服务网点等，在建成交付使用后，也要计算新增固定资产价值。

3)凡购置达到固定资产标准不需安装的设备、工器具，应在交付使用后计入新增固定资产价值。

4)属于新增固定资产价值的其他投资，应随同受益工程交付使用的同时一并计入。

5)交付使用财产的成本，应按下列内容计算：

①房屋、建筑物、管道、线路等固定资产的成本包括：建筑工程成果和应分摊的待摊投资。

②动力设备和生产设备等固定资产的成本包括：需要安装设备的采购成本、安装工程成本、设备基础支柱等建筑工程成本或砌筑锅炉及各种特殊的建筑工程成本、应分摊的待摊投资。

③运输设备及其他不需要安装的设备、工具、器具、家具等固定资产一般仅计算采购成本，不计分摊的“待摊投资”。

6)共同费用的分摊方法。新增固定资产的其他费用，如果是属于整个建设项目或两个以上单项工程的，在计算新增固定资产价值时，应在各单项工程中按比例分摊。分摊时，什么费用由什么工程负担应按具体规定进行。一般情况下，发包人管理费按建筑工程、安装工程、需安装设备价值总额作比例分摊，而土地征用费、勘察设计费等费用则按建筑工程造价分摊。

(2)新增流动资产价值的确定。

1)货币性资金。货币性资金是指现金、各种银行存款及其他货币资金。

2)应收及预付款项。应收账款是指企业因销售商品、提供劳务等应向购货单位或受益单位收取的款项；预付款项是指企业按照购货合同预付给供货单位的购货定金或部分货款。应收及预付款项包括应收票据、应收款项、其他应收款、预付货款和待摊费用。一般情况下，应收及预付款项按企业销售商品、产品或提供劳务时的实际成交金额入账核算。

3)短期投资包括股票、债券、基金。股票和债券根据是否可以上市流通分别采用市场法和收益法确定其价值。

4)存货。存货是指企业的库存材料、在产品、产成品等。各种存货应当按照取得时的实际成本计价。存货的形成，主要有外购和自制两个途径。外购的存货，按照买价加运输费、装卸费、保险费、途中合理损耗、入库前加工、整理及挑选费用以及缴纳的税金等计价；自制的存货，按照制造过程中的各项实际支出计价。

(3)新增无形资产价值的确定。

1)无形资产的计价原则。

①投资者按无形资产作为资本金或者合作条件投入时，按评估确认或合同协议约定的金额计价。

②购入的无形资产，按照实际支付的价款计价。

③企业自创并依法申请取得的，按开发过程中的实际支出计价。

④企业接受捐赠的无形资产，按照发票账单所载金额或者同类无形资产市场价作价。

⑤无形资产计价入账后，应在其有效使用期内分期摊销，即企业为无形资产支出的费用应在无形资产的有效期内得到及时补偿。

2)无形资产的计价方法。

①专利权的计价。专利权可分为自创和外购两类。自创专利权的价值为开发过程中的实际支出，主要包括专利的研制成本和交易成本。研制成本包括直接成本和间接成本。直接成本是指研制过程中直接投入发生的费用(主要包括材料费用、工资费用、专用设备费、资料费、咨询鉴定费、协作费、培训费和差旅费等)；间接成本是指与研制开发有关的费用(主要包括管理费、非专用设备折旧费、应分摊的公共费用及能源费用)。交易成本是指在交易过程中的费用支出(主要包括技术服务费、交易过程中的差旅费及管理费、手续费、税金)。由于专利权是具有独占性并能带来超额利润的生产要素，因此，专利权转让价格不按成本估价，而是按照其所能带来的超额收益计价。

②非专利技术的计价。非专利技术具有使用价值和价值，使用价值是非专利技术本身应具有的，非专利技术的价值在于非专利技术的使用所能产生的超额获利能力，应在研究分析其直接和间接的获利能力的基础上，准确计算出其价值。如果非专利技术是自创的，一般不作为无形资产入账，自创过程中发生的费用，按当期费用处理。对于外购非专利技术，应由法定评估机构确认后再进行估价，其方法往往通过能产生的收益采用收益法进行估价。

③商标权的计价。如果商标仅是自创的，一般不作为无形资产入账，而将商标设计、制作、注册、广告宣传等发生的费用直接作为销售费用计入当期损益。只有当企业购入或转让商标时，才需要对商标权计价。商标权的计价一般根据被许可方新增的收益确定。

④土地使用权的计价。根据取得土地使用权的方式计价。

(4)其他资产计价。其他资产包括特准储备物资等，主要以实际入账价值核算。

复习思考题

1. 什么是建设项目竣工验收？
2. 竣工验收的条件是什么？
3. 竣工验收应符合哪些要求？
4. 工程竣工验收报告包括哪些内容？
5. 工程项目竣工财务决算报表包括哪些表格？
6. 竣工决算与竣工结算的区别是什么？

评价表

序号	具体指标	分值	自评	小组互评	教师评价	小计
1	掌握竣工验收的内容	20				
2	掌握竣工验收的依据和标准	20				
3	掌握竣工验收的程序与组织	20				
4	掌握竣工决算的内容	20				
5	掌握竣工决算的编制	20				
		100				

6　工程竣工结算与审核编制实例

任务要求

要求认真阅读背景材料，按背景材料的要求认真计算工程量、准确地套用定额、正确地进行费用的计算，既不高估冒算，也不丢漏项目，能够通过各种表格来完成结算及审核工作。

技能目标

要求依据背景材料，逐项按计算规则计算工程量，既不要丢项、漏项，也不能重项、错项，合理进行工程结算。能够熟练地操作预算软件、算量软件、CAD、Excel 等工具，达到快速完成算量、套价等工作。

知识目标

1. 掌握《清单计价规范》的内容。
2. 掌握工程结算书的编制方法与技巧。
3. 熟悉工程结算依据的资料。
4. 掌握工程签证的内容。

能力目标

1. 会整理工程签证、工程变更等资料。
2. 会依据工程签证、工程变更等资料计算调整工程量、调整项目工料分析和调整项目费用。
3. 能正确编制工程结算书，合理进行费用和工期的索赔。

6.1　××街道村屯路网工程结算书(承包人编制)

××街道村屯路网工程由×××管委会经发局批准建设，建设地点在沈阳市××开发区，施工地点：××街道古砬子村、××街道房身沟村、××街道合心村、××街道黑林子村、××街道邱家村、××街道山城子村、××街道湾沟村、××街道阎家窝棚村、××街道曾家村、××街道獐子沟村，施工面积约为 38 757 m^2。工程完工后，发包人组织了验收，验收数量见表 6-1。

表 6-1　现场实地验收量

项目名称	单位	图纸量	验收量
细粒式沥青混凝土机械摊铺厚度 3 cm	m^2	38 758	39 140
6 cm 油稳碎石	m^2	38 758	39 140
20 cm 山皮石路肩	m^2	6 348	6 528
15 cm 山皮石(翻浆处理)	m^2	10 039	10 099
土路肩整形碾压	m^2	9 386	8 533
路床碾压	m^2	14 740	15 160

××街道村屯路网工程
工程结算书

××××集团有限公司

××××年 9 月 13 日

××街道村屯路网工程
工程结算书

编制单位：××××集团有限公司（盖单位章）
法定代表人或授权代理人：__________（签字、盖章）
造价工程师及注册证号：__________（签字、盖执业专用章）
日　　期：××××年9月13日

工程概况

××街道村屯路网工程施工位于沈阳市×××开发区，工程内容如下：

本工程为××街道村屯路网工程，施工地点：××街道古砬子村、××街道房身沟村、××街道合心村、××街道黑林子村、××街道邱家村、××街道山城子村、××街道湾沟村、××街道阎家窝棚村、××街道曾家村、××街道獐子沟村，施工面积约为38 757m^2。

××街道村屯路网工程合同价为3 247 193.97元，工程签证总价为523 791.74元，工程结算总价为3 770 985.71元。根据招标文件及合同要求，我公司已经按施工图施工完毕，全部工程达到合格标准，请予以结算。

××××集团有限公司
××××年9月13日

结算总价

建设单位：沈阳市×××开发区建设管理局
工程名称：××街道村屯路网工程
结算总价(小写)：3 770 985.71
(大写)：叁佰柒拾柒万零玖佰捌拾伍元柒角壹分
投标单位：××××集团有限公司(盖单位章)
法定代表人：__________(签字、盖章)
编制时间：××××年9月13日

表6-2　工程结算汇总表

工程名称：××街道村屯路网工程　　　　第1页共1页

序号	费用名称	金额/元	备注
1	合同内工程造价	3 247 193.97	
2	现场签证工程造价	523 791.74	
	合　计	3 770 985.71	

表6-3　合同内工程结算汇总表

工程名称：××街道村屯路网工程　　　　第1页共1页

序号	单位工程名称	金额/元	备注
1	××街道村屯路网工程	3 247 193.97	
	合计	3 247 193.97	

表6-4　单位工程造价费用汇总表

工程名称：××街道村屯路网工程

序号	汇总内容	计算基础	费率/%	金额/元
一	分部分项工程费	分部分项合计		3 042 541.61
1.1	其中：人工费	分部分项人工费		438 918.2
1.2	其中：机械费	分部分项机械费		157 253.39
二	措施项目费	措施项目合计		91 810.43
三	其他项目费	其他项目合计		
四	税费前工程造价合计	分部分项工程费＋措施项目费＋其他项目费		3 134 352.04
五	规费	工程排污费＋社会保障费＋住房公积金＋危险作业意外伤害保险		4 701.53
六	税金	税费前工程造价合计＋规费	3.445	108 140.4
合计				3 247 193.97

表 6-5 单位工程规费计价表

工程名称：××街道村屯路网工程

序号	汇总内容	计算基础	费率/%	金额/元
5.1	工程排污费			
5.2	社会保险费	养老保险+失业保险+医疗保险+生育保险+工伤保险	0	
5.2.1	养老保险	其中：人工费+其中：机械费	0	
5.2.2	失业保险	其中：人工费+其中：机械费	0	
5.2.3	医疗保险	其中：人工费+其中：机械费	0	
5.2.4	生育保险	其中：人工费+其中：机械费	0	
5.2.5	工伤保险	其中：人工费+其中：机械费	0	
5.3	住房公积金	其中：人工费+其中：机械费	0	
5.4	危险作业意外伤害保险	税费前工程造价合计	0.15	4 701.53
合计				4 701.53

表 6-6 分部分项工程量清单与计价表

工程名称：××街道村屯路网工程

序号	项目编码	项目名称/项目特征	计量单位	工程数量	综合单价/元	合价/元
		××街道古砬子村				
1	040203004027	细粒式沥青混凝土机械摊铺厚度 3 cm	100 m^2	42.68	4 774.56	203 778.22
2	040202015028	6 cm 油稳碎石	100 m^2	42.68	1 044.81	44 592.49
3	040202017029	20 cm 山皮石路肩	100 m^2	10.67	2 481.27	26 475.15
4	040202017030	15 cm 山皮石(翻浆处理)	100 m^2	4	1 914.91	7 659.64
		××街道房身沟村				
1	040203004031	细粒式沥青混凝土机械摊铺厚度 3 cm	100 m^2	10.38	4 774.56	49 559.93
2	040202015032	6 cm 油稳碎石	100 m^2	10.38	1 044.81	10 845.13
3	040201015033	土路肩整形碾压	100 m^2	3.46	4 101.16	14 190.01
		××街道合心村				
1	040203004034	细粒式沥青混凝土机械摊铺厚度 3 cm	100 m^2	17.42	4 774.56	83 172.84
2	040202015035	6 cm 油稳碎石	100 m^2	17.42	1 044.81	18 200.59
3	040201015036	土路肩整形碾压	100 m^2	4	4 101.16	16 404.64
		××街道黑林子村				
1	040203004037	细粒式沥青混凝土机械摊铺厚度 3 cm	100 m^2	22.17	4 774.56	105 852

续表

序号	项目编码	项目名称/项目特征	计量单位	工程数量	综合单价/元	合价/元
2	040202015038	6 cm 油稳碎石	100 m^2	22.17	1 044.81	23 163.44
3	040201015039	土路肩整形碾压	100 m^2	7.39	4 101.16	30 307.57
		××街道邱家村				
1	040203004040	细粒式沥青混凝土机械摊铺厚度 3 cm	100 m^2	37	4 774.56	176 658.72
2	040202015041	6 cm 油稳碎石	100 m^2	37	1 044.81	38 657.97
3	040201015042	土路肩整形碾压	100 m^2	7.4	4 101.16	30 348.58
		××街道山城子村				
1	040203004043	细粒式沥青混凝土机械摊铺厚度 3 cm	100 m^2	91.565	4 774.56	437 182.59
2	040202015044	6 cm 油稳碎石	100 m^2	91.565	1 044.81	95 668.03
3	040202017045	20 cm 山皮石	100 m^2	10.71	2 481.27	26 574.4
4	040201015046	路床碾压	100 m^2	12.852	287.9	3 700.09
5	040201015047	土路肩整形碾压	100 m^2	23.57	4 101.16	96 664.34
		××街道湾沟村				
1	040203004048	细粒式沥青混凝土机械摊铺厚度 3 cm	100 m^2	87.92	4 774.56	419 779.32
2	040202015049	6 cm 油稳碎石	100 m^2	87.92	1 044.81	91 859.7
3	040202017050	15 cm 山皮石	100 m^2	87.92	1 914.91	168 358.89
4	040201015051	路床碾压	100 m^2	101.774	287.9	29 300.73
5	040201015052	土路肩整形碾压	100 m^2	23.09	4 101.16	94 695.78
		××街道阎家窝棚村				
1	040203004053	细粒式沥青混凝土机械摊铺厚度 3 cm	100 m^2	16	4 774.56	76 392.96
2	040202015054	6 cm 油稳碎石	100 m^2	16	1 044.81	16 716.96
3	040202017055	20 cm 山皮石	100 m^2	10	2 481.27	24 812.7
4	040201015056	路床碾压	100 m^2	11.5	287.9	3 310.85
5	040201015057	土路肩整形碾压	100 m^2	4	4 101.16	16 404.64
		××街道曾家村				
1	040203004058	细粒式沥青混凝土机械摊铺厚度 3 cm	100 m^2	47.135	4 774.56	225 048.89
2	040202015059	6 cm 油稳碎石	100 m^2	47.135	1 044.81	49 247.12
3	040202017060	20 cm 山皮石	100 m^2	23.465	2 481.27	58 223
4	040201015061	路床碾压	100 m^2	29.021	287.9	8 355.15
5	040201015062	土路肩整形碾压	100 m^2	16.38	4 101.16	67 177
		××街道獐子沟村				
1	040203004063	细粒式沥青混凝土机械摊铺厚度 3 cm	100 m^2	15.3	4 774.56	73 050.77
2	040202015064	6 cm 油稳碎石	100 m^2	15.3	1 044.81	15 985.59
3	040202017065	20 cm 山皮石	100 m^2	15.3	2 481.27	37 963.43
4	040201015066	路床碾压	100 m^2	18.36	287.9	5 285.84
5	040201015067	土路肩整形碾压	100 m^2	5.1	4 101.16	20 915.92
—		合计	—	—		304 2541.6

表 6-7　措施项目清单与计价表

工程名称：××街道村屯路网工程

序号	项目名称	计算基数	费率	金额/元
一	措施项目			91 810.43
1	安全文明施工措施费			62 001.85
1.1	环境保护	分部分项人工费＋分部分项机械费	10.4	62 001.85
1.2	文明施工			
1.3	安全施工			
1.4	临时设施			
2	夜间施工增加费			
3	二次搬运费			
4	已完工程及设备保护费			
5	冬雨期施工费	分部分项人工费＋分部分项机械费	1	5 961.72
6	市政工程干扰费	分部分项人工费＋分部分项机械费	4	23 846.86
7	其他措施项目费			
合计			91 810.43	

表 6-8　主要材料价格表

工程名称：××街道村屯路网工程

序号	编码	材料名称	规格、型号等特殊要求	单位	单价/元
1	C0711	其他材料费		元	1
2	C0769	山皮石		m^3	65
3	C0813	水		m^3	2.6
4	C0856	碎石	60 mm	m^3	87
5	C1163@1	细粒式沥青混凝土		m^3	958

表 6-9　现场签证工程量结算汇总表

工程名称：××街道村屯路网工程

序号	单位工程名称	金额/元	备注
1	××街道村屯路网工程施工签证工程	523 791.74	
	合计	523 791.74	

工程量签证

建设单位：沈阳市×××开发区建设管理局

工程名称：××街道村屯路网工程

签证总价(小写)：¥523 791.74

(大写)：伍拾贰万叁仟柒佰玖拾壹元柒角肆分

投标人：××××集团有限公司（盖单位章）

法定代表人：________(单位签字、盖章)

编制时间：××××年9月13日

表6-10　单位工程造价费用汇总表

工程名称：××街道村屯路网工程

序号	汇总内容	计算基础	费率/%	金额/元
一	分部分项工程费	分部分项合计		482 452.04
1.1	其中：人工费	分部分项人工费		104 601.82
1.2	其中：机械费	分部分项机械费		44 627.26
二	措施项目费	措施项目合计		22 981.27
三	其他项目费	其他项目合计		
四	税费前工程造价合计	分部分项工程费+措施项目费+其他项目费		505 433.31
五	规费	工程排污费+社会保障费+住房公积金+危险作业意外伤害保险		758.15
六	税金	税费前工程造价合计+规费	3.477	17 600.28
合计				523 791.74

表 6-11　单位工程规费计价表

工程名称：××街道村屯路网工程签证

序号	汇总内容	计算基础	费率/%	金额/元
5.1	工程排污费			
5.2	社会保险费	养老保险＋失业保险＋医疗保险＋生育保险＋工伤保险	0	
5.2.1	养老保险	其中：人工费＋其中：机械费	0	
5.2.2	失业保险	其中：人工费＋其中：机械费	0	
5.2.3	医疗保险	其中：人工费＋其中：机械费	0	
5.2.4	生育保险	其中：人工费＋其中：机械费	0	
5.2.5	工伤保险	其中：人工费＋其中：机械费	0	
5.3	住房公积金	其中：人工费＋其中：机械费	0	
5.4	危险作业意外伤害保险	税费前工程造价合计	0.15	758.15
合计				758.15

表 6-12　分部分项工程量清单与计价表

工程名称：××街道村屯路网工程签证

序号	项目编码	项目名称/项目特征	计量单位	工程数量	综合单价/元	合价/元
	一	××××年9月17日签证单				
1	040202017004	山皮石底层人工铺装厚度40 cm(8＃、10＃街)	100 m²	10.71	4 962.55	53 148.91
2	040202017121	山皮石底层人工铺装厚度80 cm(9＃街)	100 m²	10.8	9 925.09	107 190.97
3	040101001004	人工挖一、二类土	100 m³	4.284	996.32	4 268.23
4	040103002001	余方弃置人工装汽车土方	100 m³	4.284	855.75	3 666.03
5	040103002016	自卸汽车运土方(载重6.5 t以内)运距3 km以内	1 000 m³	0.4284	14 117.63	6 047.99

续表

序号	项目编码	项目名称/项目特征	计量单位	工程数量	综合单价/元	合价/元
	二	××××年9月19日签证单				
1	040202017122	山皮石底层人工铺装厚度50 cm(1#、3#、4#街)	100 m²	15.3	6 203.19	94 908.81
2	040203004069	细粒式沥青混凝土机械摊铺厚度3 cm(3#街)	100 m²	1.8	4 774.56	8 594.21
3	040202015070	6 cm油稳碎石(3#街)	100 m²	1.8	1 044.81	1 880.66
4	040202017071	20 cm山皮石(3#街)	100 m²	1.8	2 481.27	4 466.29
5	040201015072	路床碾压(3#街)	100 m²	2.16	287.9	621.86
6	040201015073	土路肩整形碾压(3#街)	100 m²	0.6	4 101.16	2 460.7
7	040202017074	山皮石底层人工铺装厚度50 cm(3#街20增至70)	100 m²	1.8	6 203.19	11 165.74
8	040101001080	人工挖一、二类土	100 m³	8.55	996.32	8 518.54
9	040103002113	余方弃置人工装汽车土方	100 m³	8.55	855.75	7 316.66
10	040103002114	自卸汽车运土方(载重6.5 t以内)运距3 km以内	1 000 m³	0.855	14 117.62	12 070.57
	三	××××年9月24日签证单				
1	040202017123	山皮石底层人工铺装厚度60 cm(2#路)	100 m²	4.8	7 443.82	35 730.34
2	040202015077	6 cm油稳碎石(2#街)	100 m²	6.2	1 044.81	6 477.82
3	040202017124	山皮石底层人工铺装厚度90 cm(1#街翻浆处理)	100 m²	2.7	8 684.46	23 448.04
4	040101001115	人工挖一、二类土	100 m³	2.88	996.32	2 869.4
5	040103002116	余方弃置人工装汽车土方	100 m³	2.88	855.75	2 464.56
6	040103002117	自卸汽车运土方(载重6.5 t以内)运距3 km以内	1 000 m³	0.288	14 117.63	4 065.88
	四	××××年10月1日签证单				
1	040202017125	山皮石底层人工铺装厚度135 cm(1#街)	100 m²	1.29	16 748.6	21 605.69
2	040202017126	山皮石底层人工铺装厚度65 cm(2#街)	100 m²	5.28	8 064.15	42 578.71
3	040101001118	人工挖一、二类土	100 m³	5.173 5	996.32	5 154.46
4	040103002119	余方弃置人工装汽车土方	100 m³	5.173 5	855.75	4 427.22
5	040103002120	自卸汽车运土方(载重6.5 t以内)运距3 km以内	1 000 m³	0.517 35	14 117.62	7 303.75
—		合计	—	—		482 452.04

表 6-13　措施项目清单与计价表

工程名称：××街道村屯路网工程签证

序号	项目名称	计算基数	费率	金额/元
一	措施项目			22 981.27
1	安全文明施工措施费			15 519.82
1.1	环境保护	分部分项人工费＋分部分项机械费	10.4	15 519.82
1.2	文明施工			
1.3	安全施工			
1.4	临时设施			
2	夜间施工增加费			
3	二次搬运费			
4	已完工程及设备保护费			
5	冬雨期施工费	分部分项人工费＋分部分项机械费	1	1 492.29
6	市政工程干扰费	分部分项人工费＋分部分项机械费	4	5 969.16
7	其他措施项目费			
合计				22 981.27

表 6-14　主要材料价格表

工程名称：××街道村屯路网工程签证

序号	编码	材料名称	规格、型号等特殊要求	单位	单价/元
1	C0711	其他材料费		元	1
2	C0769	山皮石		m^3	65
3	C0813	水		m^3	2.6
4	C0856	碎石	60 mm	m^3	87
5	C1163@1	细粒式沥青混凝土		m^3	958

6.2 ××街道村屯路网工程结算审查

工程造价结算审计报告

沈阳市×××开发区管委会财政局：

受贵方委托，我公司本着公平、公正的原则，组织有关人员对××街道村屯路网工程进行结算审计。现将该工程的结算审计情况报告如下：

一、工程概况

××街道村屯路网工程，由××××集团有限公司中标施工，施工方式为包工包料。

二、审核依据

1. 招标文件、投标文件及中标通知书。
2. 工作申办单。
3. 施工图纸、竣工验收证明及签证单。
4. 施工方提供的工程结算书。

三、审核原则及程序

根据省、市造价管理中心的有关规定，本着客观、公正、实事求是的原则对该工程结算进行审核。

1. 实际施工结算量根据甲方竣工验收单结算。
2. 因为本工程为固定单价合同，合同内工作内容单价按投标单价计算。
3. 签证单工作按实际发生进行结算审计。

四、审核结果

该工程原送审结算书金额为3 770 985.71元，审核后金额为3 564 027.86元，核减金额为206 957.85元。核减金额占送总值的5.49%。

××工程咨询有限公司

××××年五月六日

附件1. 审核单位工程造价资质证书

附件2. 结算审核定案表

附件3. 审核汇总表及审计结算书

附件4. 工作申办单

附件5. 施工单位上报结算书及资料

表 6-15　工程竣工结算审核结果定案表

审核单位：

<table>
<tr><td>序号</td><td>工程名称</td><td>送审金额/元</td><td>审定金额/元</td><td>审减金额/元</td><td>审减率/%</td></tr>
<tr><td>1</td><td>××街道村屯路网工程</td><td>3 770 985.71</td><td>3 564 027.86</td><td>206 957.85</td><td>− 5.49</td></tr>
<tr><td></td><td></td><td></td><td></td><td></td><td></td></tr>
<tr><td></td><td>合　计</td><td>3 770 985.71</td><td>3 564 027.86</td><td>206 957.85</td><td></td></tr>
<tr><td colspan="2">建设单位意见</td><td colspan="2">施工单位意见</td><td colspan="2">审核单位意见</td></tr>
<tr><td colspan="2">主管或经办人签字
建设单位(盖公章)
年　月　日</td><td colspan="2">主管或经办人签字
施工单位(盖公章)
年　月　日</td><td colspan="2">主管或经办人签字
审核单位(盖公章)
年　月　日</td></tr>
<tr><td colspan="3">审核人(盖执业资格证章)：</td><td colspan="3">复审核人(盖执业资格证章)：</td></tr>
</table>

表 6-16　单位工程造价费用汇总表

工程名称：××街道村屯路网工程

序号	汇总内容	计算基础	费率/%	金额/元
一	分部分项工程费	分部分项合计		3 336 316.14
1.1	其中：人工费	分部分项人工费		490 416.27
1.2	其中：机械费	分部分项机械费		183 996.94
二	措施项目费	措施项目合计		103 859.63
三	其他项目费	其他项目合计		
四	税费前工程造价合计	分部分项工程费+措施项目费+其他项目费		3 440 175.77
五	规费	工程排污费+社会保险费+住房公积金+危险作业意外伤害保险		5 160.26
六	税金	税费前工程造价合计+规费	3.445	118 691.83
合计	3 564 027.86			

表 6-17　单位工程规费计价表

工程名称：××街道村屯路网工程

序号	汇总内容	计算基础	费率/%	金额/元
5.1	工程排污费			
5.2	社会保险费	养老保险＋失业保险＋医疗保险＋生育保险＋工伤保险	0	
5.2.1	养老保险	其中：人工费＋其中：机械费	0	
5.2.2	失业保险	其中：人工费＋其中：机械费	0	
5.2.3	医疗保险	其中：人工费＋其中：机械费	0	
5.2.4	生育保险	其中：人工费＋其中：机械费	0	
5.2.5	工伤保险	其中：人工费＋其中：机械费	0	
5.3	住房公积金	其中：人工费＋其中：机械费	0	
5.4	危险作业意外伤害保险	税费前工程造价合计	0.15	5 160.26
合计				5 160.26

表 6-18　分部分项工程量清单与计价表

工程名称：××街道村屯路网工程

序号	项目编码	项目名称/项目特征	计量单位	工程数量	综合单价/元	合价/元
		合同内工程				
1	040203004027	细粒式沥青混凝土机械摊铺厚度 3 cm	100 m^2	391.4	4 774.56	1 868 762.78
2	040202015028	6 cm 油稳碎石	100 m^2	391.4	1 044.81	408 938.63
3	040202017029	20 cm 山皮石路肩	100 m^2	65.28	2 481.27	161 977.31
4	040202017030	15 cm 山皮石(翻浆处理)	100 m^2	100.99	1 914.91	193 386.76
5	040201015033	土路肩整形碾压	100 m^2	85.33	4 101.16	349 951.98
6	040201015046	路床碾压	100 m^2	151.6	287.9	43 645.64
		小计				3 026 663.11
		现场签证工程				
		40 cm 山皮石路肩	100 m^2	10.71	4 962.54	53 148.80
		60 cm 山皮石(翻浆处理)	100 m^2	10.8	7 443.81	80 393.15
		细粒式沥青混凝土机械摊铺厚度 3 cm	100 m^2	3.9	4 774.56	18 620.78
		增加 10 cm 山皮石路肩	100 m^2	15.3	1 240.635	18 981.72
		60 cm 山皮石路肩	100 m^2	11.2	7 443.81	83 370.67
		70 cm 山皮石(翻浆处理)	100 m^2	2.7	8 684.445	23 448.00
		6 cm 油稳碎石	100 m^2	10.88	1 044.81	11 367.53
		增加 2 cm 油稳碎石	100 m^2	7.35	348.27	2 559.78
		10 cm 山皮石(翻浆处理)	100 m^2	9.52	1 044.81	9 946.59
		10 cm 山皮石路肩	100 m^2	6.3	1 240.635	7 816.00
		小计				309 653.03
		合计	—	—		3 336 316.14

表 6-19　措施项目清单与计价表

工程名称：××街道村屯路网工程

序号	项目名称	计算基数	费率/%	金额/元
一	措施项目			103 859.63
1	安全文明施工措施费			70 138.97
1.1	环境保护	分部分项人工费＋分部分项机械费	10.4	70 138.97
1.2	文明施工			
1.3	安全施工			
1.4	临时设施			
2	夜间施工增加费			
3	二次搬运费			
4	已完工程及设备保护费			
5	冬雨期施工费	分部分项人工费＋分部分项机械费	1	6 744.13
6	市政工程干扰费	分部分项人工费＋分部分项机械费	4	26 976.53
7	其他措施项目费			
合计				103 859.63

表 6-20　主要材料价格表

工程名称：××街道村屯路网工程

序号	编码	材料名称	规格、型号等特殊要求	单位	单价/元
1	C0711	其他材料费		元	1
2	C0769	山皮石		m^3	65
3	C0813	水		m^3	2.6
4	C0856	碎石	60 mm	m^3	87
5	C1163@1	细粒式沥青混凝土		m^3	958

6.3 ××街道村屯路网工程招标工程量清单

表 6-21 招标工程量清单

工程名称：××街道村屯路网工程

序号	项目编码	项目名称	计量单位	工程量
		××街道古砬子村		
1	040203004027	3 cm 细粒式沥青混凝土(AC—13)	100 m²	42.68
2	040202015028	6 cm 油稳碎石(3—6 碎石主材)	100 m²	42.68
3	040202017029	20 cm 山皮石路肩	100 m²	10.67
4	040202017030	15 cm 山皮石(翻浆处理)	100 m²	4
		××街道房身沟村		
1	040203004031	3 cm 细粒式沥青混凝土(AC—13)	100 m²	10.38
2	040202015032	6 cm 油稳碎石(3—6 碎石主材)	100 m²	10.38
3	040201015033	土路肩整形碾压	100 m²	3.46
		××街道合心村		
1	040203004034	3 cm 细粒式沥青混凝土(AC—13)	100 m²	17.42
2	040202015035	6 cm 油稳碎石(3—6 碎石主材)	100 m²	17.42
3	040201015036	土路肩整形碾压	100 m²	4
		××街道黑林子村		
1	040203004037	3 cm 细粒式沥青混凝土(AC—13)	100 m²	22.17
2	040202015038	6 cm 油稳碎石(3—6 碎石主材)	100 m²	22.17
3	040201015039	土路肩整形碾压	100 m²	7.39
		××街道邱家村		
1	040203004040	3 cm 细粒式沥青混凝土(AC—13)	100 m²	37
2	040202015041	6 cm 油稳碎石(3—6 碎石主材)	100 m²	37
3	040201015042	土路肩整形碾压	100 m²	7.4
		××街道山城子村		
1	040203004043	3 cm 细粒式沥青混凝土(AC—13)	100 m²	91.565
2	040202015044	6 cm 油稳碎石(3—6 碎石主材)	100 m²	91.565
3	040202017045	20 cm 山皮石	100 m²	10.71
4	040201015046	路床碾压(压实度≥95%)	100 m²	12.852
5	040201015047	土路肩整形碾压	100 m²	23.57
		××街道湾沟村		
1	040203004048	3 cm 细粒式沥青混凝土(AC—13)	100 m²	87.92
2	040202015049	6 cm 油稳碎石(3—6 碎石主材)	100 m²	87.92
3	040202017050	15 cm 山皮石	100 m²	87.92
4	040201015051	路床碾压(压实度≥95%)	100 m²	101.774

续表

序号	项目编码	项目名称	计量单位	工程量
5	040201015052	土路肩整形碾压	100 m^2	23.09
		××街道阎家窝棚村		
1	040203004053	3 cm 细粒式沥青混凝土(AC—13)	100 m^2	16
2	040202015054	6 cm 油稳碎石(3—6 碎石主材)	100 m^2	16
3	040202017055	20 cm 山皮石	100 m^2	10
4	040201015056	路床碾压(压实度≥95%)	100 m^2	11.5
5	040201015057	土路肩整形碾压	100 m^2	4
		××街道曾家村		
1	040203004058	3 cm 细粒式沥青混凝土(AC—13)	100 m^2	47.135
2	040202015059	6 cm 油稳碎石(3—6 碎石主材)	100 m^2	47.135
3	040202017060	20 cm 山皮石	100 m^2	23.465
4	040201015061	路床碾压(压实度≥95%)	100 m^2	29.021
5	040201015062	土路肩整形碾压	100 m^2	16.38
		××街道獐子沟村		
1	040203004063	3 cm 细粒式沥青混凝土(AC—13)	100 m^2	15.3
2	040202015064	6 cm 油稳碎石(3—6 碎石主材)	100 m^2	15.3
3	040202017065	20 cm 山皮石	100 m^2	15.3
4	040201015066	路床碾压(压实度≥95%)	100 m^2	18.36
5	040201015067	土路肩整形碾压	100 m^2	5.1

评价表

序号	具体指标	分值	自评	小组互评	教师评价	小计
1	准确完成算量、套价工作	20				
2	不高估冒算、不丢漏项目	20				
3	正确地进行费用的计算	20				
4	不重项、错项	20				
5	能够讲述工程成果	20				
		100				

参 考 文 献

[1] 全国造价工程师执业资格考试培训教材编审组. 工程造价计价与控制[M]. 北京：中国计划出版社，2009.

[2] 中华人民共和国住房和城乡建设部. GB 50500—2013 建设工程工程量清单计价规范[S]. 北京：中国计划出版社，2013.

[3] 彭洪涛. 工程造价管理[M]. 北京：中国水利水电出版社，2012.

[4] 王立信. 建筑工程施工技术编制实例[M]. 北京：中国建筑工业出版社，2004.

[5] 中国建设工程造价管理协会. CECA/GC3—2007 建设项目工程结算编审规程[S]. 北京：中国计划出版社，2007.

[6] 王春梅. 工程造价案例分析[M]. 2 版. 北京：清华大学出版社，2014.

[7] 住房和城乡建设部. GF—2017—0201 建设工程施工合同(示范文本)[S]. 北京：中国建筑工业出版社，2017.

[8] 住房和城乡建设部. GB 50854—2013 房屋建筑与装饰工程工程量计算规范[S]. 北京：中国计划出版社，2013.